U0477829

先生国家

严复与近代中国名人

海峡出版发行集团
THE STRAITS PUBLISHING & DISTRIBUTING GROUP
福建教育出版社

京兆丛书

出品人 \ 总策划

郑志宇

先生回家

严复与近代中国名人

主编

郑志宇

副主编

陈灿峰

顾问

严倬云 严停云 谢辰生 严 正 吴敏生

编委

林 飞 杨 凡 林 强 陈白菱 陈丽莲 闫 龚

严家鸿 付晓楠 郑欣悦 游忆君 黄乐婷

严 复

（1854 年 1 月 8 日—1921 年 10 月 27 日）

原名宗光，字又陵，后改名复，字几道。

近代极具影响力的启蒙思想家、翻译家、教育家，新法家代表人物

PREFACE

《京兆丛书》总序

予所收蓄，不必终予身为予有，但使永存吾土，世传有绪。

——张伯驹

作为人类特有的社会活动，收藏折射出因人而异的理念和多种多样的价值追求——艺术、财富、情感、思想、品味。而在众多理念中，张伯驹的这句话毫无疑问代表了收藏人的最高境界和价值追求——从年轻时卖掉自己的房产甚至不惜举债去换得《平复帖》《游春图》等国宝级名迹，到多年后无偿捐给国家的义举。先生这种爱祖国、爱民族，费尽心血一生为文化，不惜身家性命，重道义、重友谊，冰雪肝胆赍志念一统，豪气万古凌霄的崇高理念和高洁品质，正是我们编辑出版《京兆丛书》的初衷。

“京兆”之名，取自严复翰墨馆馆藏近代篆刻大家陈巨来为张伯驹所刻自用葫芦形“京兆”牙印，此印仅被张伯驹钤盖在所藏最珍贵的国宝级书画珍品上。张伯驹先生对艺术文化的追求、对收藏精神的执着、对家国大义的深情，都深深融入这一方小小的印章上。因此，此印已不仅仅是一个符号、一个印记、一个收藏章，反而因个人的情怀力量积累出更大的能量，是一枚代表“保护”和“传承”中国优秀文化遗产和艺术精髓的重要印记。

以“京兆”二字为丛书命名，既是我们编纂书籍、收藏文物的初衷和使命，也是对先辈崇高精神的传承和解读。

《京兆丛书》将以严复翰墨馆馆藏严复传世书法以及明清近现代书画、文献、篆刻、田黄等文物精品为核心，以学术性和艺术性的策划为思路，以高清画册和学术专著的形式，来对诸多特色收藏选题和稀见藏品进行针对性的展示与解读。

我们希望“京兆”系列丛书，是因传承而自带韵味的书籍，它连接着百年前的群星闪耀，更愿化作攀登的阶梯，用艺术的抚慰、历史的厚重、思想的通透、爱国的情怀，托起新时代的群星，照亮新征程的坦途。

PREFACE

前言

170 多年前的清咸丰三年癸丑（1853），是鸦片战争后的第十四年，也是太平天国攻克并定都南京后的第二年，这一年十二月初八（1 月 8 日），当严复悄然诞生于福州侯官县时，历史的车轮还在崎岖不平的泥路上剧烈颠簸，那一阵阵飞扬的尘土早已让人无法看清这个庞大帝国的前进方向。在迷茫中执笔疾呼，在黑暗中盗火点灯，在沉重的民族历史和纷繁的世界潮流之间寻觅一条人类命运的共同大道，自然而然间成了严复那代人自觉又坚定的群体使命。170 多年后，当我们站在新时代的又一个路口蓦然回首，不难发现，激荡的岁月磨砺往往才会塑造出伟大的人生传奇。

严复早年投身海军，留学英伦，成为那批最早开眼看世界的中国人中优秀的一员；中年潜心著述，不遗余力地译介西方学术名著、宣扬先进思想，同时推进中国教育的现代化；至晚年又将视野从近代世界转回传统中国，专注于阐释老子、庄子等往圣绝学，且在帖学书法方面倾注了大量精力。这是一份复杂的人生履历，其中所投射出的，是近代中国先进知识分子所特有的深刻思想、国际视野和家国情怀，又是历代传统文化精英所共有的精深的文化修为与过人的处世涵养。在千年变局来临之际，严复是一个可以同时接续新旧两个时代的巨匠，更是那个时代取得最广泛成就与深远影响力的文化大家之一。

而严复之所以成为严复，显然与特殊时代的风云际会有着千丝万缕的关系，更准确地说，与特殊时代中的杰出人物有着千丝万缕的关系。在常见的文字叙述中，历史的面貌往往呈现简单化、平面化的倾向，而历史人物之间的交游往往隐藏最真实、最鲜活的细节；在历史的宇宙中，如果我们以严复这颗光芒四射的星球作为考察的基点，会发现环绕在他周围的同样是一颗颗具有强大引力和生态魅力的行星：内环，是沈葆桢、林纾、陈宝琛、陈衍、萨镇冰等书写了半部中国近代史的闽籍同乡；外环，是郭嵩焘、梁启超、黄遵宪、张元济、吴汝纶等引领一时风气的近代文化重镇。他们之间的距离或远或近，但始终相互作用，在无形的引力场中共同构成近代中国文化版图里群星闪耀的壮丽图景。

作为严复诞辰 170 周年纪念活动之一，“先生回家——严复与近代中国名人”特展以严复为核心，以其人传世作品、文献及相关文物为主要媒介，分“以笔醒山河——严复与他的时代”“半部近代史——严复与近代闽籍名人”“群星闪耀时——严复与近代文化名人”三个部分来展现严复与近代中国名人群体的关系，并从中反映出名人是如何通过他们的作品、言行、思想来影响时代，成就个人。“非新无以为进，非旧无以为守”，在一个日新月异的世界里，先生们的身影已然飘然远引，独有其人思想的光芒穿越时间之海，为新时代的人们提供前行的坐标。这就是“先生”的意义，那不仅是一句尊称，也是一种久远的文化记忆。

目录 CONTENTS

以笔醒山河
严复与他的时代

半部近代史
严复与近代闽籍名人

群星闪耀时
严复与近代文化名人

目录 CONTENTS

附录

以笔醒山河

严复与他的时代

本单元以严复翰墨真迹、严复经典译著为展览内容来呈现严复对于一个时代的重要意义。其中《天演论》《原富》等均为珍稀原版，严复翰墨则从他的遗墨中遴选出具有代表性的临帖、信札、作品等，以此来体现严复对于传统「帖学」书法的用心，并不是闲暇的消遣或某种简单的「复古」行为，其中包含的深意，或也可视为他「非新无以为进，非旧无以为守」思想在艺术方面的呈现。而信札所涉对象除其子女、甥女何纫兰与学生伍光建外，还包括李鸿章之子李经方、近代桐城派大家吴汝纶等，从中可见严复生活、思想最真实的细节。

1896 年，在甲午战争爆发后的第二年，四十四岁的严复在重阳之际完成《天演论》译稿的初稿及序言，随着此书在 1898 年的正式刊行，以及之后《原富》《群己权界论》《社会通诠》《法意》等译著的相继出版，严复用他的如椽巨笔一举拉开了中国觉醒时代的大幕，而他也就此奠定了一代启蒙思想家的历史地位。

译书之外，严复一生还扮演过很多不同的社会角色，他担任过北洋水师学堂的总办，担任过复旦公学（复旦大学前身）、京师大学堂（北京大学前身）等名校校长，还办过报纸，主事过煤矿，参与各种社会团体，在近代很多重要的历史事件中，都能找到其忙碌的身影。纵观严复的一生不难发现，在新旧历史的交替时期，他的人生行为、学术行为、思想行为都与时代有着十分紧密的关系，他洞悉历史、洞悉时代，总能在关键的地方发挥其重要的影响力。

严复 临王羲之《兰亭序》

尺寸｜22.3×75.6 厘米
材质｜水墨纸本

落款： 光绪卅四年十一月初一日临 几道
钤印： 瘉野堂

《兰亭序》为“书圣”王羲之最著名的代表作，也是中国书法史上最杰出、最传奇的作品，被誉为“天下第一行书”。此严复临《兰亭序》由落款可知作于光绪二十四年戊申（1908）十一月，严复时年 56 岁。此年春严复辞去复旦公学校长一职，八月由上海抵天津，被聘为直隶总督兼北洋大臣杨士骧的新政顾问官，十一月正好翻译完耶芳斯的《名学浅说》。除此件外，本月尚有数件临写于不同时间的《兰亭序》传世，可见此时严复正倾心于右军之书，且临习颇勤。严复典型的行草书用笔跳宕，变化丰富，这种笔法的来源一者来自王羲之，二者来自孙过庭的《书谱》。严复临《兰亭序》虽不汲汲于形似，然笔致清俊畅快，笔法细腻精微，既见个人性情，又见右军风神，显示了严复对此书法经典的熟稔。

永和九年歲在癸丑暮春之初會
于會稽山陰之蘭亭脩禊事
也羣賢畢至少長咸集此地
有崇山峻領茂林脩竹又有清流激
湍暎帶左右引以為流觴曲水
列坐其次雖無絲竹管弦之
盛一觴一詠亦足以暢敘幽情
是日也天朗氣清惠風和暢仰
觀宇宙之大俯察品類之盛
所以遊目騁懷足以極視聽之
娛信可樂也夫人之相與俯仰
一世或取諸懷抱悟言一室之內
或因寄所託放浪形骸之外雖
趣舍萬殊靜躁不同當其欣

湍映帶左右
列坐其次雖
盛一觴一詠亦

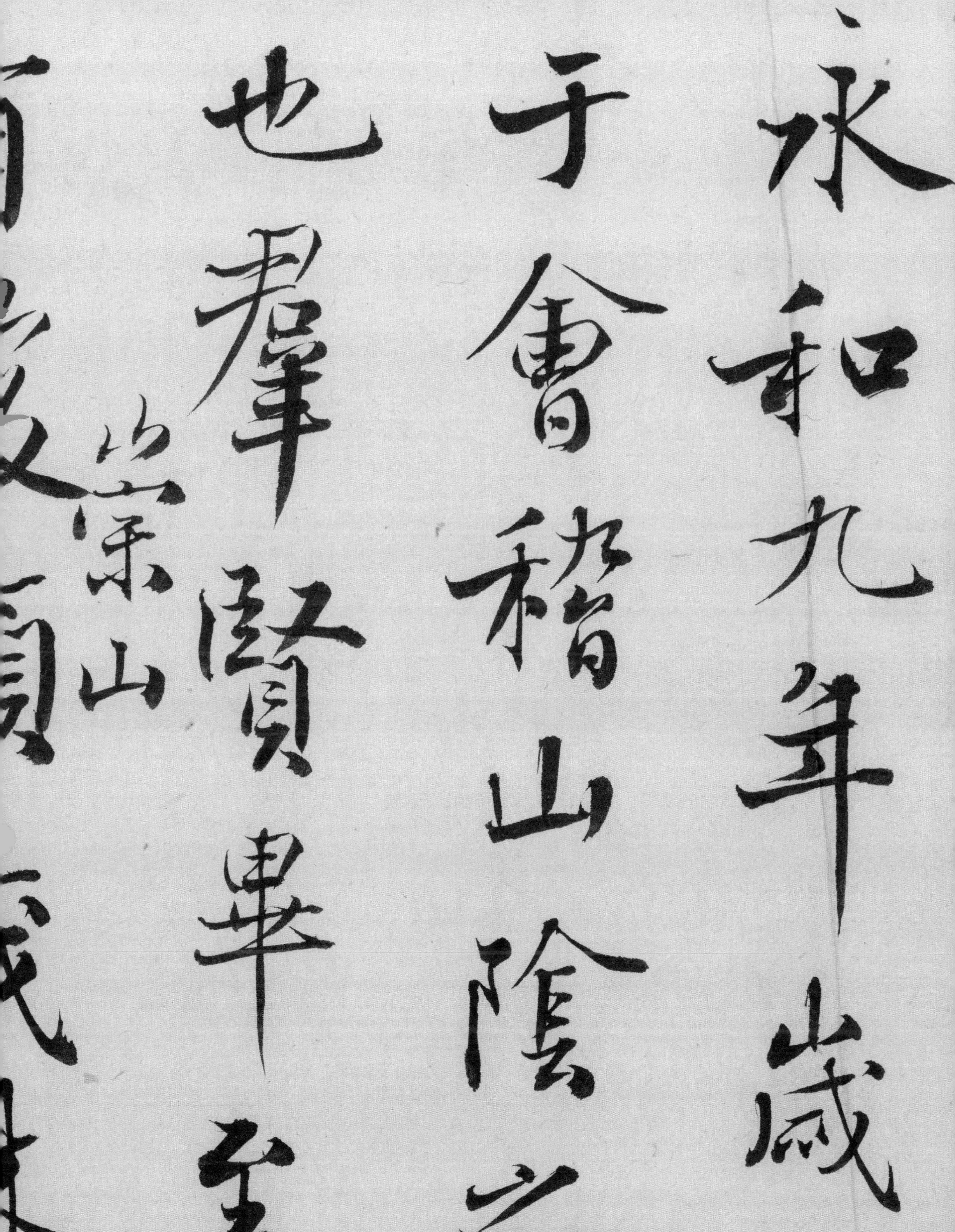
永和九年歲
于會稽山陰之
也羣賢畢至
崇山

严复 瘉野老人遗墨册

尺寸 | 36.6×27.7 厘米
材质 | 水墨纸本

题签： 瘉野老人遗墨 群敬题
落款： 岁次戊午二月几道为鋈侄临
钤印： 严复
收藏印： 侯官严氏淳斋珍藏 严群所宝
钤印： 严群

此为严复为侄子严伯鋆所临《书谱》全本，以落款观之书于民国七年戊午（1918）二月，严复时年66岁。孙过庭《书谱》是严复书法最重要的学习对象之一，他曾说临《兰亭序》和《千字文》各数百本，以他成熟期的书法面貌来看，我们有理由相信其所临《书谱》的数量亦不在少数。此本为晚年所书，与早前所临《书谱》的神形俱备不同，此本用笔全无剑拔弩张之态，反而有一种人书俱老的平和与放松，虽云临帖，实际上已经基本摆脱原帖的束缚而进入一种自由书写的境界。

这自然是他常年临习《书谱》至烂熟而生出的变化，此与年岁有关，与对于书学理解的变化有关，但我们相信这更与严复晚年回归传统的心境有关。这年春严复在北京生病住院，病愈后虽然依然关注时局变化，却有了离京南归的想法，并且还占卜过此事。

上款人严伯鋆（1884—1934），名家驺，字伯鋆，是严复堂弟严观澜之子，严群之父。福建第一位庚子赔款留学生，毕业于伊利诺斯大学及哈佛大学。曾在唐山工业学堂（今西南交通大学）任数学系主任，后辞职南下福州，先后出任福州、浙江、陕西等地盐务局长。严复存世信札中有不少写给严伯鋆，中英文皆有，足见二人关系之亲。此册临《书谱》是应严伯鋆之请而书，后又为其子严群所藏，可谓弥足珍贵。

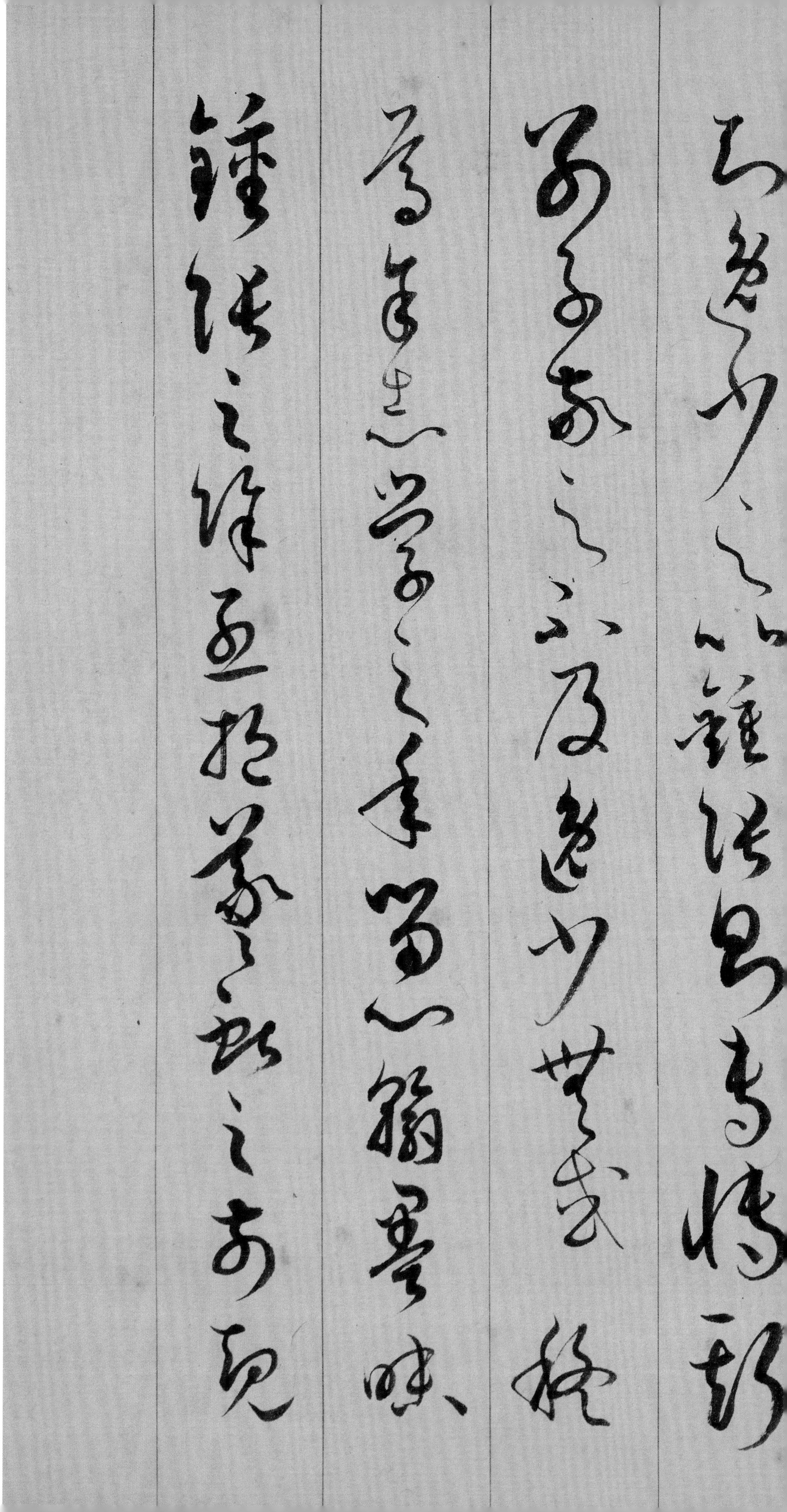

崇況乃佩服神仙飛宗家
苑以好學親氣而情後
葛之清者詩乃題壁書而
密哉論之雅去留一言定義
而不盡矣蓋之又見乃以斷四年
古時生天人醉也我乃同感是

歲次戊午二月幾道為墊姪臨

蚩雜糅條目糾紛或重述
舊章了不殊於既往或苟
興新說竟無益於將來
徒使繁者彌繁闕者仍
闕今撰為六篇分成兩卷第
其工用名曰書譜庶使一家後

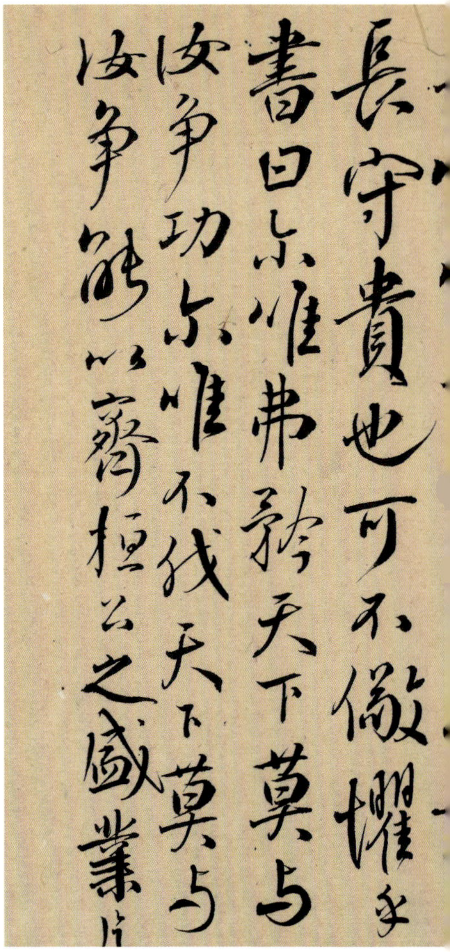

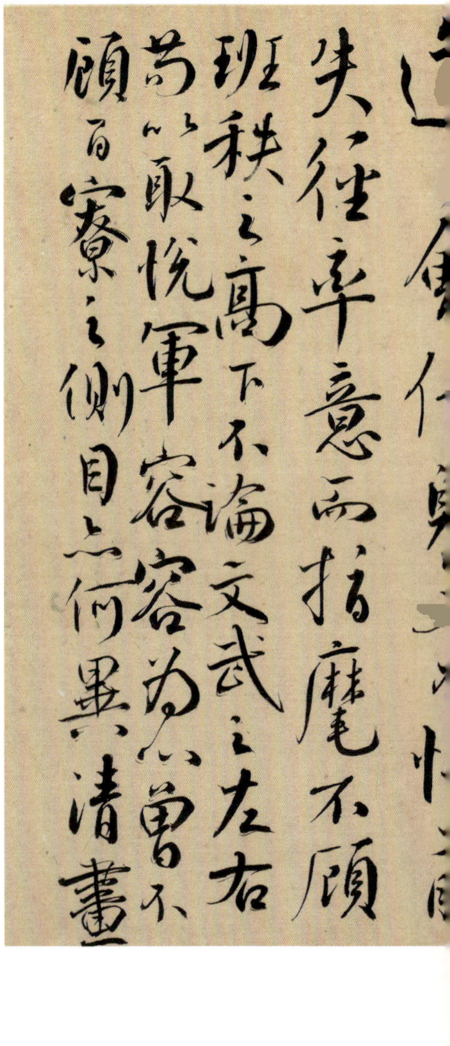

严复 临颜真卿《争座位帖》

尺寸丨 36.6×27.7 厘米
材质丨水墨纸本

钤印：瘉野堂

颜真卿《争座位帖》也称《争座位稿》《与郭仆射书》，与《祭侄文稿》《告伯父文稿》并称“颜氏三稿”，是其行草书最重要的三件代表作之一。其内容为唐广德二年（764）十一月颜真卿致尚书右仆射、定襄郡王郭英义的信函，信中对于郭氏藐视礼仪、谄媚宦官的行为表达出强烈的不满，充分体现了颜真卿忠正刚直的个性。此稿原迹早佚，存世者多为历代拓本，刻石存于西安碑林。

颜真卿也是严复书法重要的源头，严复笔下的雄厚遒劲即来自颜书的营养。颜氏此帖原以秃笔书写，历来评价甚高，所谓“兼有《祭侄》《告伯》两稿之奇”。严复临帖所用纸笔都颇为考究，因此表面气息似乎与颜帖有别；然若细查，则字里行间飞动诡形异状之态、凝重劲拔之韵则处处吻合，气韵饱满，静动有态，生动再现了此稿的跌宕浪漫之感。

十一月日金紫光祿大夫檢
校刑部尚書上柱國魯郡
開國公顏真卿謹奉書
于右僕射定襄郡王郭
公閣下蓋太上有立德其
次有立功是之謂不朽抑
又聞之端揆者百寮之師
長諸侯王者人臣之極地
今僕射挺不朽之功業當
人臣之極地豈不以才為世出功
冠一時挫思明跋扈之師
抗迴紇無厭之請故得身
畫凌煙之閣名藏太室
之庭其威矣吁足畏也然而終之始
難故曰滿而不溢所以

言勤王則九合諸侯一匡
天下葵丘之會微有振
矜而叛者九國故曰行百里
者半九十里言晚節末路
之難也從古至今暨我高祖太宗
已來未有行此而不理廢此而不
亂者也前者菩提寺
行香僕射指麾宰相一
行與兩省臺省已下常參官並為
坐魚開府及僕射率諸軍
軍將為一行坐若一時從
權猶未可何況積習更行之乎
一昨以郭令公以父子之軍破
犬羊凶逆之衆衆情欣喜
恨不頂而戴之是用有興

長諸侯王者人臣之極地
今僕射挺不朽之功業當
人臣之極地豈不以才為世出功
冠一時挫思明跋扈之師
抗迴紇無猒之請故得身
畫淩煙之閣名藏太室
之廟其威美然而終之始
吁之畏也
難矣曰滿而不溢所以

十一月日金紫光祿大夫檢
校刑部尚書上柱國魯郡
開國公顏真卿謹奉寓書
于右僕射定襄郡王郭
公閣下蓋太上有立德其
次有立功是之謂不朽抑
又聞之端揆者百寮之師

严复 临苏轼《洞庭春色赋》《中山松醪赋》

尺寸｜22.3×50.6 厘米

材质｜水墨纸本

钤印：瘠野堂 天演学家陶江严氏

《洞庭春色赋》《中山松醪赋》二赋为一卷，乾隆时刻入“三希堂法帖”，现藏辽宁省博物馆。此卷为北宋绍圣元年（1094）苏东坡被贬岭南途中所作，时年59岁，为苏氏晚年书法代表杰作，集中反映了其书“结体短肥”的特点。严复所临为完整本，用笔俊逸，闲雅的意态中颇得苏书“豪宕中寓妍秀”的特点。无落款，钤“瘠野堂”“天演学家陶江严氏”二印。

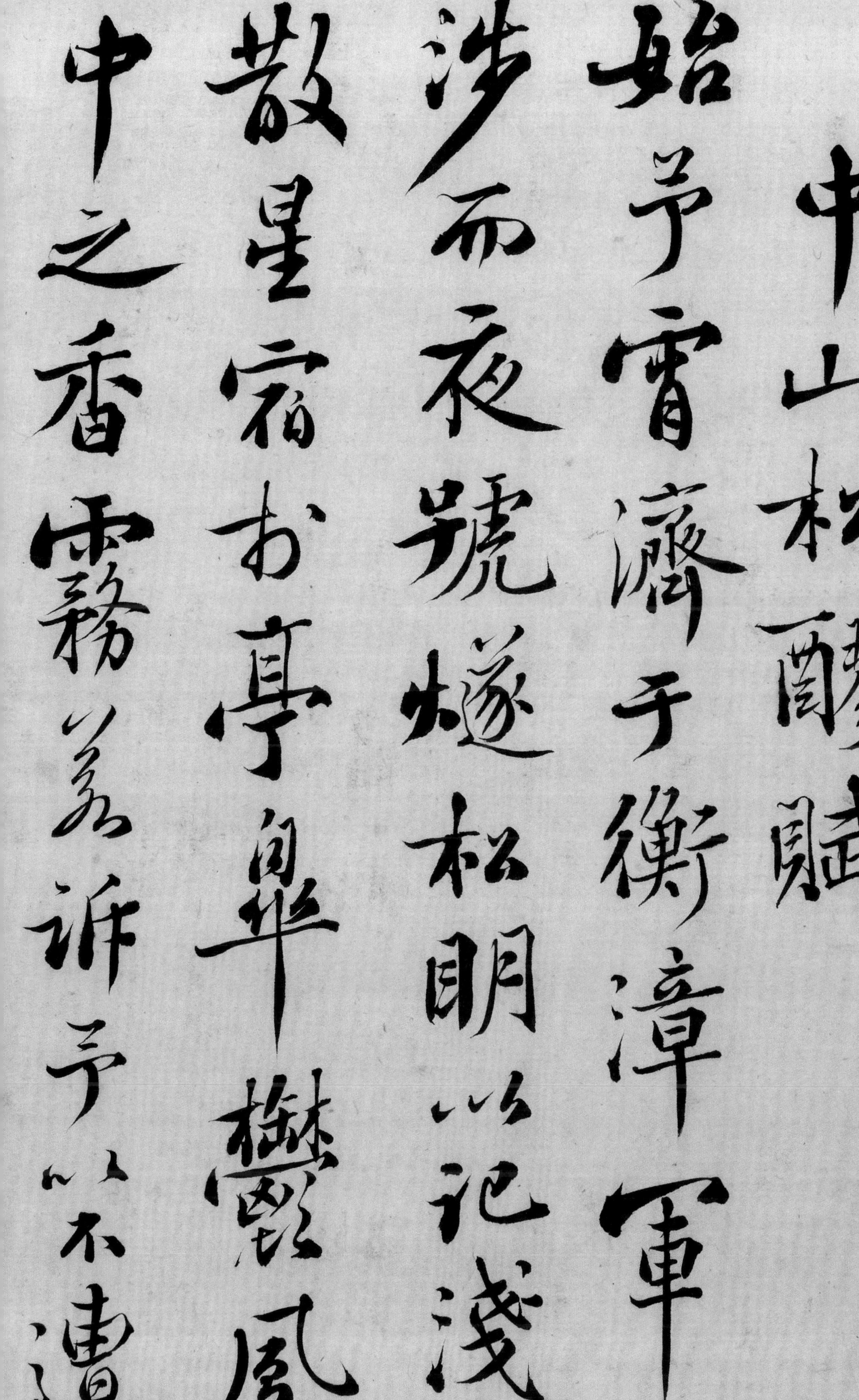

以予其為我删之
中山松醪賦
始予宵濟于衡漳軍
涉而夜號燧松明以記淺
散星宿於亭皐鬱風
中之香霧若以訴予以不遭

招春酒之浩濛追泚家於
於渺茫，吊夫差之悍鷙，
屬此觴於西子，洗亡國之愁
顏。發鶩羅襪之塵，飛英舞
袖之芳藹，覺而賦之，以捷
公子曰：烏乎噫嘻，吾言失矣。

嘗歎晉足之碑碩畫三
江於一吸吞魚龍之神
姦醉夢紛紜始如髯
蠻故邑山之桂楫扣林
屋之瓊閣臥松風之琴綰

之菅忽雲烝而冰解旋珠零而湯潛翠句銀罌紫綏青綸綸隨屬車之鴟夷款木門之銅環鏁分帝觴之餘瀝華公子之破慳哉洗盞而起

妻之亡傷悼痛切如在醉夢當
是諸幻未離理自應爾雖疇昔
蒙
師義海到此亦打不過蓋是平
生得老妻之助慇懃卅年一
旦喪之豈特失左右手而已耶
哀痛之極如何可言過蒙
和上深念遠遣師德賜以
法語又重以悼章又加以祭文
亡者得此固當超於生死之
塗決定無疑至於祭饌之精
又極人間盛禮尤非所宜蒙
歿存感戢不知將何上報師恩
雖亡者妄身已滅於我
師精神之所感通當亦能無
忘於慈悲拯拔俾證菩提
此則區區之大願因便先遣山
謹此具復臨紙哽塞不知所

謂禁忌亡者神識寬軌之求
於靈前福利耳
老師亦必以為然也聞
老師為痔瘡之苦亡已方寸為以中
然可釋也謹此叔
霞園覚侯再當納備
清照 弟子趙孟頫和南再拜
十一月十八日臨書哀感目心倩極
悤悤也
瑜璧并訊

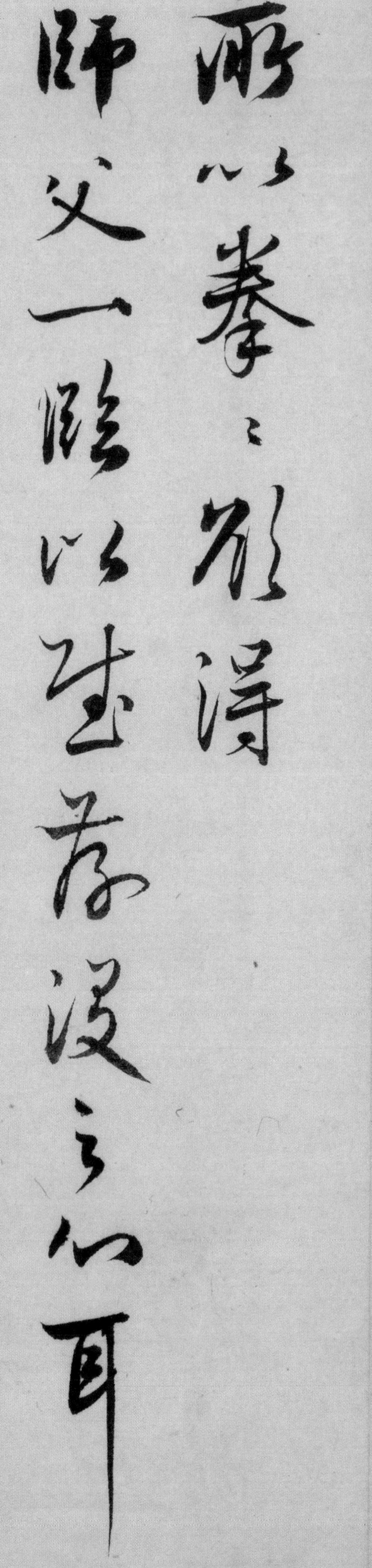

三十年夫婦又不知宿緣如何

劉蒙遂先棄而去使孟頫栖栖然

無所依依院將半載痛猶未定

所以拳拳欲得

師父一臨以慰存沒之心耳

今蒙諭以為惱之故弟子豈

敢復有所請謹敬普度榜

文請為印咒意悲忠多多度薦

云
六月廿八日弟子趙孟頫和南拜
覆
中峯大和上師父侍前
以中來得兩書披讀如對
頂相感激
慈念不覺淚流盖孟頫與老
妻不知前世作何因緣今世遂成

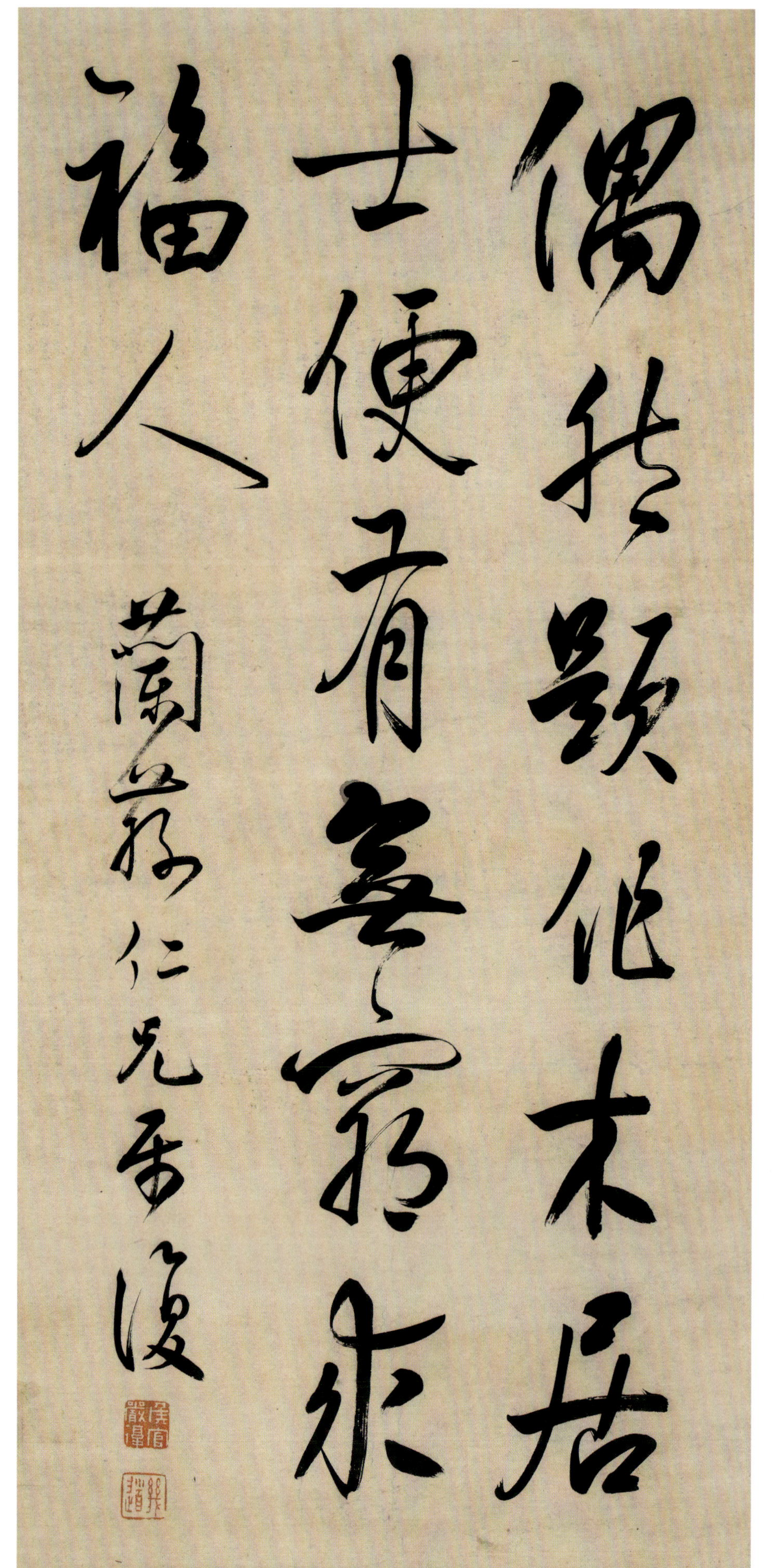

严复韩愈诗句行书立轴

尺寸｜82×37.7厘米

材质｜水墨纸本

释文：偶然题作木居士，便有无穷求福人。

落款：兰荪仁兄属 复

钤印：侯官严复 几道

此句出自唐韩愈《题木居士二首》其一：「火透波穿不计春，根如头面干如身。偶然题作木居士，便有无穷求福人。」所谓「木居士」，原是指状似人形的老树干，唐时耒阳（今属湖南）地方有「木居士」庙，贞元末韩愈路过时留题此二诗。诗通过描述「木居士」前后境遇的巨大区别来反映社会现实，戏谑中带着讽喻。严复书后两句，行笔俊俏流宕，提按转折变化丰富，个人面目十分典型。上款人「兰荪」为郑祖荫，郑祖荫（1872—1944），字兰荪，闽县人，曾与黄乃裳创办《福报》，鼓吹革命，林森等人于上海创立「旅沪福建学生会」时，其为主要骨干，任同盟会福建支会会长。

題作木居有無窮求

蘭窮仁兄屬復

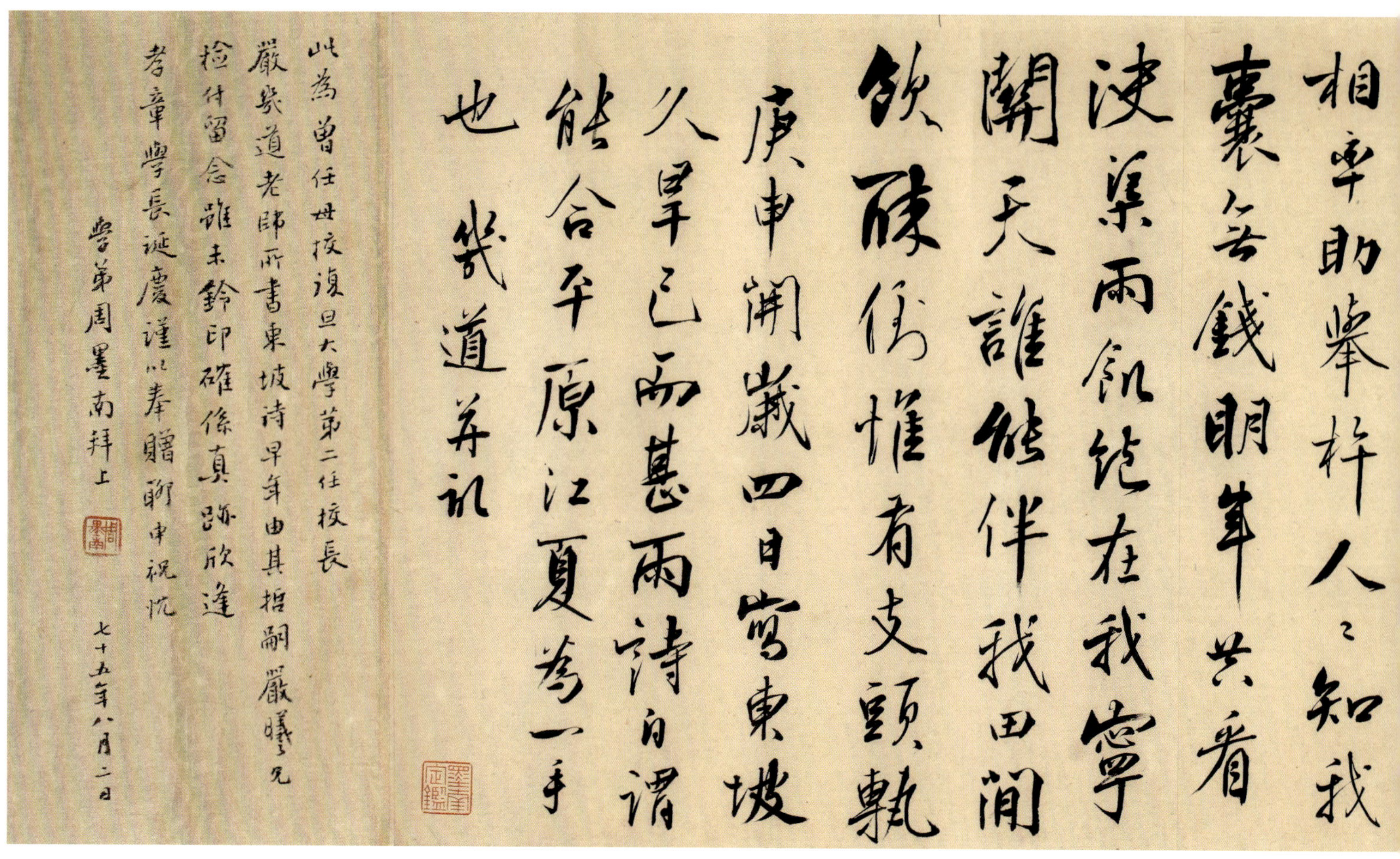

严复 苏轼《次韵孔毅父久旱已而甚雨》诗行书横幅

尺寸 | 75×24.5 厘米

材质 | 水墨纸本

释文：去年东坡拾瓦砾，自种黄桑三百尺。今年刈草盖草堂，日炙风吹面如墨。平生懒惰今始悔，老大劝农天所直。沛然例赐三尺雨，造化无心怳难测。四方上下同一云，甘霔不为龙所隔。蓬蒿下湿迎晓耒，灯火新凉催夜织。老夫作罢得甘寝，卧听墙东人响屐。奔流未已坑谷平，折苇枯荷恣漂溺。腐儒粗粝支百年，力耕不受众目怜。破陂漏水不耐旱，人力未至求天全。会当作塘径千步，横断西北遮山泉。四邻相率助举杵，人人知我囊无钱。明年共看决渠雨，饥饱在我宁关天。谁能伴我田间饮，醉倒惟有支头砖。

落款：庚申开岁四日写东坡《久旱已而甚雨》诗，自谓能合平原江夏为一手也 几道并记

鉴藏印：墨南定鉴

题跋：此为曾任母校复旦大学第二任校长严几道老师所书东坡诗，早年由其哲嗣严曦兄检付留念。虽未钤印，确系真迹，欣逢孝章学长诞庆，谨以奉赠，聊申祝忱。学弟周墨南拜上，七十五年八月二日。

题跋钤印：周墨南

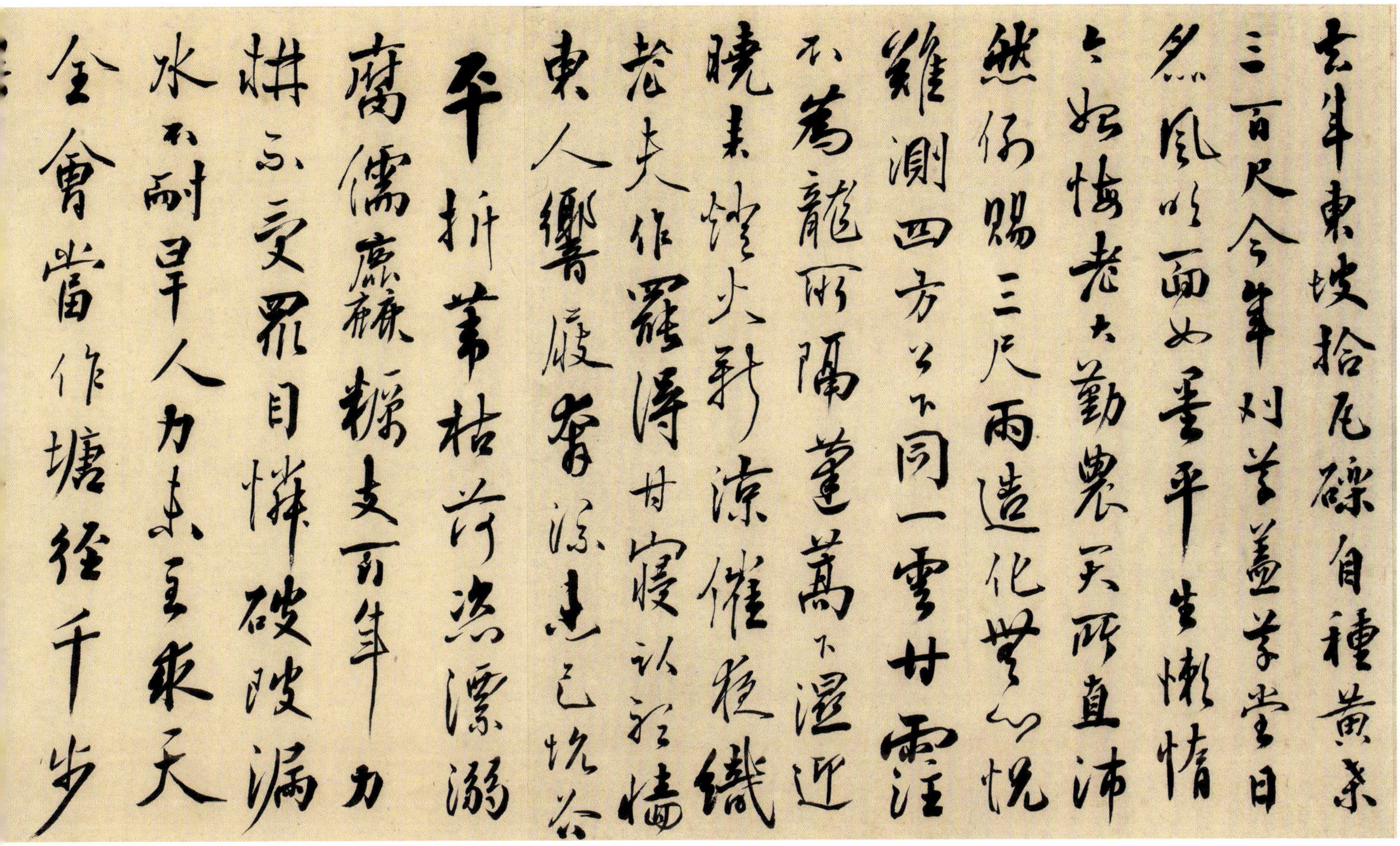

此作书于民国九年庚申（1920）元月四日，严复时年68岁，居北京，距其去世仅一年，可视为其晚年书风的参考件。一月前他曾写信给熊纯如，述及“鸦片切不可近”，计划开始戒除鸦片，并时有归隐田园之想。此时书东坡此诗，或与晚年心境有关耶？在落款中他提到的平原是颜真卿，江夏指李邕，二人都是唐代书法的杰出代表人物，严复自称“自谓能合平原江夏为一手”，意指兼具颜真卿之雄厚与李邕之峻拔，可见他对此作的满意。

卷后有原藏者周墨南题跋一则，提到这件作品是由严复的儿子严曦所赠，后周墨南又转赠复旦学长。周墨南(1916—1992)，室名古琴阁，山东青岛人。解放前夕自青岛赴台，后在台经营古董字画，在书画界人脉颇广，与于右任、张大千、溥心畬等名家皆友善。

晴來鈔火手清作稼穡
老夫作羅浮甘寢認孤牆
東人響屧聲漸息已悠悠
平折萬枯荇泛漂溺
腐儒廩糠一粟支一百年力
棋不受罷目憐石破漏
水不耐旱人力來至衆天

去年東坡拾瓦礫自種黃桑
三百尺今年刈草蓋雪堂日
炙風吹面如墨平生懶惰
今始悔老大勤農天所直沛
然例賜三尺雨造化無心怳
難測四方上下同一雲甘霖
不為龍所隔蓬蒿下濕迎

严复 黄庭坚、陈师道诗二首行书立轴

尺寸｜100.4×29.8厘米

材质｜水墨纸本

释文：试说宣城郡，停杯且细听。晚楼明宛水，春骑簇昭亭。穲稏丰圩户，桁杨卧讼庭。谢公歌舞地，时对换鹅经。湖岭一都会，西南更上游。秋盘堆鸭脚，春味荐猫头。宣室思来暮，蒸池得借留。孰知为郡乐，莫作越乡忧。

落款：春帆仁兄先生属 严复

钤印：严复 尺庵长寿

此轴中所录两首宋人诗，前八句出自黄庭坚《送舅氏野夫之宣城二首》其二，后八句出自陈师道《寄潭州张芸叟二首》其一。两诗一为送人远游外地，一为寄外地友人，应是严复应友人所请而书，惜「春帆」其人生平暂不可考。此作书于生宣上，书风可见褚遂良、赵构等唐宋书家影响，结字优美，用笔从容而讲究，气息文雅。

試說宣城郡停桮
昭亭秔稏豐圩户
對換鵝經湖蟹
晴春味薦貓頭宣
乞為君來笑迮哉

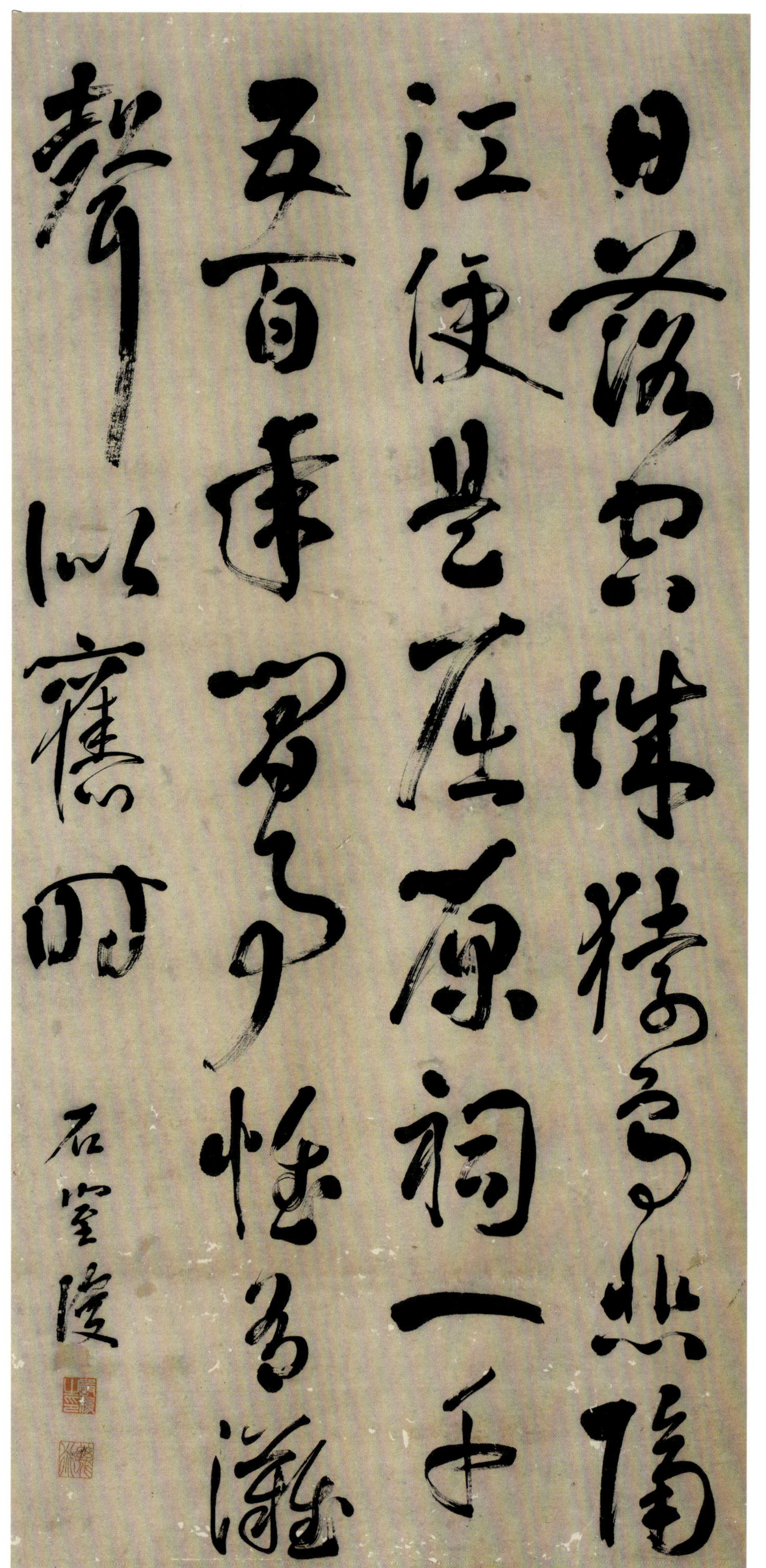

严复 陆游《楚城》诗行书中堂

尺寸 | 134×66 厘米

材质 | 水墨纸本

释文： 日落空城猿鸟悲，隔江便是屈原祠。一千五百年间事，只有滩声似旧时。

落款： 石室复

钤印： 严复之印 几道

此诗首句原为「江上荒城猿鸟悲」，严复书为「日落空城猿鸟悲」，不知是版本有别还是记忆有差？从书风和形式来看，此作与另外两件行书苏轼《柳氏二外甥求笔迹》《和文与可洋川园池三十首·蓼屿》二诗中堂应为同时创作的四套屏，惜有一件已佚。落款「石室复」，无年款，然按行书苏轼《和文与可洋川园池三十首·蓼屿》诗中堂之落款可知作于光绪二十二年丙申（1896）夏，时年严复44岁，此时尚不见晚年成熟时期的跳宕笔致，书风基本以颜真卿为主，大字圆融遒劲，浓笔、枯笔的运用自然而微妙。

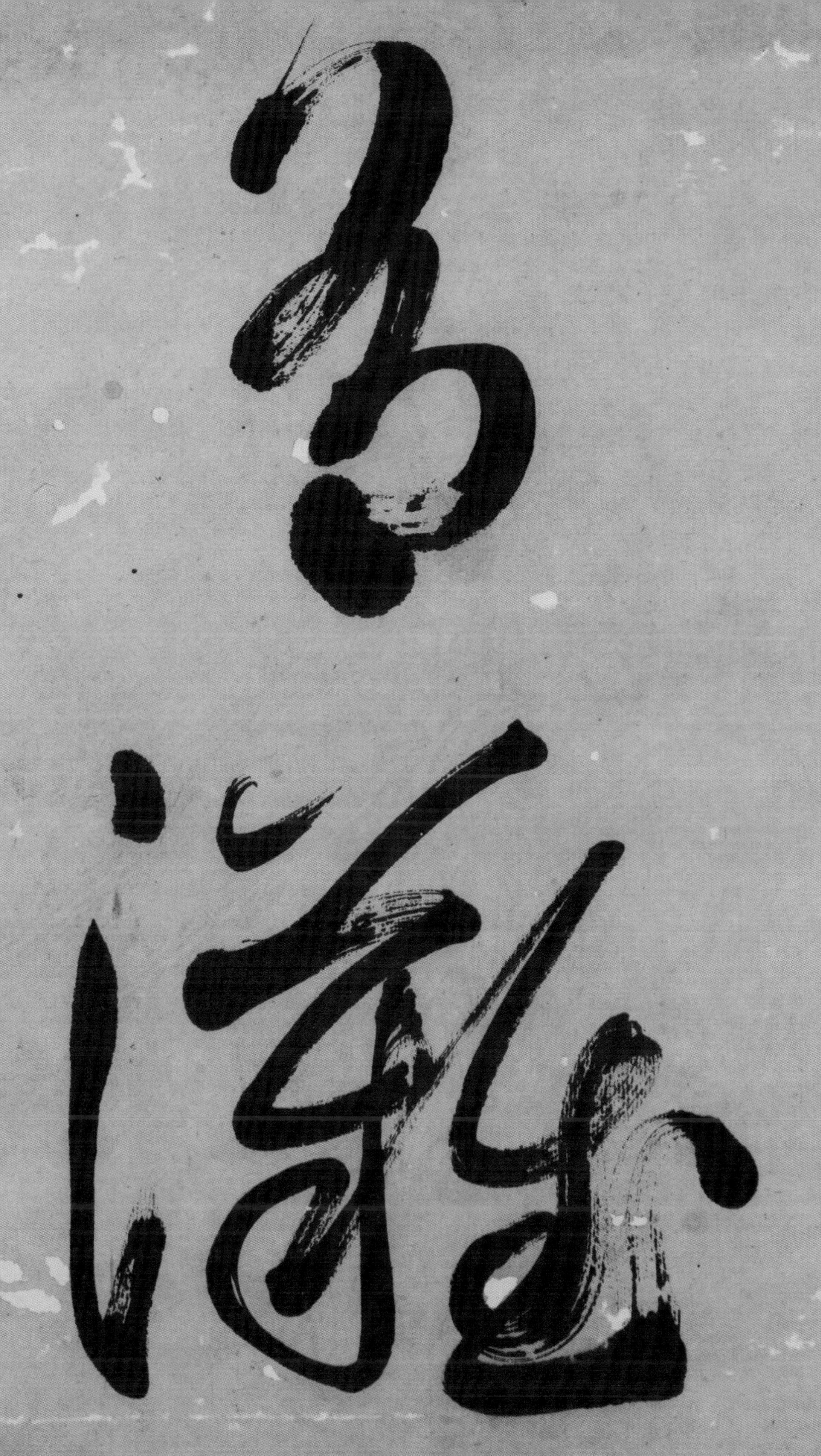

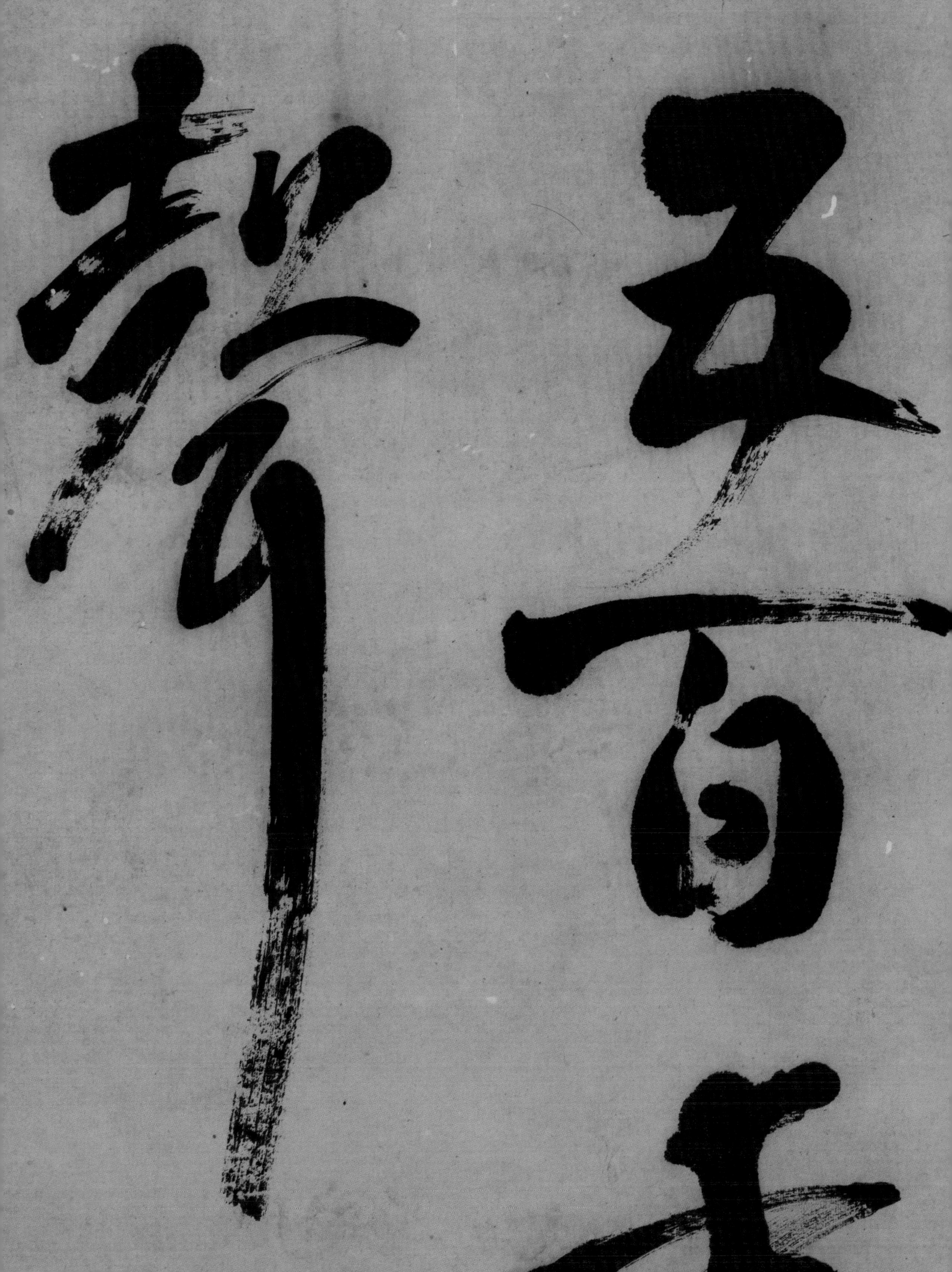

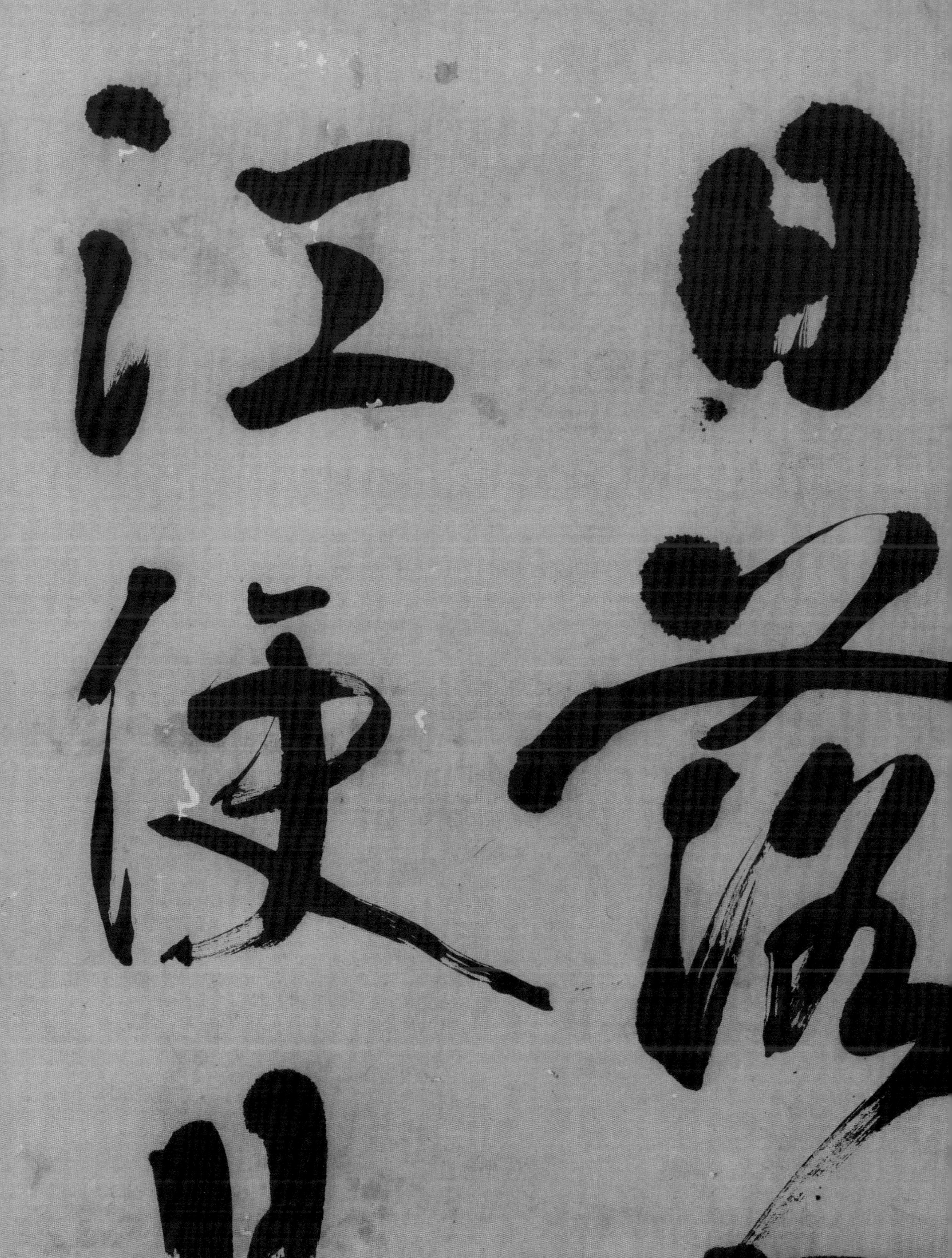

严复 眉宇、谈笑楷书七言联

尺寸｜131.3×31厘米（每条）

材质｜水墨纸本

释文：眉宇之间见风雅，谈笑与世殊白科。

落款：倬章仁兄大人雅属 弟复

钤印：严复 尺庵长寿

此联乃集黄庭坚诗句而成，上联见《次韵答张沙河》，下联见《次韵无咎阎子常携琴入村》。对联所用纸为虎皮宣，全联以标准颜真卿笔法写成，一些小细节的处理又见个人特色，风格典雅静穆，厚重遒劲，颇见纸墨相发之趣。

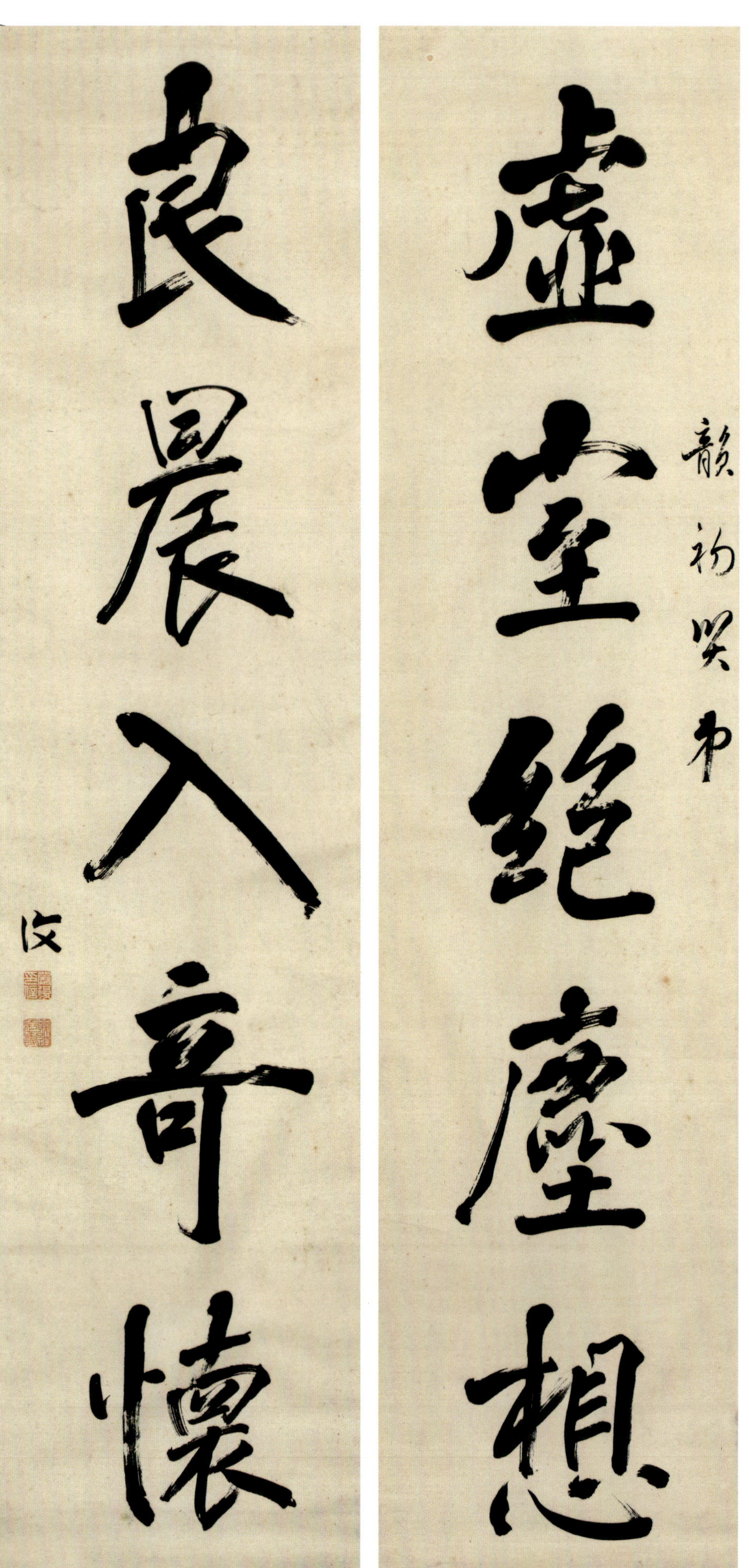

严复 虚室、良晨行书五言联

尺寸 | 165×40厘米（每条）

材质 | 水墨纸本

释文： 虚室绝尘想，良晨入奇怀。

落款： 韵初贤弟 复

钤印： 严复印信 几道长寿

此联集陶渊明诗句，上联出自《归园田居》，下联出自《和刘柴桑》，体现出归隐之人恬淡宁静、与世无争的悠然心态。严复传世大字极少，此五言行楷以大羊毫笔书于生宣上，以唐人行楷为基调，用笔浑厚老辣而不失精微，气质雄壮大方又不失文人的清刚雅驯，笔墨精良，可视为严复大字行楷中的上乘精品。

座

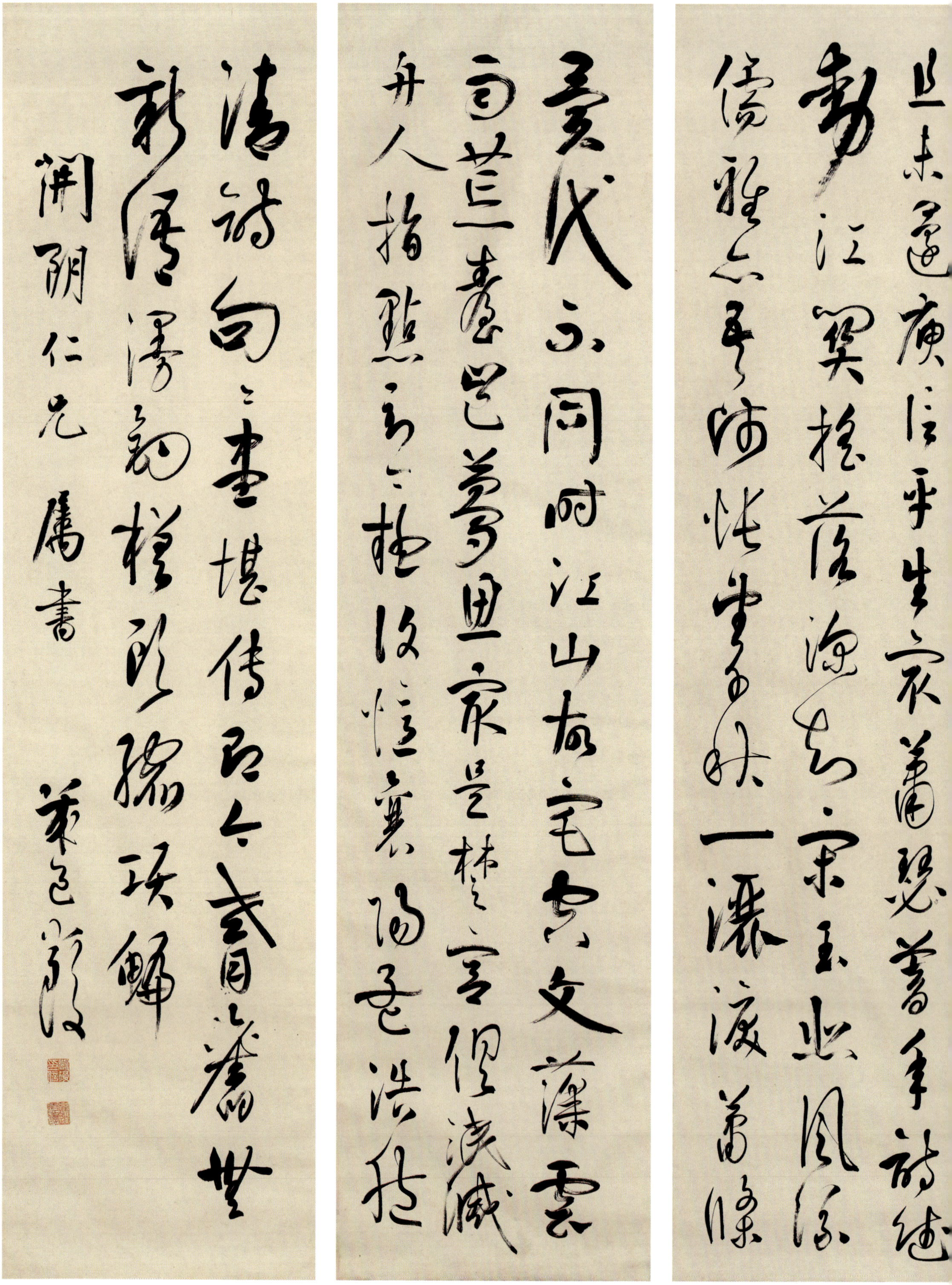

且未還庾信平生最蕭瑟暮年詩賦
動江關搖落深知宋玉悲風流
儒雅亦吾師悵望千秋一灑淚蕭條
異代不同時江山故宅空文藻雲
雨荒臺豈夢思最是楚宮俱泯滅
舟人指點到今疑復憶襄陽孟浩然
清詩句句盡堪傳即今耆舊無
新語漫釣槎頭縮頸鯿
開陰仁兄屬書
嚴復

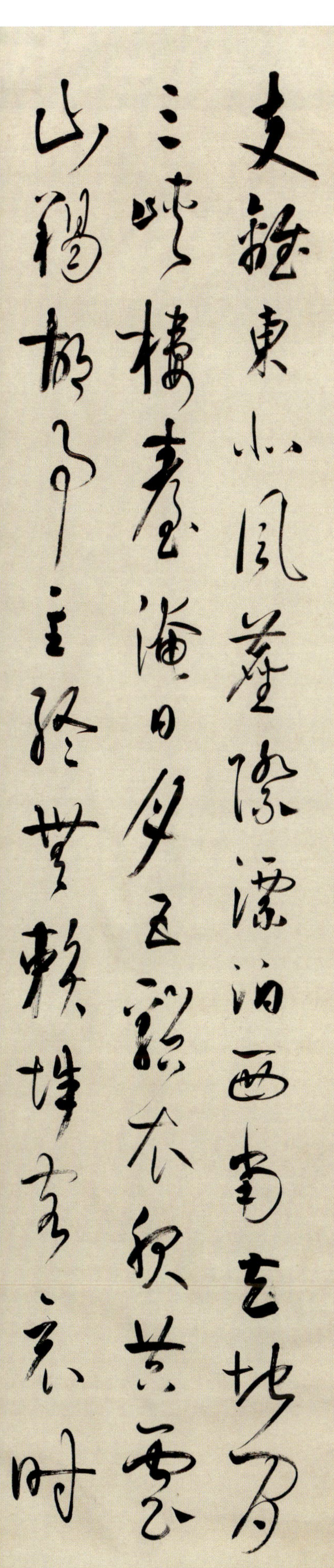

严复 杜甫诗三首四条屏

尺寸｜169×42.5厘米（每条）

材质｜水墨纸本

释文：支离东北风尘际，漂泊西南天地间。三峡楼台淹日月，五溪衣服共云山。羯胡事主终无赖，词客哀时且未还。庾信平生最萧瑟，暮年诗赋动江关。

摇落深知宋玉悲，风流儒雅亦吾师。怅望千秋一洒泪，萧条异代不同时。江山故宅空文藻，云雨荒台岂梦思。最是楚宫俱泯灭，舟人指点到今疑。

复忆襄阳孟浩然，清诗句句尽堪传。即今耆旧无新语，漫钓槎头缩颈鳊。

落款：开阴仁兄属书 几道严复

钤印：严复印信 几道长寿

此四条屏乃书杜甫诗，前两首十六句出自《咏怀古迹五首》其一、二，后一首四句出自《解闷十二首》其一。起首第一屏气息沉稳，后面渐渐放开，虽以行草书之，然字与字大都独立，偶尔连带，有些字形特意拉长，笔致瘦劲优雅，线条流畅轻松，风格颇受智永《千字文》及孙过庭《书谱》影响。

伏言三畫
舟人指點

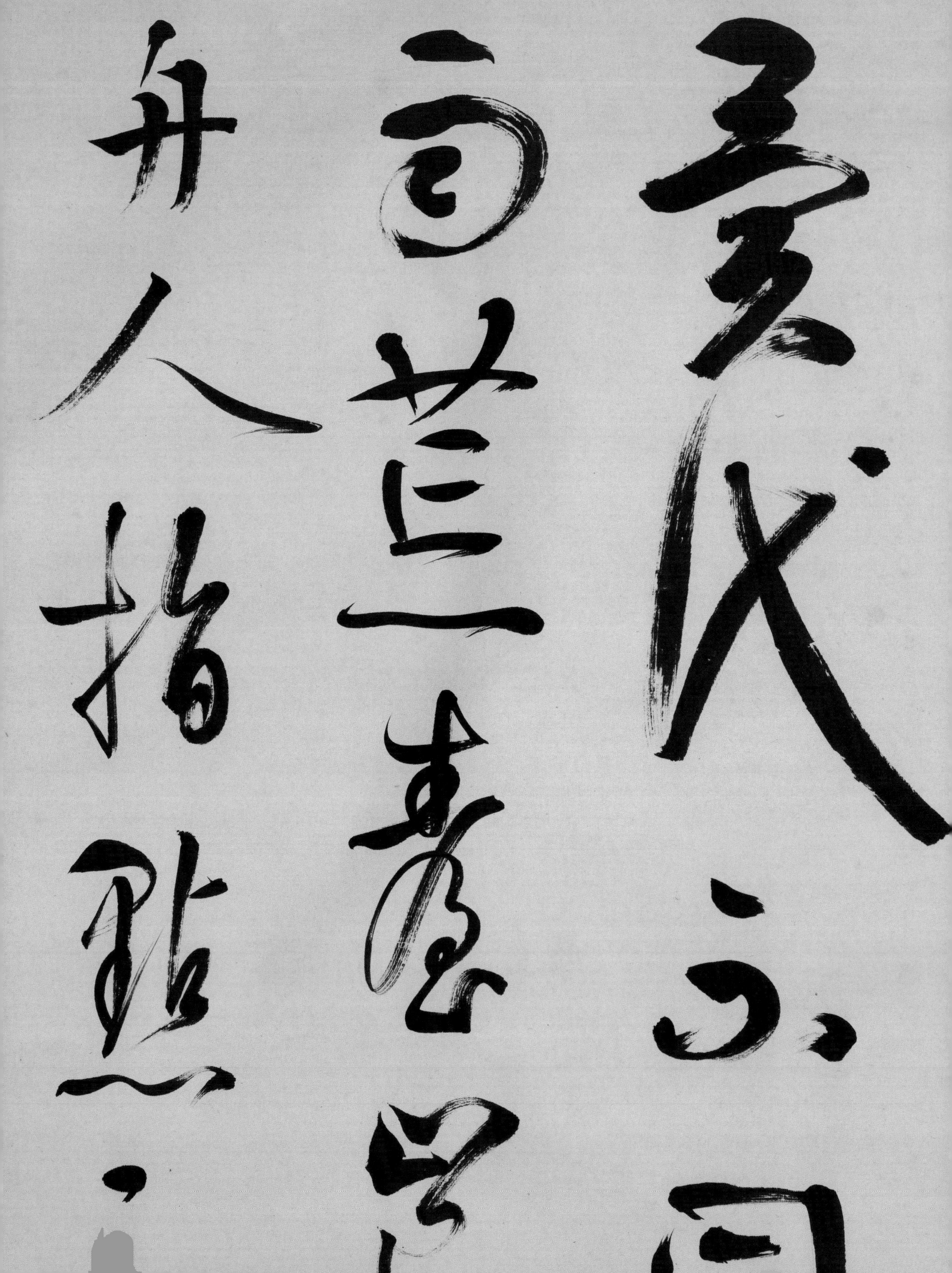

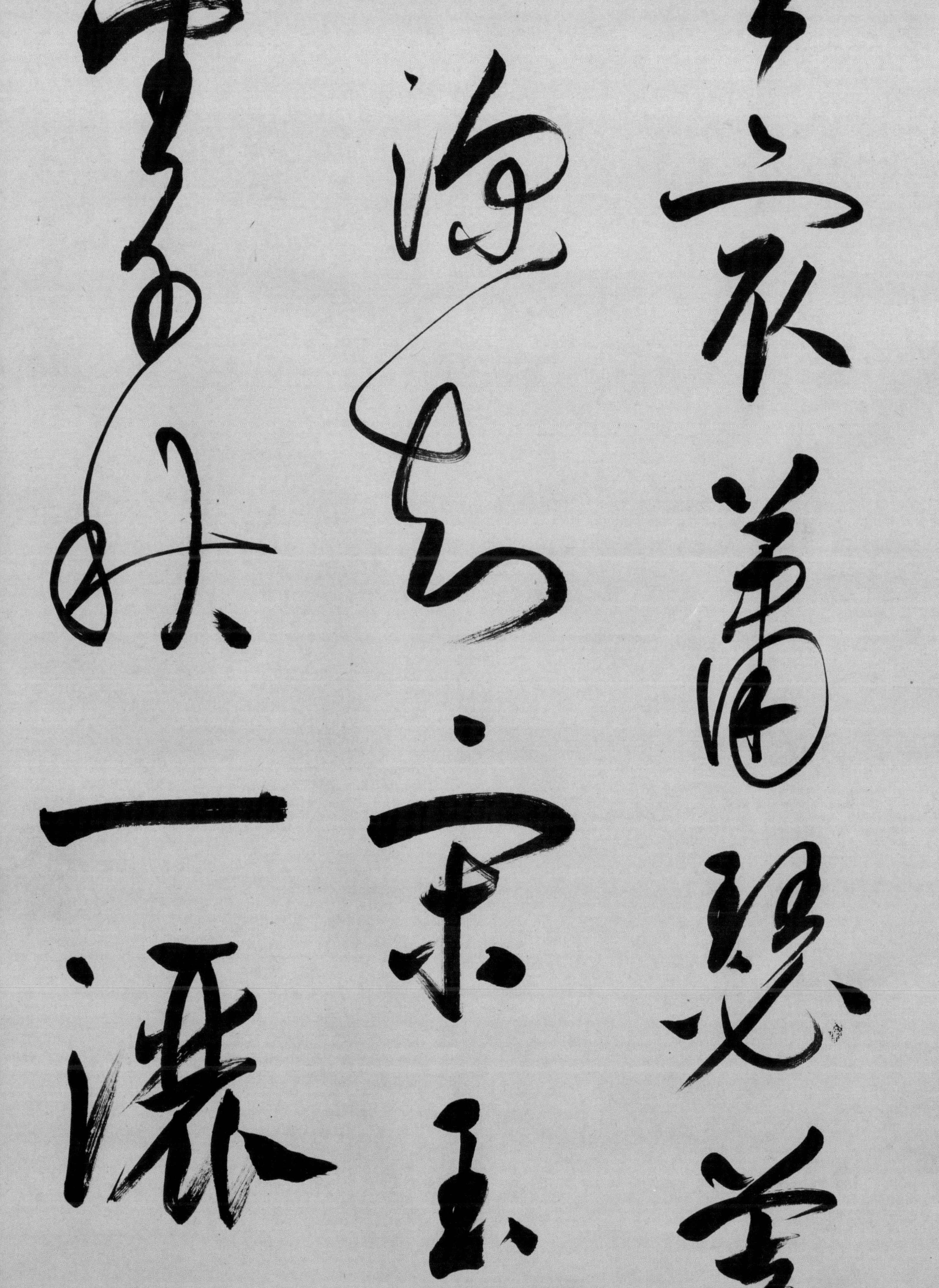

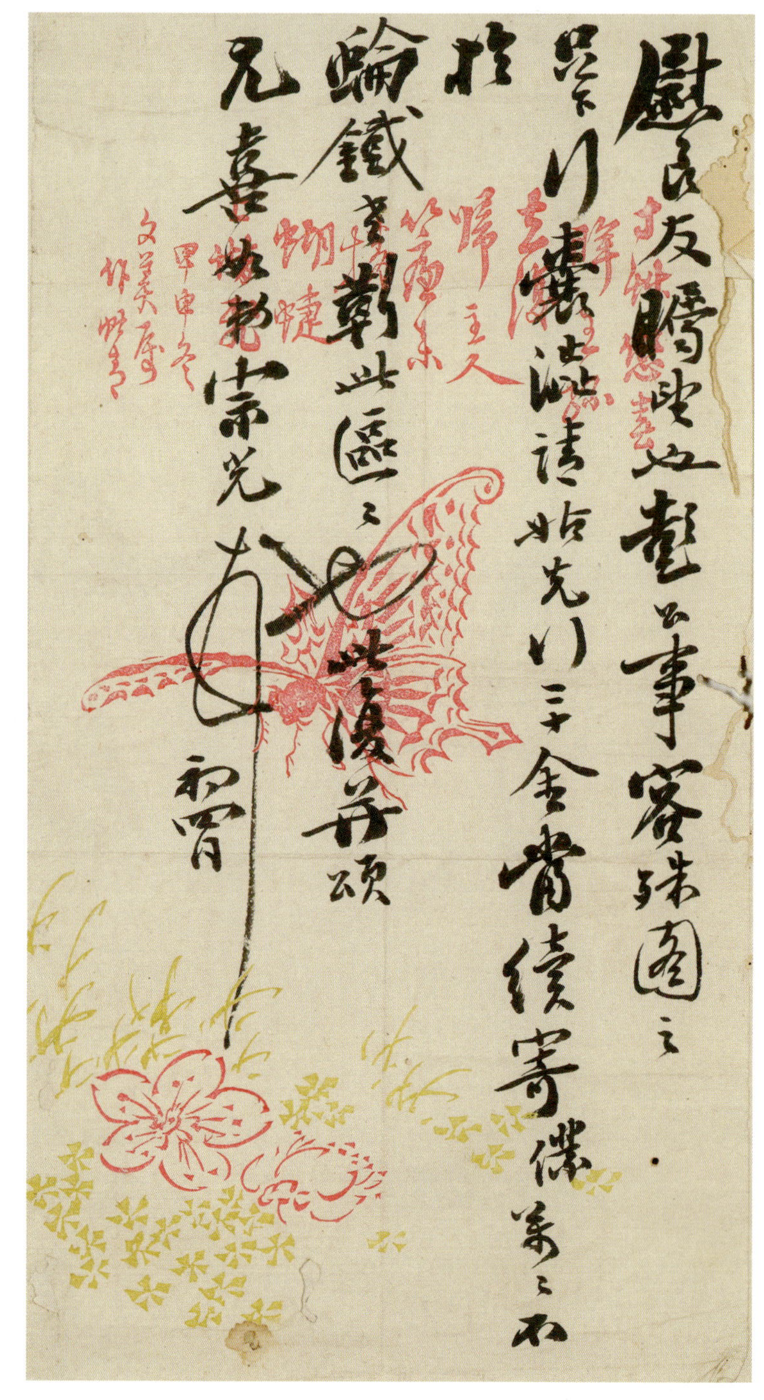

严复 存世最早信札

两通三页
尺寸｜尺寸不一
材质｜水墨写本

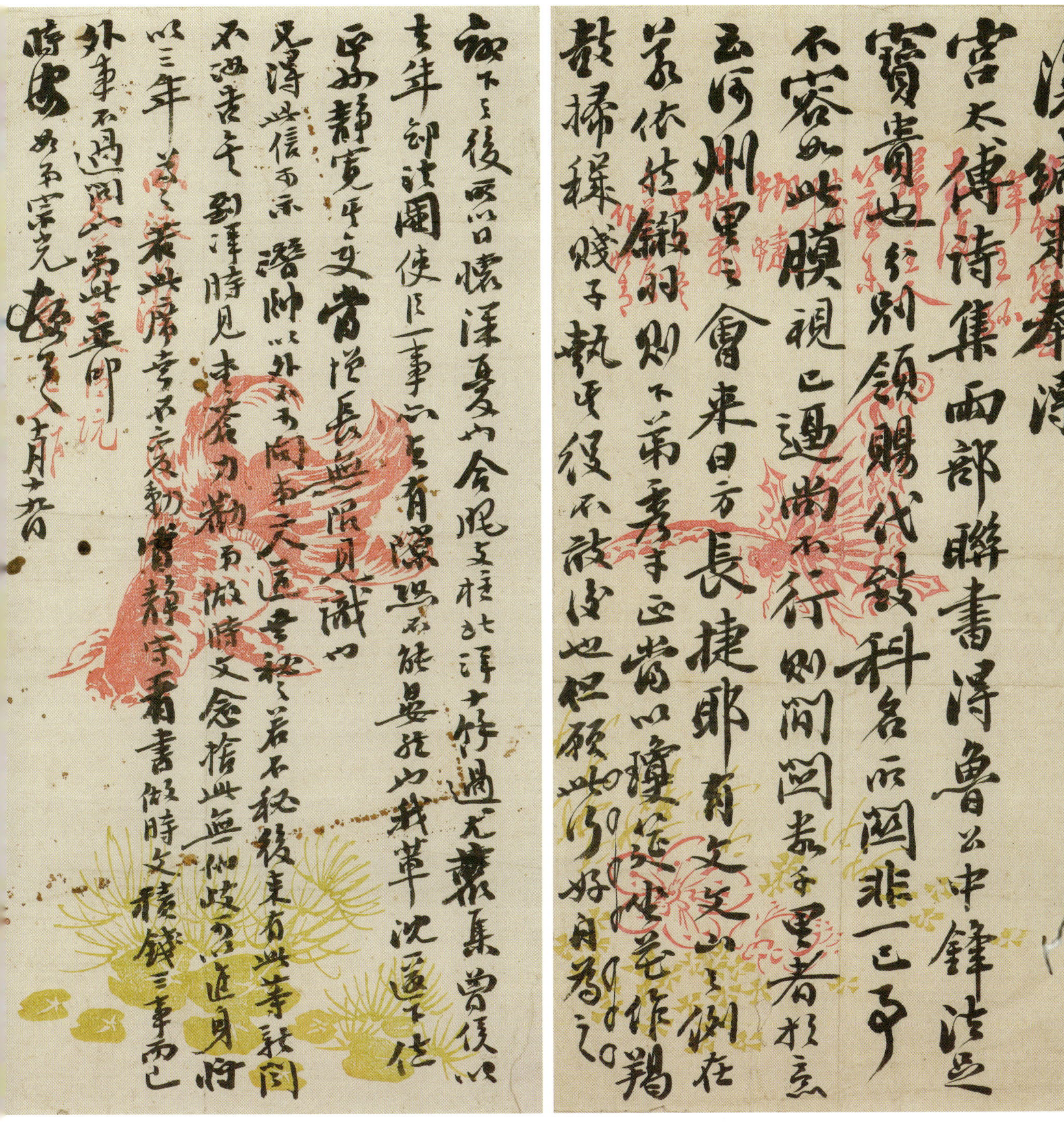

“严宗光”为严复报考福州船政学堂时使用的名字，出任北洋水师学堂总教习后改名严复。此名见载于诸多 1880 年前后公文和私人信件、日记中。此为仅见的落款“宗光”的严复信札，为《严复集》《严复集补编》所无。

信中提到李鸿章、曾纪泽，所及“潜帅”当指刘铭传。“曾侯”即曾纪泽，曾国藩死后，曾纪泽承袭一等毅勇侯爵位。所及“曾侯以去年卸法国使臣一事”，此事系 1884 年中法战争时由李鸿章建议，曾纪泽被免除驻法大臣之职，因有信中所言与合肥“亦与有隙”。故此信当作于 1885 年 10 月 19 日，则此件为市面上已知最早的严复信札。信中并谈到“合肥支柱北洋十余，过尤丛集”，指李鸿章因与法国签订《中法新约》而受朝野指摘事。所谓“到津时，见爱苍，力劝弟做时文，念舍此无他歧可以进身，将以三年为之”，与其此后参加科举考试息息相关。在另一信中，严复积极安慰下第友人，谓“来日方长，捷耶有文文山之例在”，亦可用来反观其本人落第后之心境。所及“蝓铁”为林泂淑，乃林则徐后人。

不審此瞋視已還

西河州界會來

荅依於鎮銀則下

鼓掃穩賤子執更

家如靜寛平生當憶長無
又得此信可示潞帥以外不可聞者
不必書之劉澤時見吏甚力
以三年前之末此膺之不亦及和
外事不過問見第與惠即
時時如希寧兄安道十月十

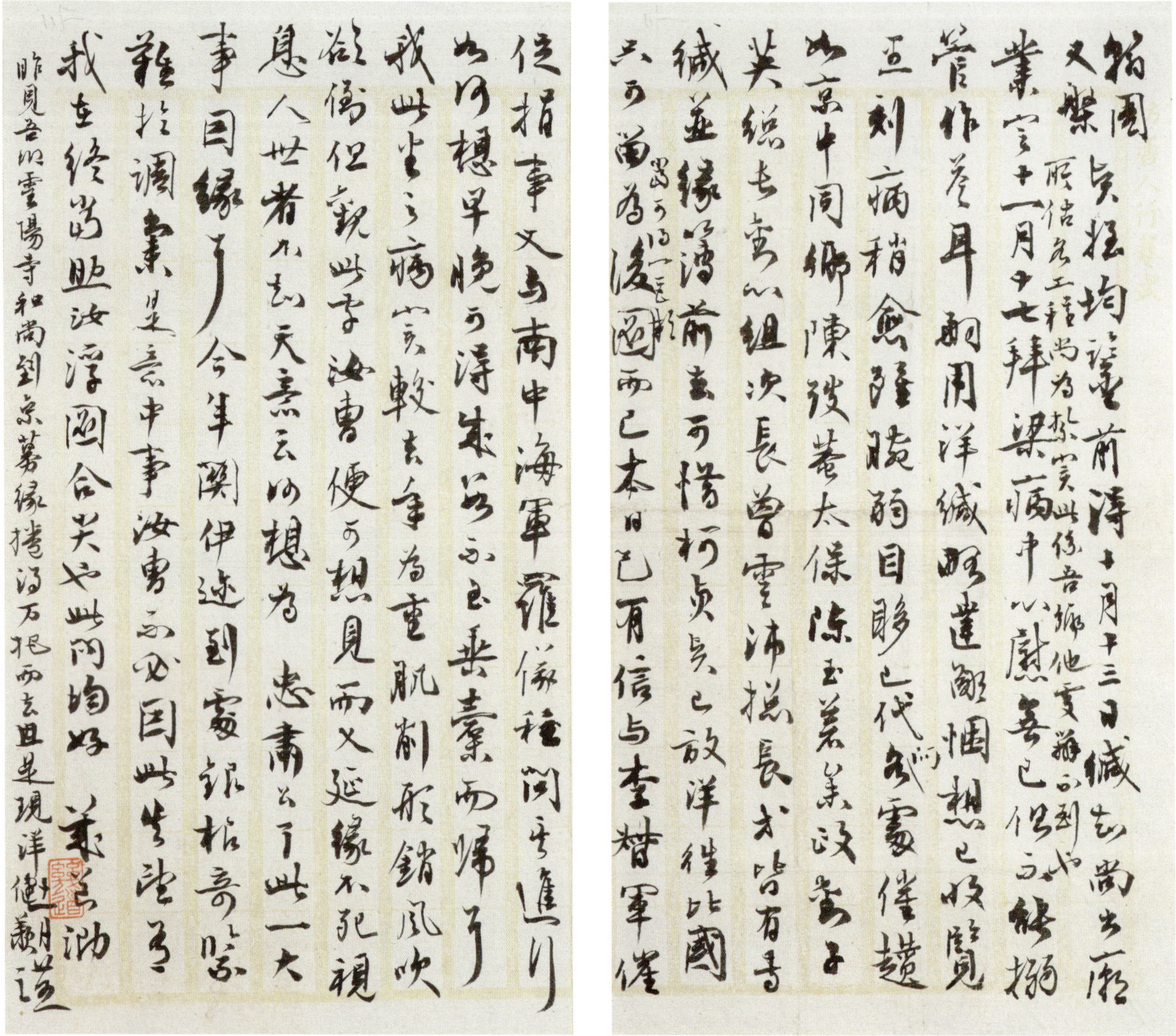

严复 为尚书庙筹款事信札

一通两页
尺寸｜ 13×23cm
材质｜水墨写本

此信写于1920年，为重修阳岐尚书庙，严复带头捐资二千银圆，并撰有《重建尚书祖庙募缘启事》，亲自劝募。严复劝捐的对象包括闽籍同乡、任职福建的官吏，如陈宝琛、陈玉苍、刘冠雄、曾云沛、李培之、柯贞贤等。

“尚书庙”为纪念南宋闽籍民族英雄陈文龙而建，阳岐“尚书祖庙”为福州五座“尚书庙”中最早建成者。阳岐祖庙历经几度沧桑，虽屡经重修，至民国初已残破不堪。1919年元月，在闽筹备三子严琥婚礼的严复到尚书庙行香，决心重建“尚书庙”，并成立三十六人董事会发起重修，最终募到捐款十多万银圆。

貽園賢姪均鑒：前詩十月十三日緘去，尚未一報。

又棨所信先工程尚為紮實，此係吾鄉他處難到也。

業定十一月十七拜梁，病中以慰吾已，但不能躬

管作若耳。耐園洋緘頗達鄙悃，想已收覽。

直刻病稍愈，強瞻弱目，聊已代阿爲寫僅遺。

如京中同鄉陳弢庵太保、陳玉蒼某政書子、

吳總長處以組，次長曾雲沛、撫長式皆有書

緘，並緣淺薄，前去可惜。柯貞賢已放洋往比國，

亦可留為囑可仍一毛托後圖而已。本日已有信與李楷軍催

諸兒知悉：在津擔閣，不覺已十八日。今晚九點一刻定同三哥與伯勳搭津浦車南下。榮克來過三四回，給藥五七種，起先若有效，到後亦不過好些。夜睡好時有六點工夫，有時又復不好。渠說有一種吸藥，惜京津無有，用時當有奇效也。餘均安好，勿念。

戊午十月十八日在津寓泐

严复 致诸子女有关返闽避寒的家书

一通一页
尺寸｜24×17厘米
材质｜水墨写本

此为严复1918年11月21日在天津寓所致子女家书，信中提及他的病情及容克医生给他用药的情况，复言及最终南下的车次时间；严复担心路上寒冷本拟打算早点南下，但前后又在天津耽搁了十七八日，恐就是病情所致。信中的「伯勋」即严伯勋，谱名家鹄，系严复族侄，早年跟随严复到天津北洋水师学堂学习，后秘密加入同盟会从事革命活动，曾任清海军部军法司司长，后供职于国民政府司法行政部。

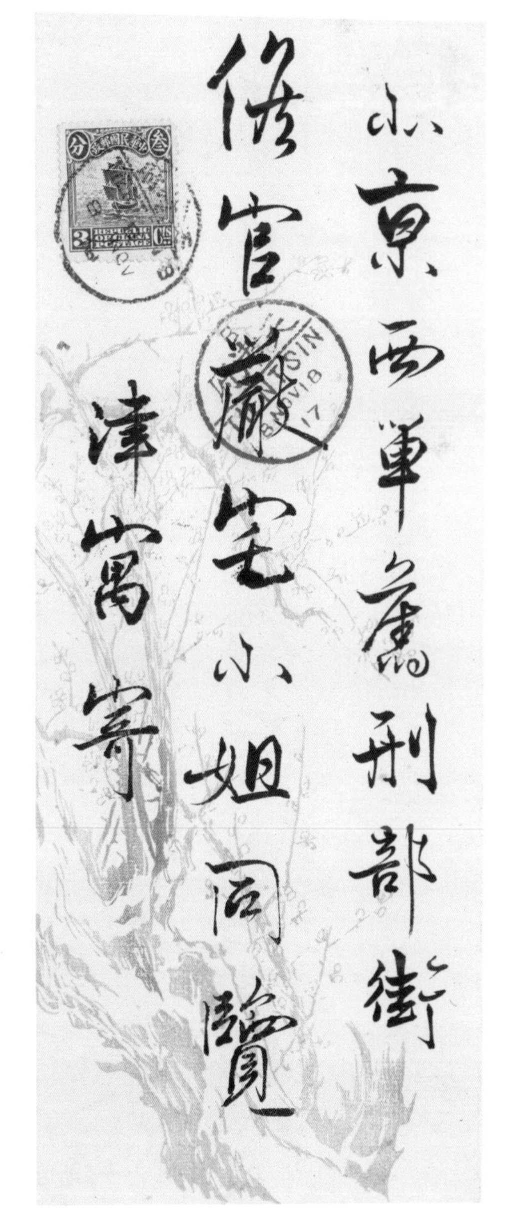

香巖、華巖、海、霖、眉男知悉：我到津寓，經容克看過，並給方藥，現在夜間喘咳見差，胃口亦好，大概林林亭將起，課說十月以後當日見痊可，又要雪了動身，早晚看容克言如何，大約在初十邊，太遲亦怕路上冷也。今日又去請老寶看眼，渠說四五鐘當來也。華巖頰損已全愈，甚念孃孃。瓔如何？別近亦多讀錚語，大哥當能道也。

立冬日津寓

严复 致诸女有关占卜的家书

一通一页
尺寸｜24×17厘米
材质｜水墨写本

1918年11月，严复因要送三子严琥（叔夏）回福建完婚而离京南下，此为本月8日在天津寓所写给严璸、严璆、严珑、严项四女的家书。信中提到严复此时身体抱恙，故请天津的德籍医师容克看病，并戏言其族弟严文炳（彬亭）的占卜似乎又要灵验。严复晚年饱受烟瘾缠身之苦，且常伴咳嗽、筋跳、失眠等病症，据年谱及相关文集可知，其每每病犯，几无例外必延西医，且偶行占卜事。严文炳为严复族弟，早年投奔严复，考入天津北洋水师学堂，1889年毕业后留校任教，后任职于海军部、京师大学堂、北京大学，以擅占卜著名。

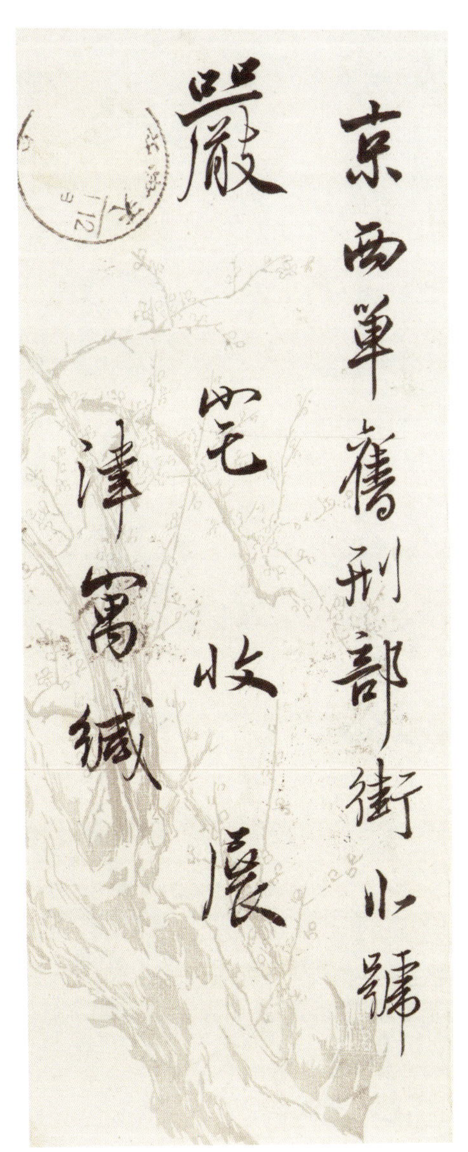

力量則寔[illegible]貴[illegible]造也山[illegible]

先生業此為者成者以拙著而有所觸發得蒙速之深則尤幸矣開平鎮務自夏間合辦議定其中用人理財一切皆交西人掌握敝人名為總辦實無所辦即亦以簿書期會亦足寥寥之故得暇晷以從譯事名學卷帙稍比原富為多然亦只了其四分之一不知今年何時能竟年四十有九強還要業以深而取以素良為西人之所輕坟言棄此段圖所遲之者以燕諺學士推役來歸而已言之令

先生知吾意也秋深惟起居保練不宣嚴復頓首

严复 致吴汝纶信札

一通两页

尺寸｜22.7×12.7厘米

材质｜水墨写本

此为严复致吴汝纶信札，按信中严复自言「行年四十有九」，可知此札作于光绪二十七年辛丑（1901）。信中提到两件重要的事情：一是这年一月严复译完亚当·斯密《原富》一书，并将书稿寄给吴汝纶请求作序；二是这年五月他北上任开平矿务有限公司总办，但信中提到公司人事、财政归于西方人掌握，他这个总办「实无所办」，所以有时间做翻译，此时《穆勒名学》翻译工作也已经进行四分之一了。鉴于此，他对自己的事业想做另外的打算。

吴汝纶（1840—1903），字挚甫，一字挚父，安徽省桐城县人，晚清文学家、教育家。同治四年（1865）进士，授内阁中书。曾先后任曾国藩、李鸿章幕僚及深州、冀州知州，长期主讲莲池书院，晚年被任命为京师大学堂总教习，并创办桐城学堂，与马其昶同为桐城派后期主要代表作家。

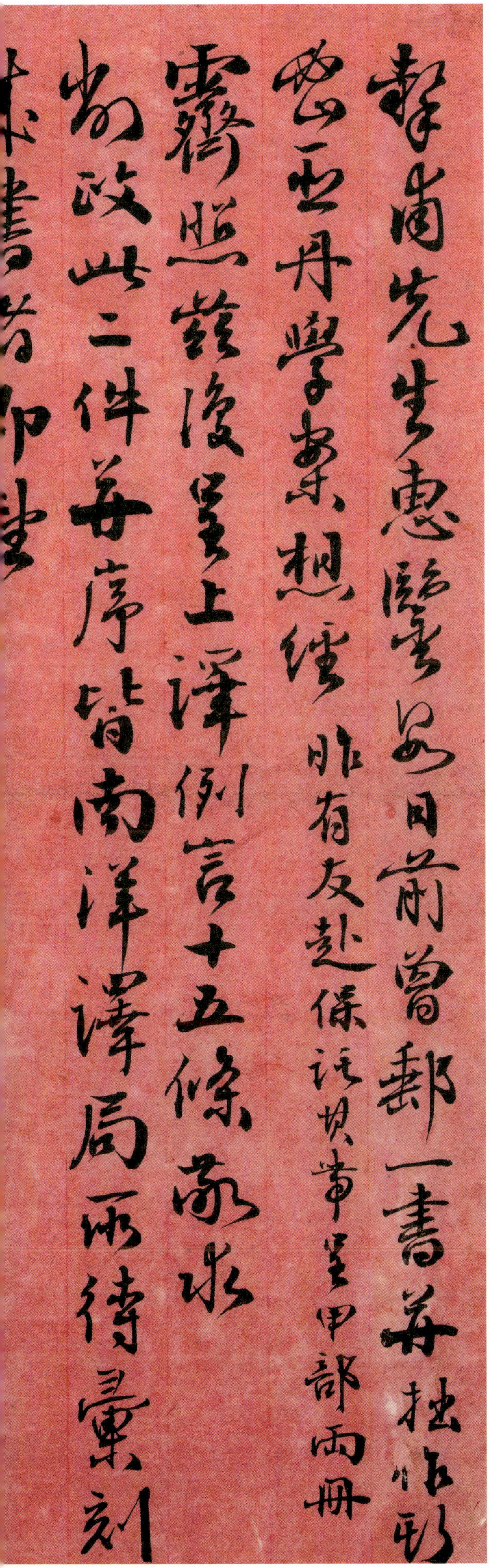

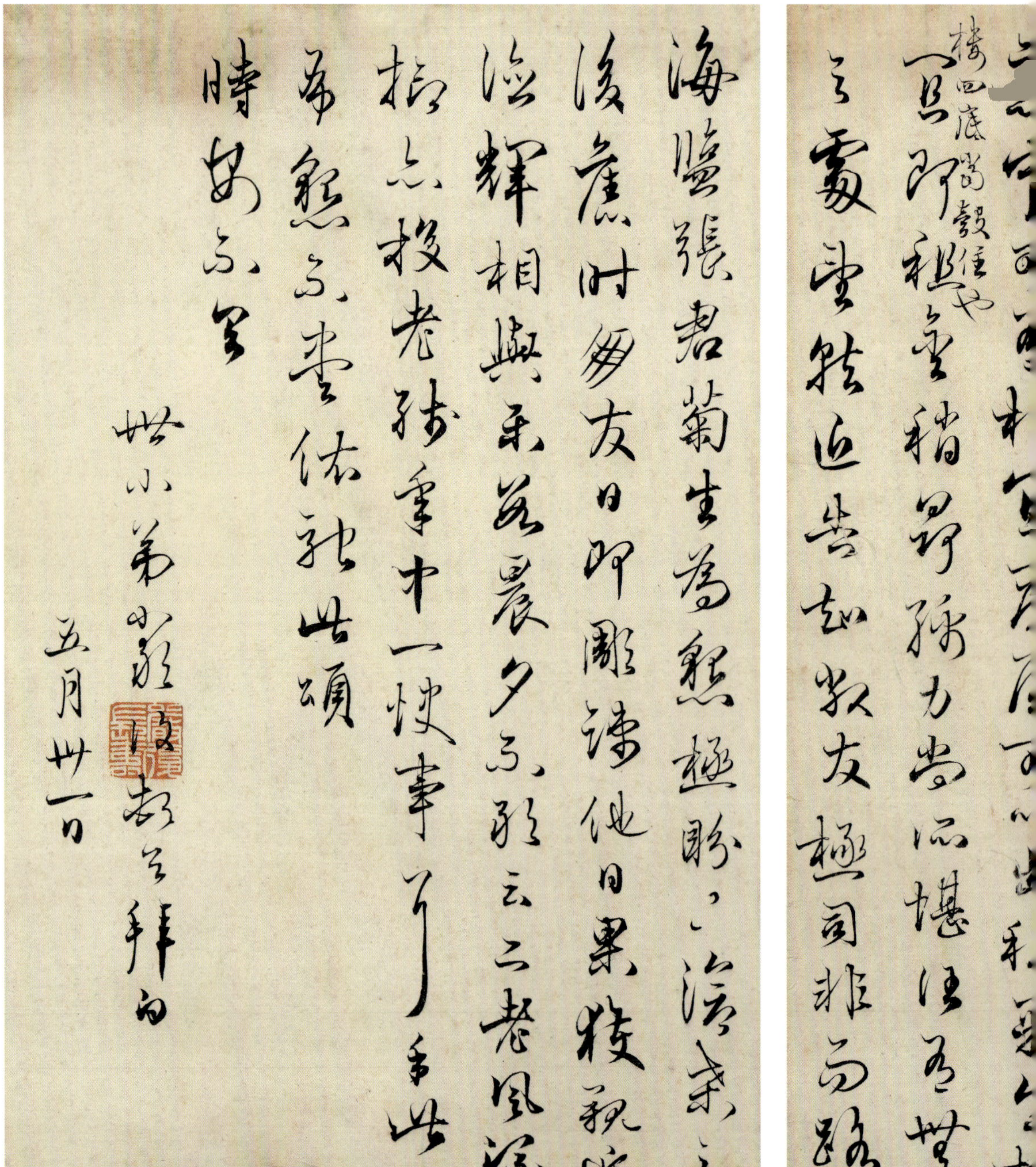

严复 致李经方信札

一通三页
尺寸｜17×26.3 厘米
材质｜水墨写本

此信上款人为李经方，虽无具休年款，但从信中「己未秋间奉别」以及「去年九月为此旋闽」的叙述语气可判断作于民国十年辛酉（1921）的五月三十一日，严复去世前半年左右。信中严复提到他虽然居京多年，但还是不习惯北方冬天的严寒，一到冬天就生病；而福建老家天气又冷暖无常，人事方面也多有不便，因此有了迁居上海的打算。给李经方写信就是请他帮忙在上海代觅一处房产，因上海空屋很少，所以只要能负担得起，贵点也可以接受。可惜，后来由于严复病情加重，此事就此搁浅，是年 10 月 27 日严复于福州郎官巷寓所去世。

李经方（1855—1934），字伯行，号端甫，安徽合肥磨店人。李鸿章六弟李昭庆之子，过继给李鸿章为长子。光绪举人，历任出使日本大臣、出使英国大臣、邮传部左侍郎。辛亥革命后被罢官。

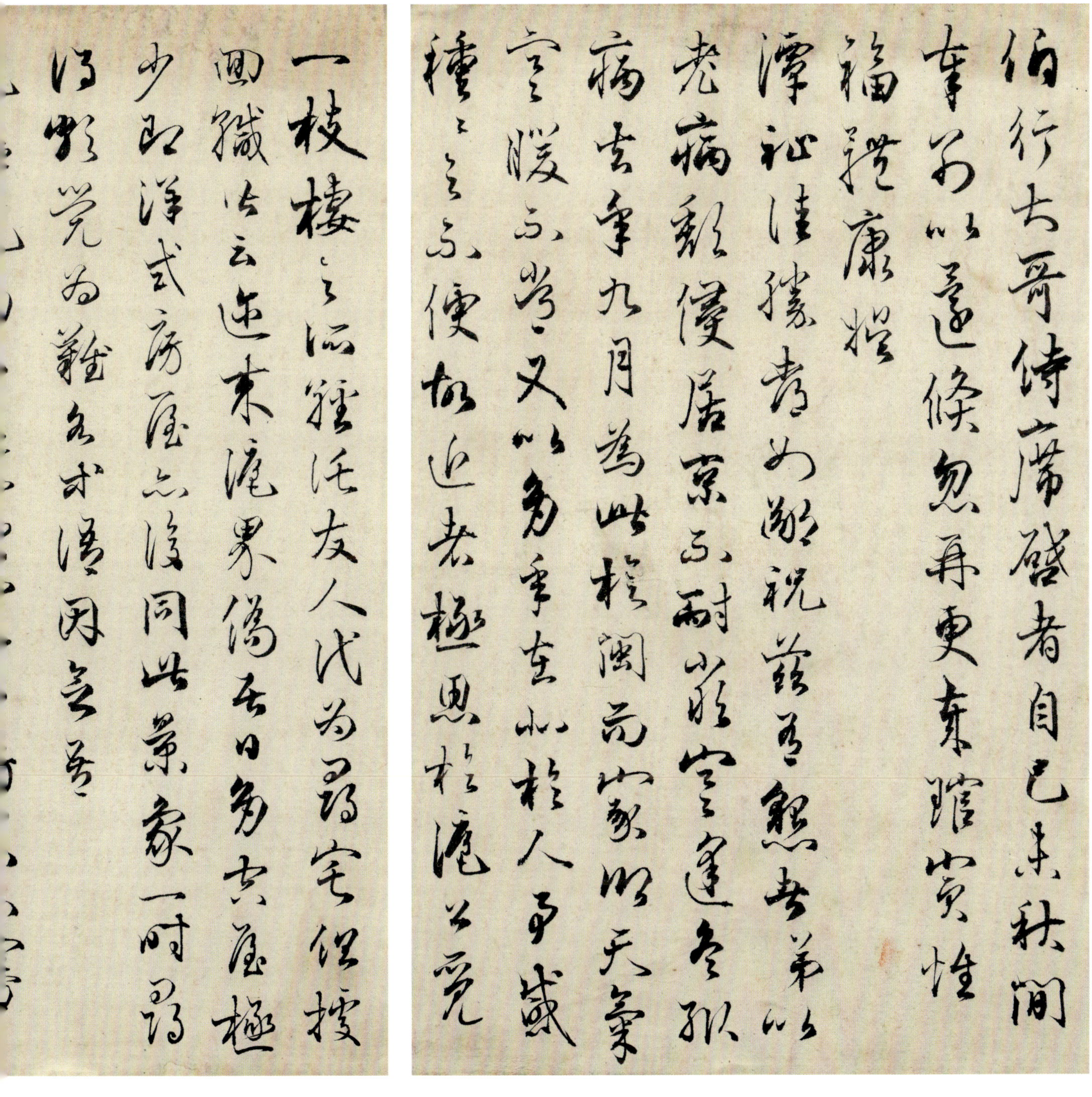

想初八後已在上海矣伯玉尚無信來不
知寄家何處江嫂同出與否住陽崎否
吾皆不知也汝父聞一時不能南去將遣
孫貴先歸稍取冬天衣服不知兒處
有所聞否弟近日頭暈心跳日甚往往
寫信半紙時几室欲旋須閣筆伏几少
時乃蘇細思想亦穩先作祟也吾兒千
祈自愛新遷室陽光較多夜間寒
暖如何被褥當神勿令受凍切切 中秋
夜泐
樹影一庭月華黯澹…………
對此幽清不覺百端交集

严复致何纫兰信札

一通一页
尺寸｜40.5×17.5厘米
材质｜水墨写本

何纫兰为严复外甥女，是严复在马尾船政局及留英时的同学何心川与严复大妹之女。严复对此外甥女十分疼爱，常有书信给对方。1912年2月严复出任京师大学堂总监督，随即在京师大学堂进行改革，1912年5月京师大学堂改称北京大学，严复出任首任校长。7月教育部以经费困难要求停办北大，严复作《论北京大学校不可停办说帖》，最终停办之议被否。严复在北大担任校长的时间仅八个月，却对北大影响深远。此函据《严复全集》应写就于1912年9月25日（农历八月十五），即严复在北京大学任内的最后几天，信中虽未详细谈论北京大学情况，字句中亦透露些许无奈。

本晨發去昨函所繕快信想已接
到本日未得來書不知廿四日　體中
何如殊深惦系日來換境感遇秋不
勝悲又不欲以落寞無聊之詞來溷
新愈人視聽中情抑鬱殆不能堪惟
不能捨棄一切即行到津而校事待
理兼部中有取消校長之說華以
借校號中人仿照清華學校前案
辦理道須將校產保險始可合同為
此又須延閣保險者係天津良法須明
日始有回信如此事一星期內不知能了
結否真是令人不耐也本日聞吳稽有

Tientsin. 16th or 17th March
2. Am.

My dear Wro,

I would have written a letter to His Excellency Chang if there was time for me to do so: but as the messenger wishes to return to Peking tomorrow I can only scribble these few lines to you.

The Clouds are evidently gathering from every quarter, and the parties who are guilty in the matter are now feeling uneasy. His Excellency can infer very much

(2)

with him, both Chinese and Foreign. You know Yuan has the "dare devil" in him & he will accompany the Court to the Western Tomb soon; whenever opportunity offers itself, most probably he will avail it again to attack Chang. Detring thinks that it will be well for His Excellency to test the reliability of Yung-tsungtang's support as soon as he can. If he can depend upon Yung-lu for

from the repo
has written
He, accordin
attributes the
vigour; but
rather differ
to the doings
Although eac
his own part
Kingsley, so
in the reserv
assume the
But on the
is authorized
to proceed

the support a
through thick
there is nothin
If His Excelle
certain in thin
much better
to let Yuan
which he cr
that he will
whole respons
Consequence
Excellency
tsungtang as
show this b
Yuan peace

his Excellency Chang & he is trying to use one Chinese who is most influential as a weapon against another on whom he wishes to gain a victory. Our apprehension is indeed not ground-less. For he has already kept up private correspondence with Tang the Custom Taotai. And permit Chuang Jen Sung to retain his position in the Compy. while he is appointed by Yuan to be a member in his Bureau of Foreign Affairs. This Collegian of ours is very traitorous in his character which is well known to every body who has a dealing

will be better for China at least.

Whether this course be a good course to His Excellency or not I shall say nothing. But it is better to let His Excellency know how the matter stands & provide for all contingencies.

I will be in the Capital to 21st or 22nd this month & will come & see you and His Excellency as soon as possible. With kind regards

Yours sincerely,

[illegible]

严复致伍光建英文信

一通四页

尺寸｜21.6×26.4厘米

材质｜水墨写本

此信写于光绪二十九年（1903）。1900年，英商借八国联军之势威逼张翼，攫取开平煤矿权益。清廷责令张翼讨回开平煤矿主权，张请严复襄理。此信内容即为夺回煤矿权益一事。严复在信中指出此案乃英商的欺诈行为，应通过国际、国内法律条款解决。信中所提庆世理即著名律师。同时，严复认为此事亦是袁世凯出于「水火门见之私」而故意刁难张翼，请伍光建建议张翼利用荣禄抗衡袁世凯。是信为研究清末开平煤矿中英权利纠纷提供了重要依据，也反映了清末朝廷的一些政治纷争。

influence felt to those wrong doers.

Re the letter from Chang to Thys Detring promised to think over it and will draw the rough' out as soon as he can.

But there is one thing which now occupies our mind most and that is our apprehension of the ill-timed & ill-advised meddling of that ambitious but rash Viceroy Yuan. Mr Wynne the Agent & General Manager of the company is evidently aware that there is some difference existed between Yuan &

will be better for China at least.

Whether the above be a good advice to His Excellency or not I shall say nothing. But it is better to let His Excellency know how the matter stands & provide for all contingencies.

I will be in the Capital on 21st or 22nd this moon & will come & see you and His Excellency as soon as possible

With kind regards

Yours sincerely

Yenfuh

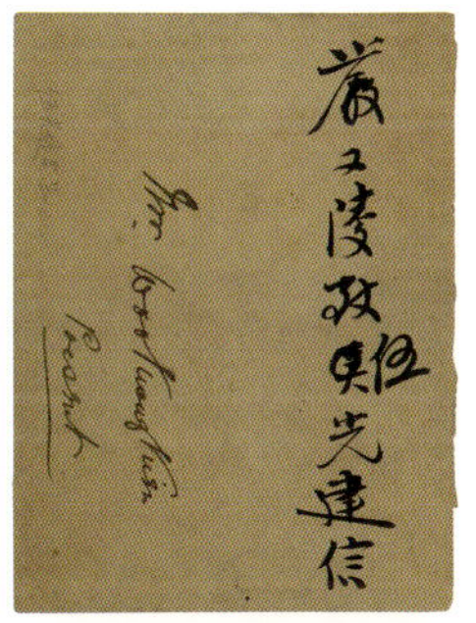

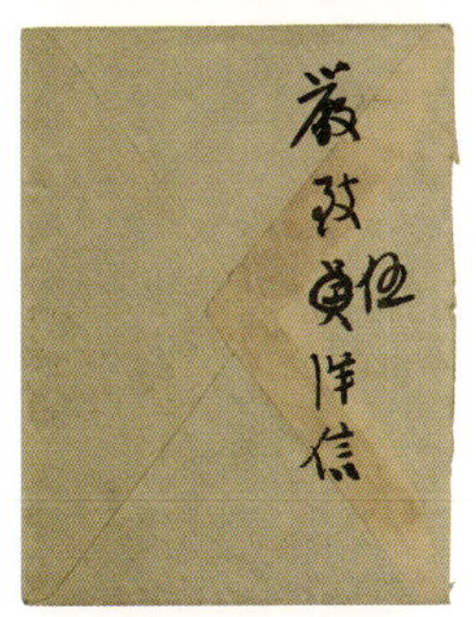

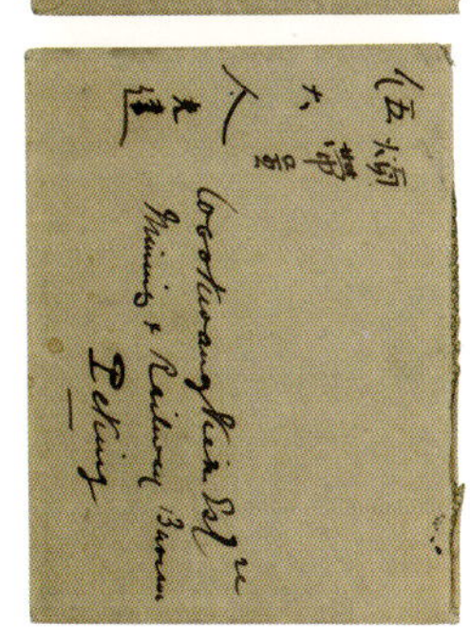

his Excellency Chang & he is trying to use one Chinese who is most influential as a weap against another on whom he wishes to gain a victory. Our apprehension is indeed not groundless. For he has already kept up private correspondence with Tang the Custom Taotai. And permit Chuang Jen Sung to retain his position in the Comp^y while he is appointed by Quan to be a member in his Bureau of Foreign Affairs. This Collegi

Tientsin: 16th or 17th March
2. Am.

My dear Mrs

I would have written a letter to His Excellency Chang if there was time for me to do so: but as the messenger wishes to return to Peking tomorrow I can only scribble these few lines to you.

The Clouds are evidently gathering from every quarter, and the parties who are

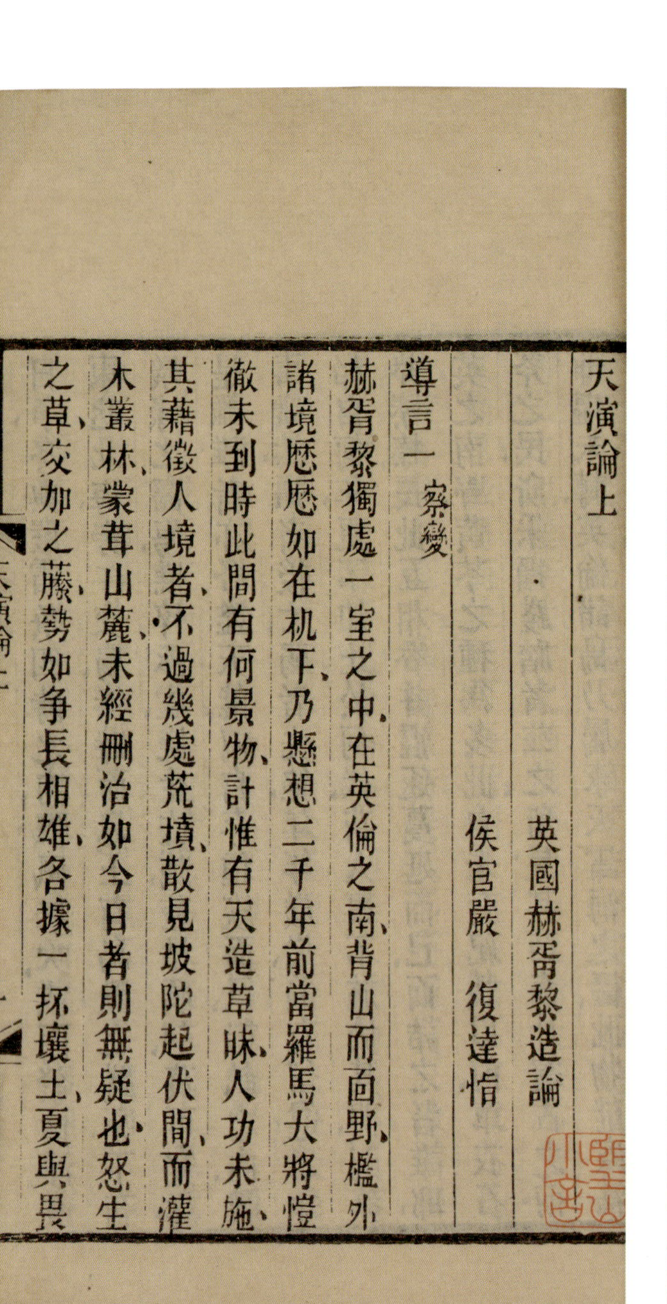

天演論上

英國赫胥黎造論

侯官嚴復達恉

導言一 察變

赫胥黎獨處一室之中、在英倫之南、背山而面野、檻外諸境歷歷如在机下、乃懸想二千年前當羅馬大將愷徹未到時此間有何景物、計惟有天造草昧人功未施、其藉徵人境者不過幾處荒墳、散見坡陀起伏間而灌木叢林、蒙茸山麓、未經删治如今日者則無疑也、怒生之草交加之藤勢如爭長相雄各據一抔壤土夏與畏

天演論上 一

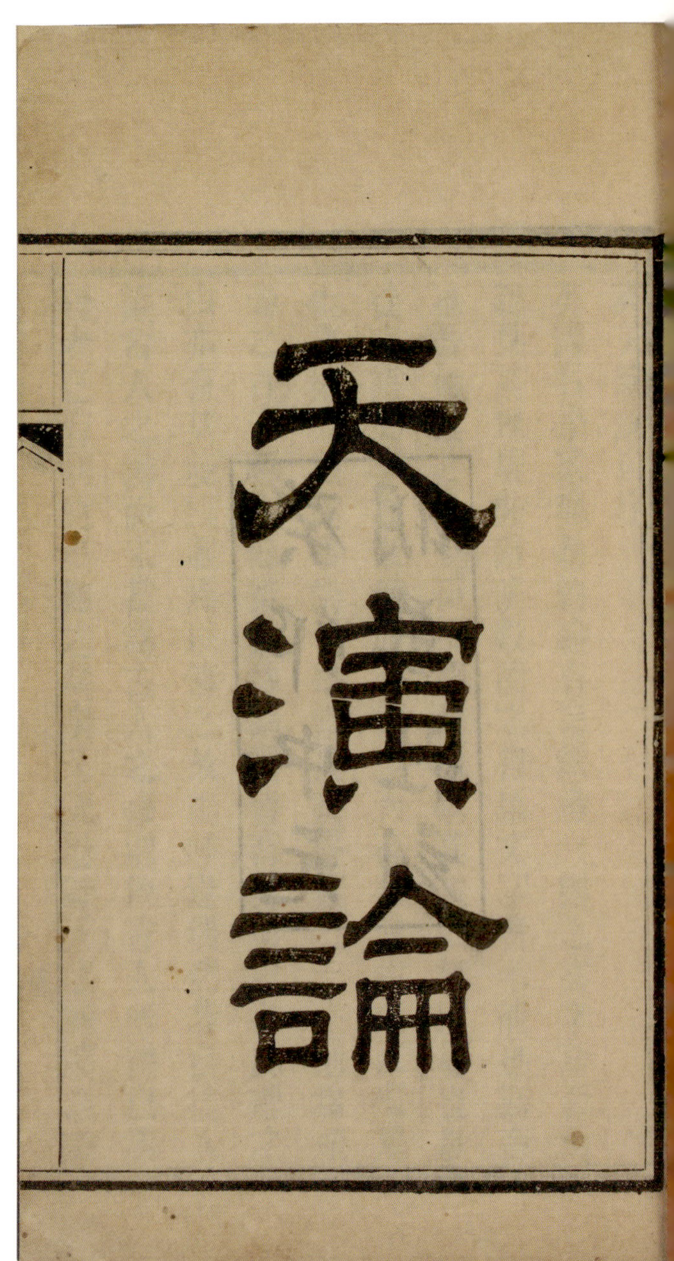

天演論

严复译《天演论》

光绪二十九年（1903）明善社刻本
一函两册
尺寸｜13.2×21厘米

《天演论》原名 *Evolution and Ethics*，乃英国生物学家赫胥黎所著。严复从1896年开始翻译此书，1898年4月交由沔阳卢氏慎始基斋正式出版。严复强调，自然界一切生物都是「物竞天择，适者生存」，人类只有自强、进取，才能生存、发展。《天演论》中「弱肉强食」「优胜劣败」「适者生存」等警语，敲响了「救亡」的警钟。

严复创造性地将赫胥黎书中所讲的一套思想体系统称为「天演之学」，「是故天行人治，同归天演」，他将宇宙演变中自然的力量与人类伦理的力量整体地包含于「天演」概念之中。

严复译《原富》

清刻本

七册

尺寸｜14×21.8厘米

此书以甲乙丙丁戊分集（甲、丁、戊又分上下集），每集前有目录，无总目，刻印精整。《原富》翻译自英国古典经济学家亚当·斯密著《国富论》。1897年，严复开始翻译此书。1902年10月，全书出版。严复思索国家富强途径，倡导市场经济、自由贸易，以西方经济学思想，批判顽固派的观念和洋务派的作为。

原富部丁上

英倫斯密亞丹原本

侯官嚴復幾道翻譯

引論

計學者制治經國之學之一支其所講求者二一曰足民食次曰富國用計學之所求在君民各足而已世異民殊國之進於富厚者各異故言計學者有二宗焉而皆以足民爲本曰商宗曰農宗二者皆予所欲明辨而詳言者則請先言商宗蓋商宗差晚出而吾黨英人事效當前易明曉耳

案斯密氏計學界說如此而後人病其渾侻著論說者希復用之今計學界說曰計學者所以窮生財分財用財之理也其於義進矣而名學家病其所用生分用三名之多歧義則又曰計學者所以講鼓功被物而與易值之力理者也進而彌精非明格致者未易猝解矣蓋斯密氏所標聊用明旨本非界說正門其所以爲

原富部丁上　一

严复评点《山谷集》

清刻本

九册

尺寸｜26.8×17.1厘米

（福建博物院藏品）

此为严复旧藏武英殿聚珍版宋代诗人黄庭坚诗集数种，纸本，双页，封面无签署。全书含《山谷内集诗注》《山谷外集诗注》《山谷别集诗注》等，有缺卷，全集经严复圈点并加眉评，又注明阅评时间，可见严复平日读诗、治学之心得。严复于诗颇有独到见解，曾有诗曰：「光景随世开，不必唐宋判。大抵论诗功，天人各一半。诗中常有人，对卷若可唤。捻花示微笑，悟者一笑粲。」钱锺书《谈艺录》提及其《瘉野堂诗》有「词律谨饬」「点化熔铸，真风炉日炭之手」之誉。

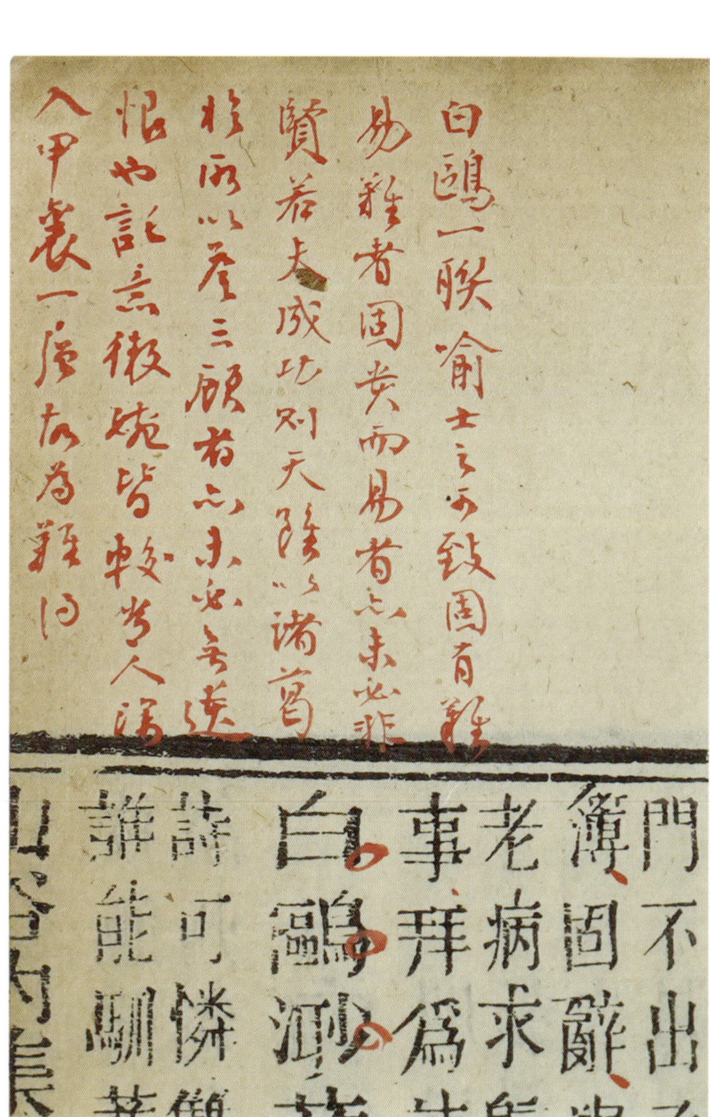

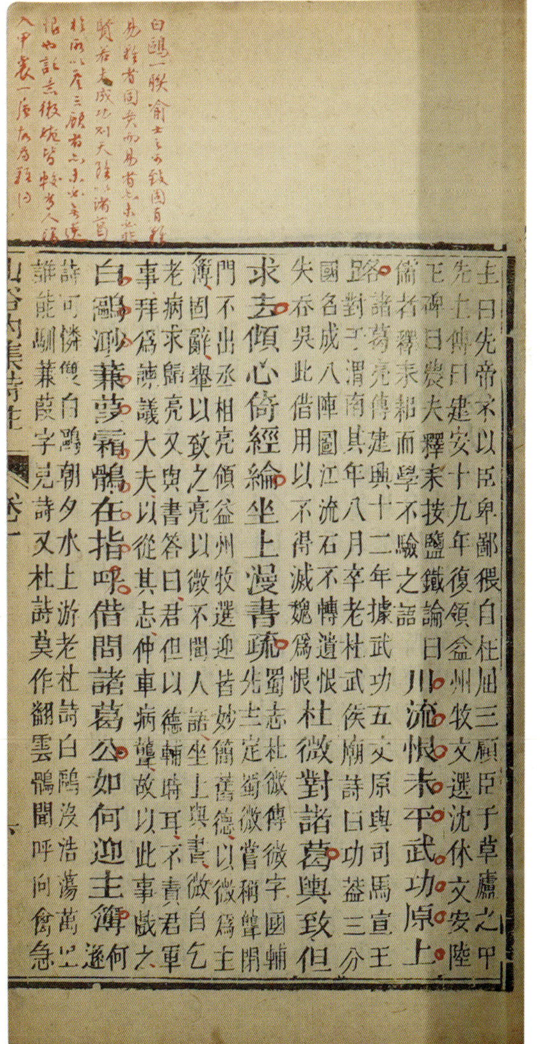

严复《瘉野堂诗集》

民国十五年（1926）铅印本

二册

尺寸｜26.5×15.3厘米

严复长子严璩编，收严复所作诗而成，凡二卷，上卷系辛亥以前所作，录诗九十四首，下卷系民国以后所作，录诗一百七十二首。收录基本完备。

严复《严几道诗文钞》

民国十一年（1922）上海国华书局排印本
五册
尺寸｜20 × 13.3 厘米

是书为严复所著《严几道诗文钞》的最早版本，五册齐全，品相上佳，流传较少。

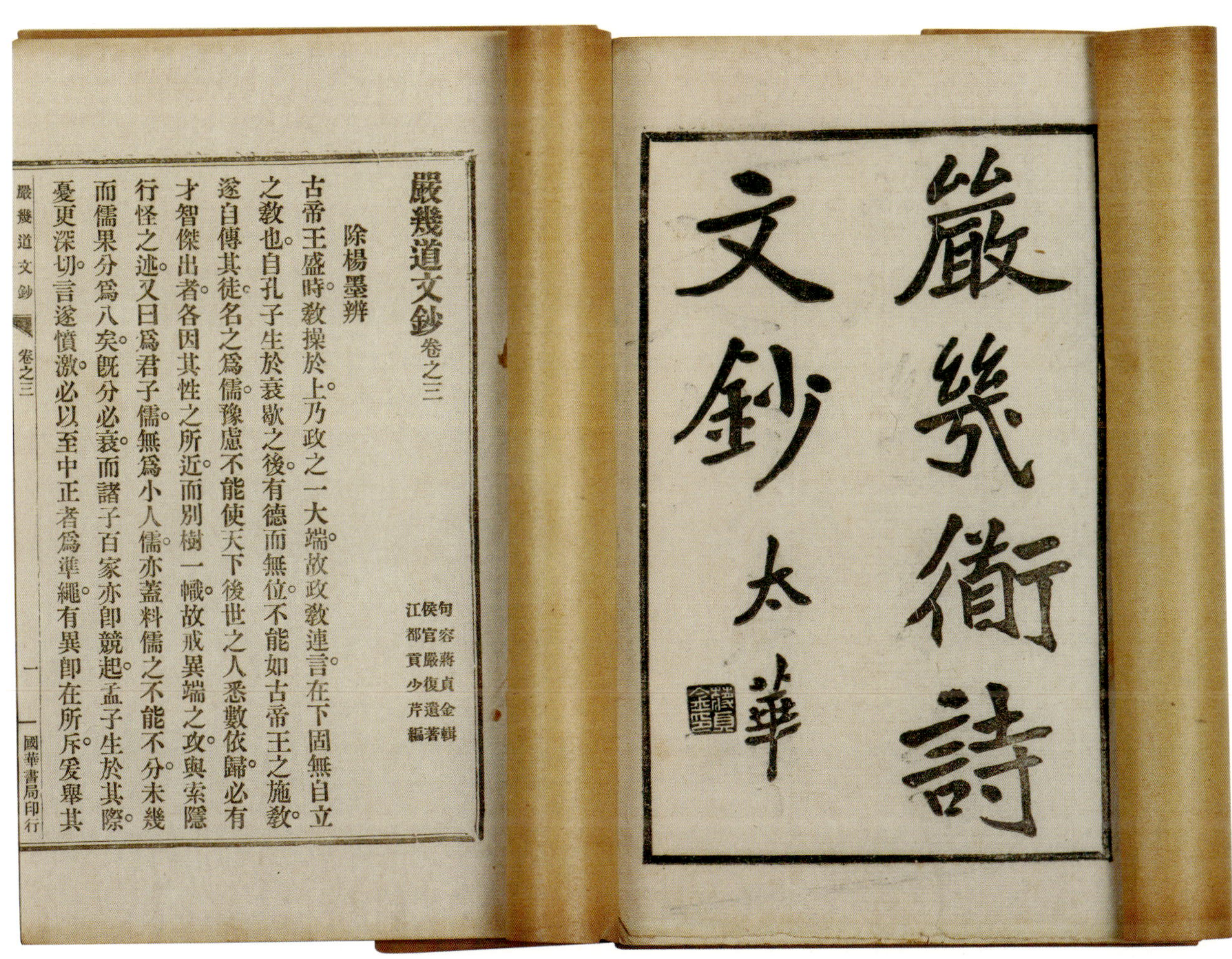

嚴幾道文鈔 卷之三

除楊墨辨

句容蔣貞金輯
侯官嚴復幾道著
江都賈少芹編

古帝王盛時教操於上乃政之一大端故政教連言在下固無自立之教也自孔子生於衰敝之後有德而無位不能如古帝王之施教遂自傳其徒名之爲儒豫慮不能使天下後世之人悉數依歸必有才智傑出者各因其性之所近而別樹一幟故戒異端之攻與索隱行怪之述又曰爲君子儒無爲小人儒亦蓋料儒之不能不分未幾而儒果分爲八矣既分必衰而諸子百家亦即競起孟子生於其際憂更深切言遂憤激必以至中正者爲準繩有異即在所斥爰舉其

嚴幾道文鈔 卷之三 一 國華書局印行

半部近代史

严复与近代闽籍名人

本单元通过展示沈葆桢、陈宝琛、林纾、陈衍、林长民、林旭、萨镇冰、李宣龚、吴仲翔、叶大庄等闽籍近代名人墨迹、信札、古籍文献，一方面对以严复为代表的闽籍近代文人群体关系和交游进行梳理，另一方面，也呈现他们在思想、文学、艺术、学术等方面的相互传承和综合成就，并以此表明：无论是在传统文化领域，还是在时代前沿思想上，闽籍近代名人群体都曾在近代历史中产生过多方面、综合性的推动作用。

近代中国，大抵没有哪座城市像福州一样奇特，虽远离政治经济中心，却在一两百年时间里，为这个国家源源不断贡献出一批足以改变历史进程的著名人物。所谓「一座三坊七巷，半部中国近代史」，这座城市、这座坊巷和近代中国的关系，以及这段历史中最真实、最动人的片段，正由严复和近代福州文化名人群体所书写。

与严复有关系的闽籍近代名人中，既有陈宝琛、林纾、陈衍等旧派文人，也有萨镇冰、高梦旦、林长民等新派人物，甚至还有林旭这类激进的革命派。他们与严复或为前辈师长，或为同辈知交，在与严复的交往过程中，在政治理念、社会思想、文艺倾向、学术研究乃至生活方式等方面，都对其产生或深或浅的影响。这一方面当然可以表明严复横跨旧学与新学两方面的综合能力，而在某种程度上，我们甚至也可以这么理解：严复的出现，正有赖于近代福州特殊的历史条件与人文土壤。

沈葆桢（1820—1879）

原名沈振宗，字幼丹，侯官（今属福州）人。道光二十七年（1847）进士，任庶吉士，授翰林院编修。咸丰五年（1855）底任九江知府，后署广信知府，随曾国藩镇压太平军。咸丰十一年（1861）任江西巡抚，同治五年（1866）继左宗棠任福建船政大臣，光绪元年（1875）擢两江总督兼南洋通商大臣，光绪五年（1879）病逝于江宁任上。

1867年，严复投考福州船政学堂，以《大孝终身慕父母论》百字短文获沈葆桢激赏，从而以第一名成绩成为首批学生。后来沈葆桢首倡海军学生留学欧洲，严复与同届刘步蟾、方伯谦等人亦因此成为中国第一批留学欧洲的海军生。沈葆桢还是林则徐的外甥兼女婿，而严复好友、「戊戌六君子」之一的林旭则是沈葆桢的孙女婿。沈葆桢与严复两人虽然年龄地位差距悬殊，但其对于严复人生的重要意义不言而喻。

沈葆桢 见知、不夷行书八言联

尺寸｜165×40 厘米（每条）

材质｜水墨笺本

释文：见知见仁动静交养，不夷不惠圣贤所珍。

落款：博泉二兄雅属

此联为海上近代名家吴待秋旧藏，沈葆桢落款在“文革”期间被剜去。签条为后来重装时移入。

見知見仁動靜受養

不憂不惠聖賢所珍

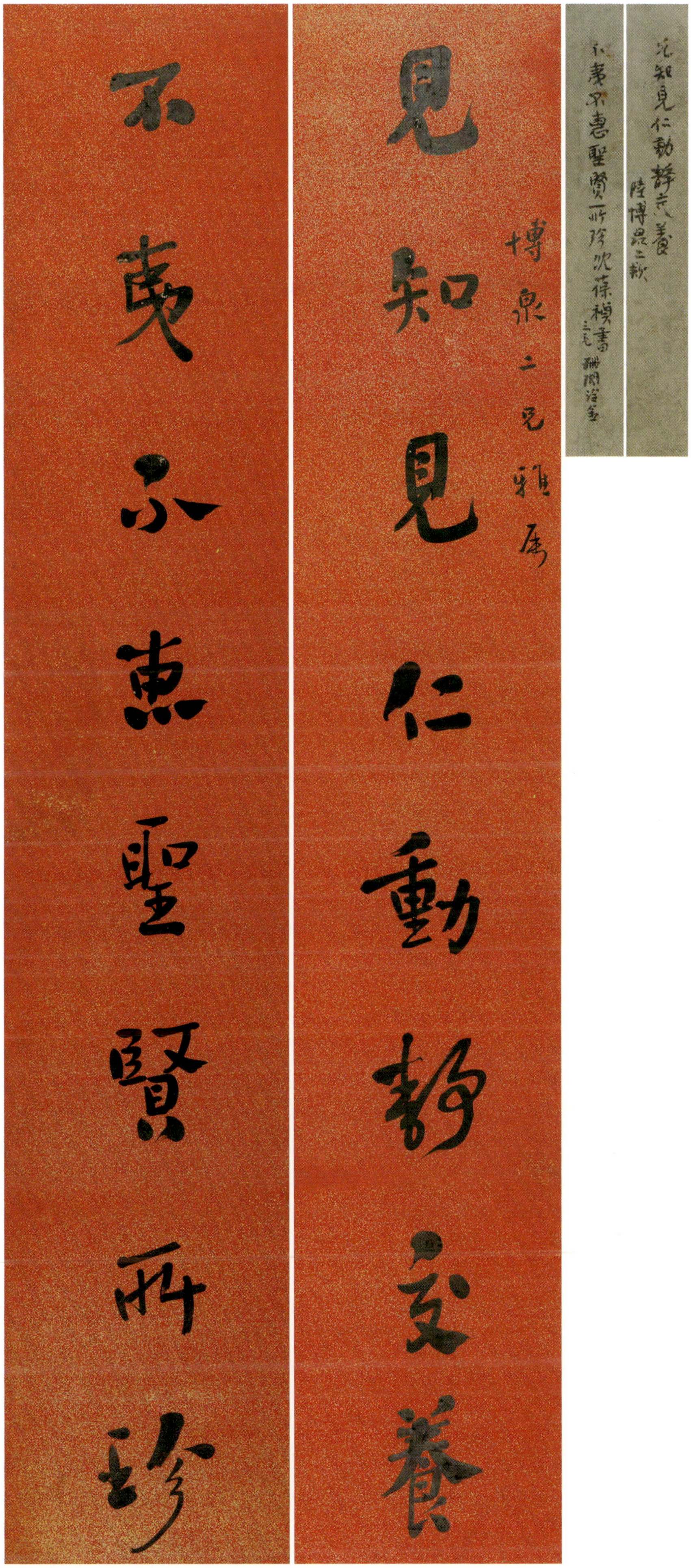

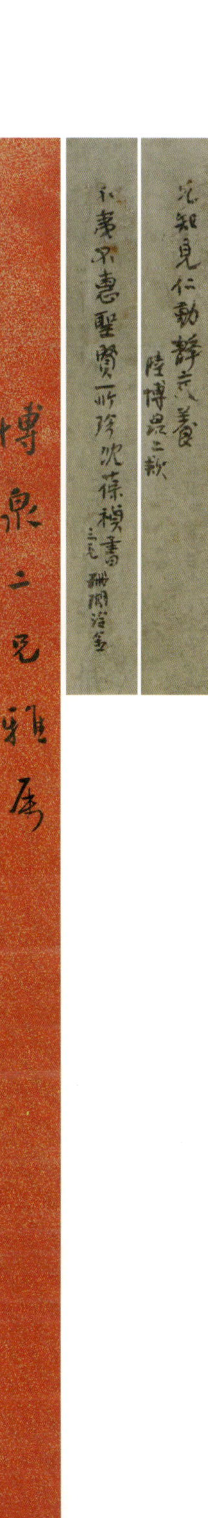

靜

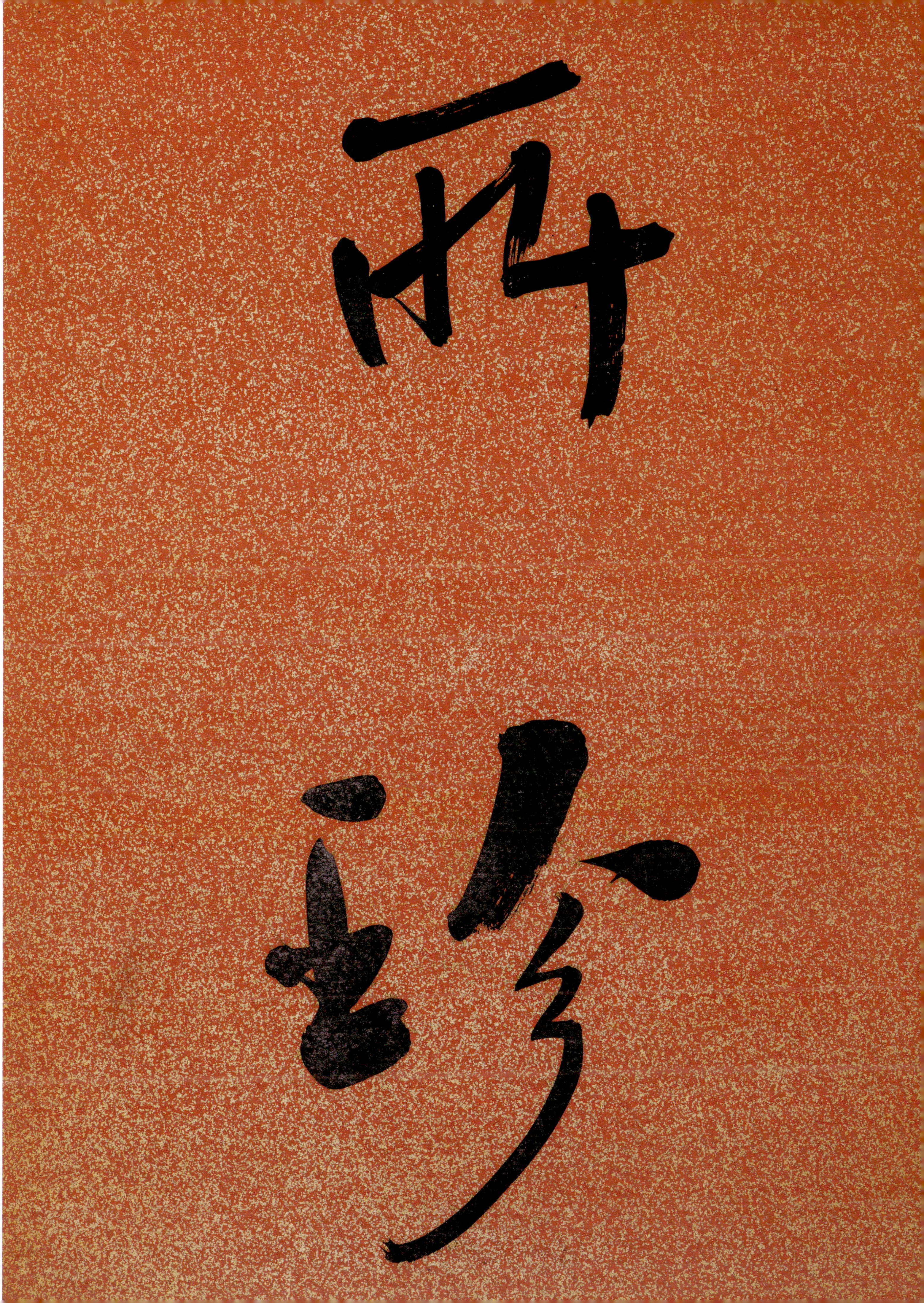

沈葆桢 琴书、金石行书七言联

尺寸｜ 165×40 厘米（每条）
材质｜水墨纸本

释文：琴书小阁为天籁，金石成编即古林。
落款：稼孙大兄雅属即乞正之 弟沈葆桢
钤印：沈葆桢印 幼丹

上款人魏稼孙即魏锡曾（1828—1881），字稼孙，斋号绩语堂，仁和（今杭州）人。咸丰贡生，以候选训导改盐场大使分发福建试用，授福建浦南场大使，在闽任职时间达二十年。魏锡曾祖上为望族，受家庭熏陶，精于鉴赏，于印学深有造诣，好辑拓印谱，辑有《钱叔盖印谱》《赵之谦印存》《吴让之印存》等。著有《绩语堂碑录》《绩语堂题跋》《绩语堂诗存》等。

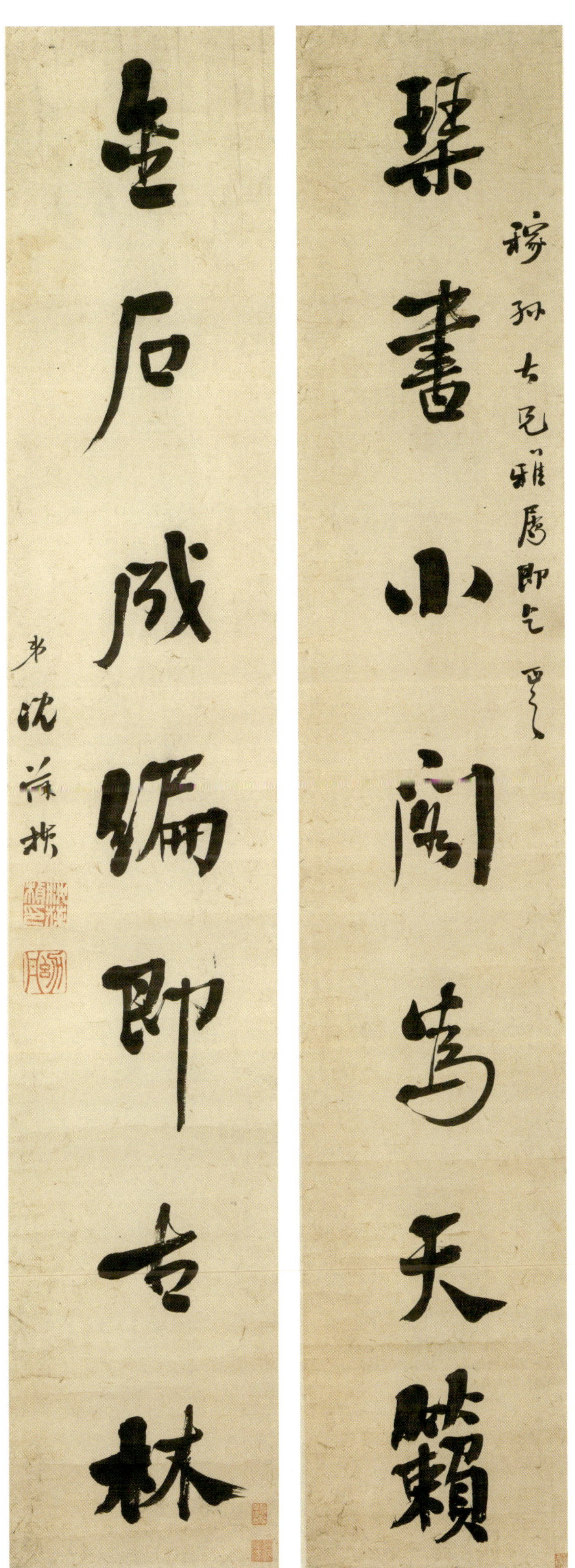

聚書小閣為天籟

墨石成編即古林

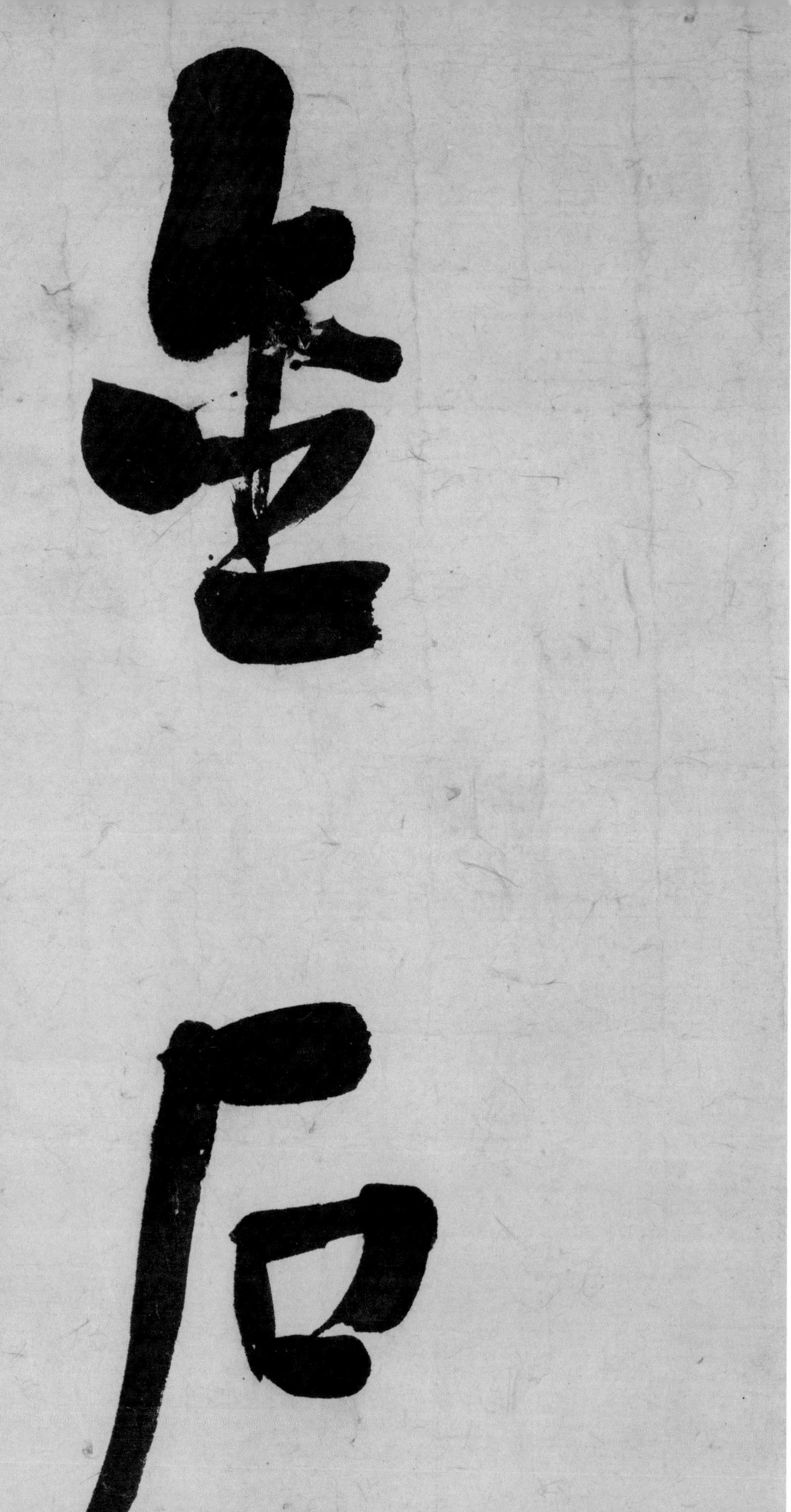

集書

豫孫古兒

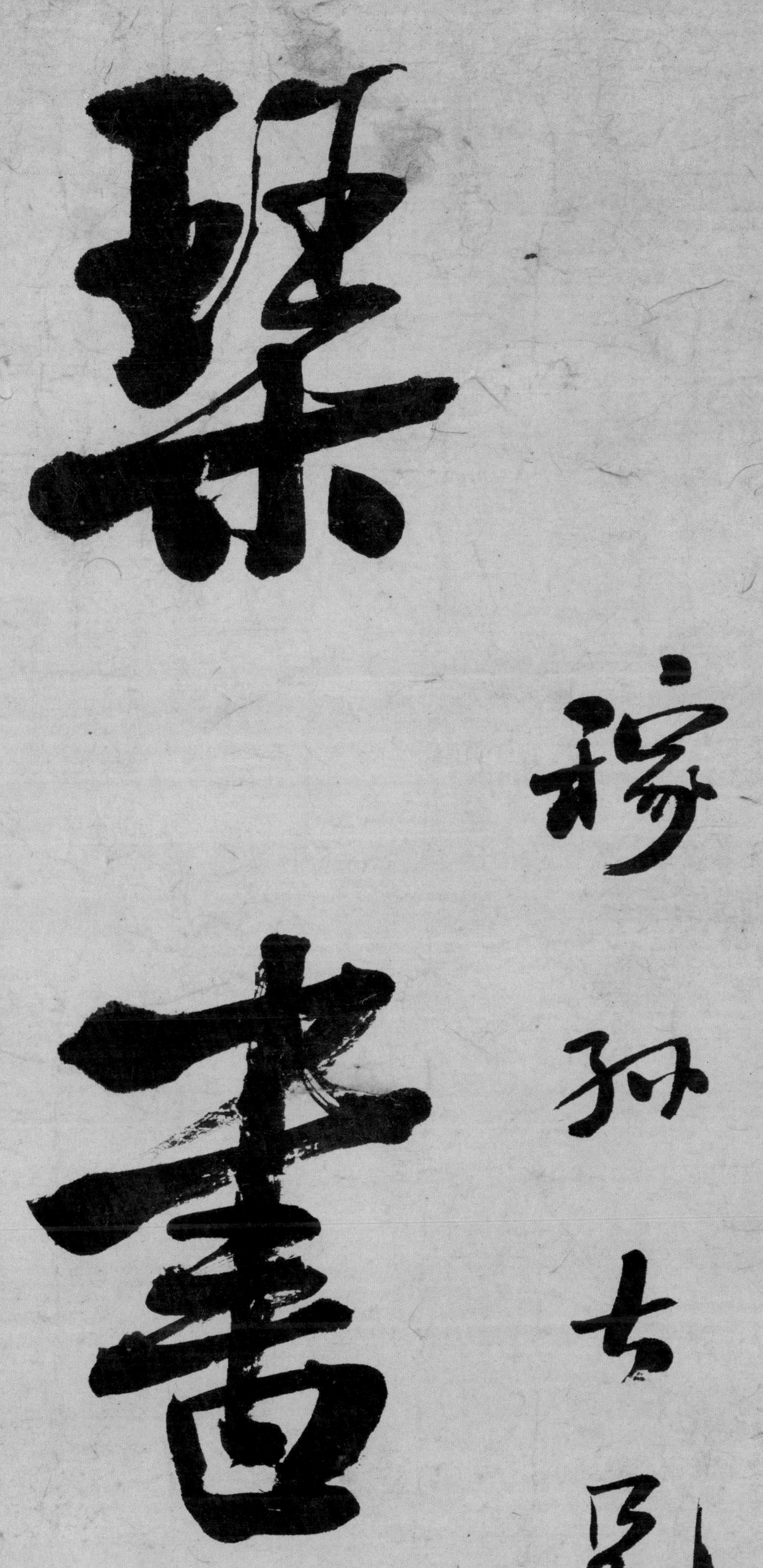

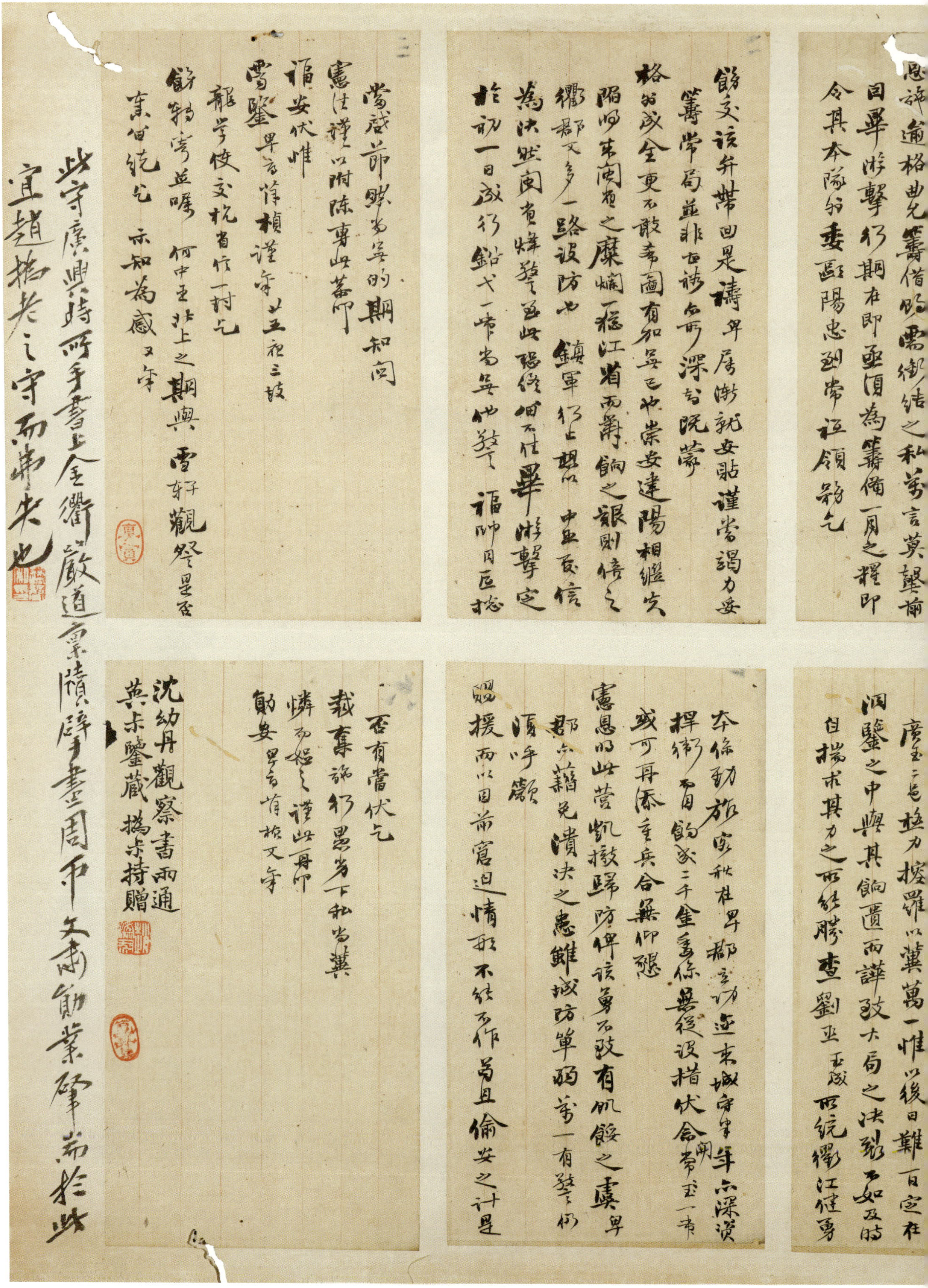

沈葆桢 致缪梓信札

两通六页
尺寸｜22.5×12.5 厘米（每页）
材质｜水墨写本

此为沈葆桢太平天国时期致缪梓信札两通六页，系同日缮就、同函发出，围绕浙西及赣东北抗击太平军形势而作，涉及何桂清、龙启瑞、王有龄、刘玉成等，约作于咸丰六年（1856）底。写信时，太平天国正处于全盛时期，占领了江西半数以上州县，曾国藩困守南昌，形势岌岌可危。沈葆桢于此前不久受命署理广信知府，防卫广信，维持浙赣走廊中这一重要节点。其成败对曾国藩在江西的战略布局具有重要意义。

在信中，沈葆桢均以“卑府”自称。查沈于咸丰五年（1855）底任九江知府，六年（1856）四月署广信知府，七年(1857)闰五月擢广饶九南兵备道。可知此信当作于咸丰六年(1856)四月至七年(1857)闰五月间。又，信中有“龙学使交杭省信一封，乞饬转寄并嘱何中丞北上之期与雪轩观察是否奏留”语，谈及龙、何、王三人职位分别为学政、巡抚、道台。查龙启瑞于咸丰六年（1856）十月由通政司副使升任江西学政，七年（1857）三月再迁江西布政使；何桂清于咸丰四年（1854）至六年（1856）十一月在浙江巡抚任。据此，则此信作于咸丰六年（1856）十月至十一月间。

上款人缪梓（1807—1860），江苏溧阳人，历官绍兴、宁波、杭州知府，署盐运使兼按察使。咸丰十年（1860），守杭州抗击太平军，城破而死。在缪梓任绍兴知府期间，赵之谦入缪梓府并从其学，他曾在《章安杂说》中自述“丙辰（1856）侍先师缪军常山军中”。所及缪军即缪梓，常山为衢州属县，与江西、安徽相近。时太平军活跃于江西、安徽，并进击浙江，常山、衢州一带首当其冲。又，信中所及铅山、弋阳、玉山、广丰各县，均在江西广信府。开化、常山两县，在浙江衢州府。

此信曾经赵之谦收藏并题跋，由赵氏跋文可推测此信或为缪梓所赠遗物，后由赵氏持赠他人。后并有陈遹声、丁文蔚题跋鉴藏，可谓流传有序。

敬再肯者繕等未發適奉歐陽忠回信以讀
鎮軍致畢游擊函謹悉常局無款可籌餉
今回報現畢游擊行期已迫閩省遲延殆必不
能不攜經月之糧以免枵腹卑府只得再行專員向
廣玉二邑極力搜羅以冀萬一惟以後日難一日定在
洞鑒之中與其飾遺而諉致大局之決裂不如及時
自揣求其力之所能勝查劉丞玉璇所統繆江健勇

否有當伏乞
裁奪諭行。愚另下私當冀
憐而恕之。謹此再叩
勛安。愚弟首拜文年

沈幼丹觀察書兩通
冀叔鑒藏 撝叔持贈

精辟手書周平文肅勛業肇

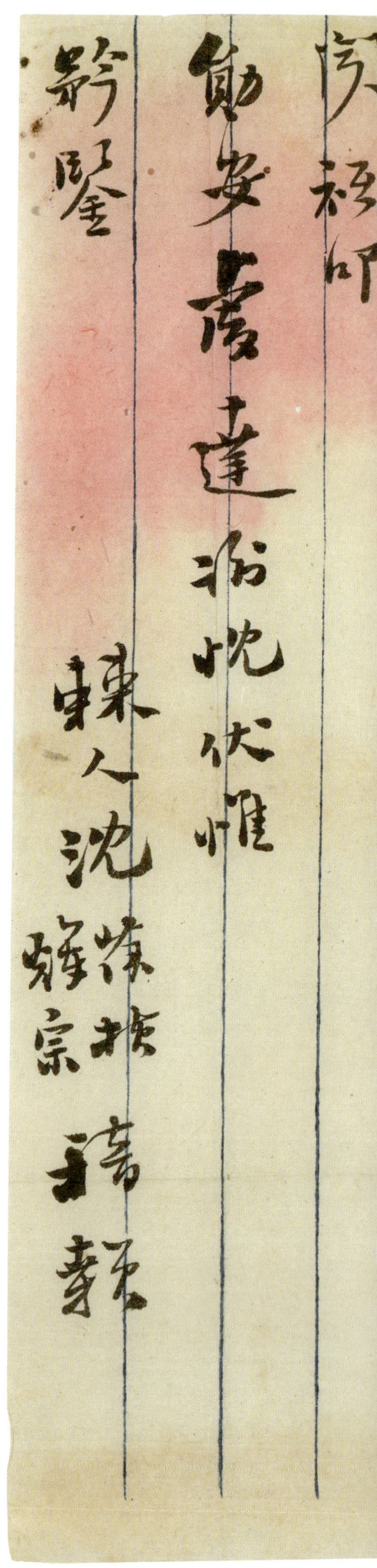

闳祉，叩
勋安，鉴达将忱，伏惟
矜鉴。棘人沈葆桢
辉宗 稽颡

沈葆桢 致縠斋信札

一通两页
尺寸 | 23.5×12.2 厘米（每页）
材质 | 水墨写本

从此信自称“棘人”可知作于沈葆桢父母去世期间，信中对朋友“縠斋”寄来的挽联表示感谢，并提及年末处理完安葬事宜后“息影蓬庐，不敢复问人世事”，似有归隐的想法，透露出此时低沉的情绪。按1865年沈葆桢因母亲去世回福州丁忧，服期满后被左宗棠推荐出任船政大臣；五年后的1870年其父亲去世。信中一同落款的“沈辉宗”为沈葆桢三弟，也在船政任职。综合推断，则此信作于1870年丧父期间的可能性更大。

𣪚齋仁兄年大人左右：伻來捧誦
賜書，辱荷
奉之[illegible]唁，
乾詞下賁，存殁均光，感戴
雲情，涕零曷極。棘人愆尤叢積，致罹
鞠凶，雖一息之苟延，實百身之莫贖。
擬本年臘後營葬先塋，遂茲息影
蓬廬，不敢復問人事。垂知關

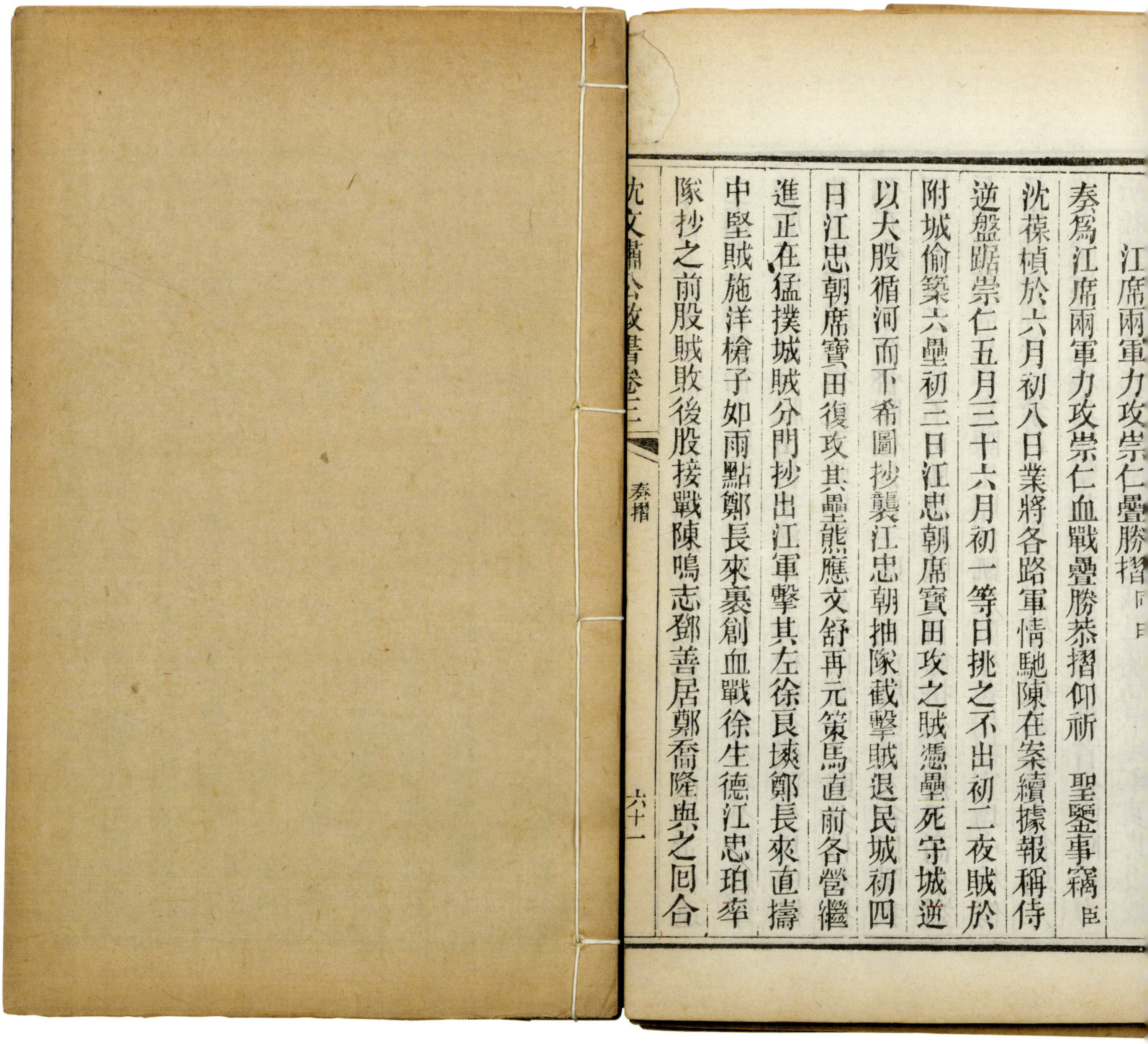

江席兩軍力攻崇仁疊勝摺 同日

奏爲江席兩軍力攻崇仁血戰疊勝恭摺仰祈 聖鑒事竊 臣
沈葆楨於六月初八日業將各路軍情馳陳在案續據報稱侍
逆盤踞崇仁五月三十六月初一等日挑之不出初二夜賊於
附城偷築六壘初三日江忠朝席寶田攻之賊憑壘死守城逆
以大股循河而下希圖抄襲江忠朝抽隊截擊賊退民城初四
日江忠朝席寶田復攻其壘熊應文舒再元策馬直前各營繼
進正在猛撲城賊分門抄出江軍擊其左徐艮埭鄭長來直擣
中堅賊施洋槍子如雨點鄭長來裹創血戰徐生德江忠珀率
隊抄之前股賊敗後股接戰陳鳴志鄧善居鄭喬隆與之回合

沈文肅公政書卷三 奏摺 六十一

沈葆桢《沈文肃公政书》

清光绪庚辰（1880）扫叶山房刻本

八册（纸本）

尺寸｜25.5×15.5厘米

是书皆属奏稿，收录沈葆桢1862–1879年在任江西巡抚、总理福建船政、总理台湾、两江总督时期的奏折。其中涉及太平军事、福建船政、台湾海防、两江防务及吏治民生等一系列问题的建言献策，对于了解和研究这一时期的历史具有重大的参考价值。

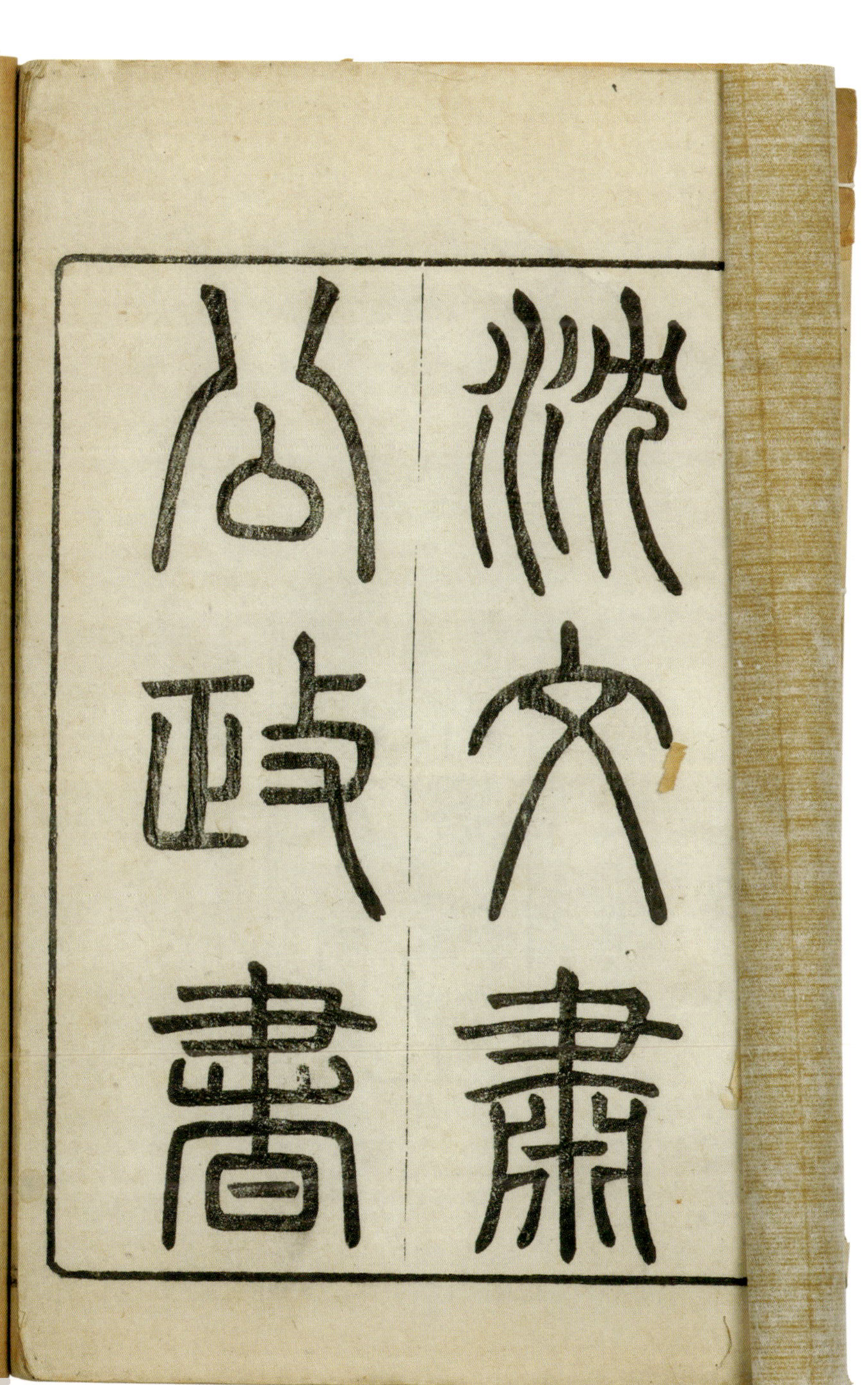

沈葆桢及夫人画像

尺寸｜50.5×40.5 厘米

材质｜设色纸本

沈文肅公暨林夫人遺象

後學張元濟敬題

沈葆桢读书像

尺寸｜27.5×25.3 厘米

材质｜木刻水印

贈太子太保原任兩江總督一等輕車都尉謚文肅沈公名葆楨

吴仲翔（生卒不详）

字惟允，侯官（今属福州）人，清咸丰五年（1855）举人，同治六年（1867）由船政大臣沈葆桢荐调船政办理文案，后改任代理船政大臣事务、船政提调等职。

光绪二年（1876），李鸿章函请船政提调吴仲翔推荐优秀船政驾驶生往天津实习，在吴仲翔开示的「一等驾驶学生履历」中，即有严复。1886年，时任天津水师学堂总办吴仲翔充闽局提调，严复成为临时代理学堂总办。吴仲翔是严复的前辈兼同事，从两人传世的大量临帖作品可以推测，他们在书法上的取法几乎来自同样的源头，因此平时除了工作之外，可能在书法方面也有不少交流。

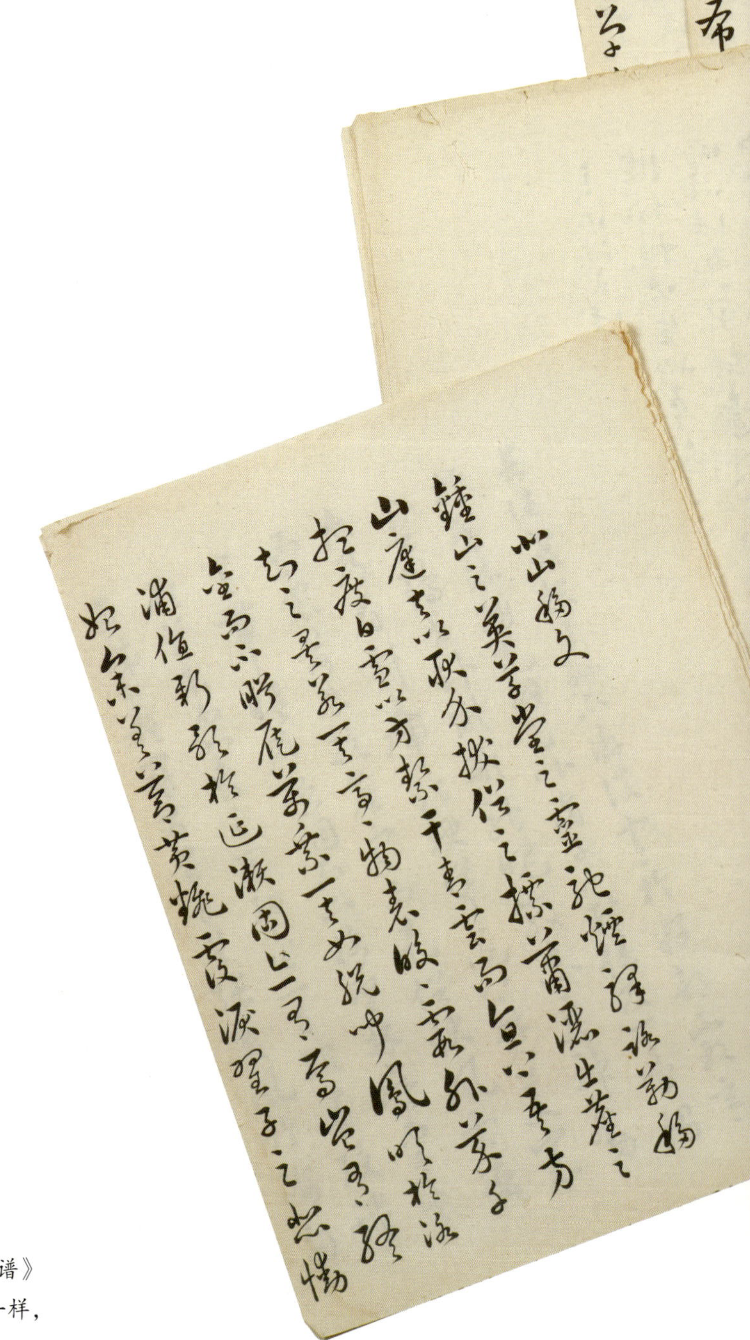

吴仲翔 临帖一组

尺寸｜44.8×31.2厘米

材质｜水墨纸本

钤印：吴仲翔 惟允

此组吴仲翔临帖包括临王羲之《十七帖》、孙过庭《书谱》以及自书《北山移文》等数种，其中临帖对象与严复所临几乎一样，颇疑二人当时由于工作关系，所用底本为同一套轮流借用。

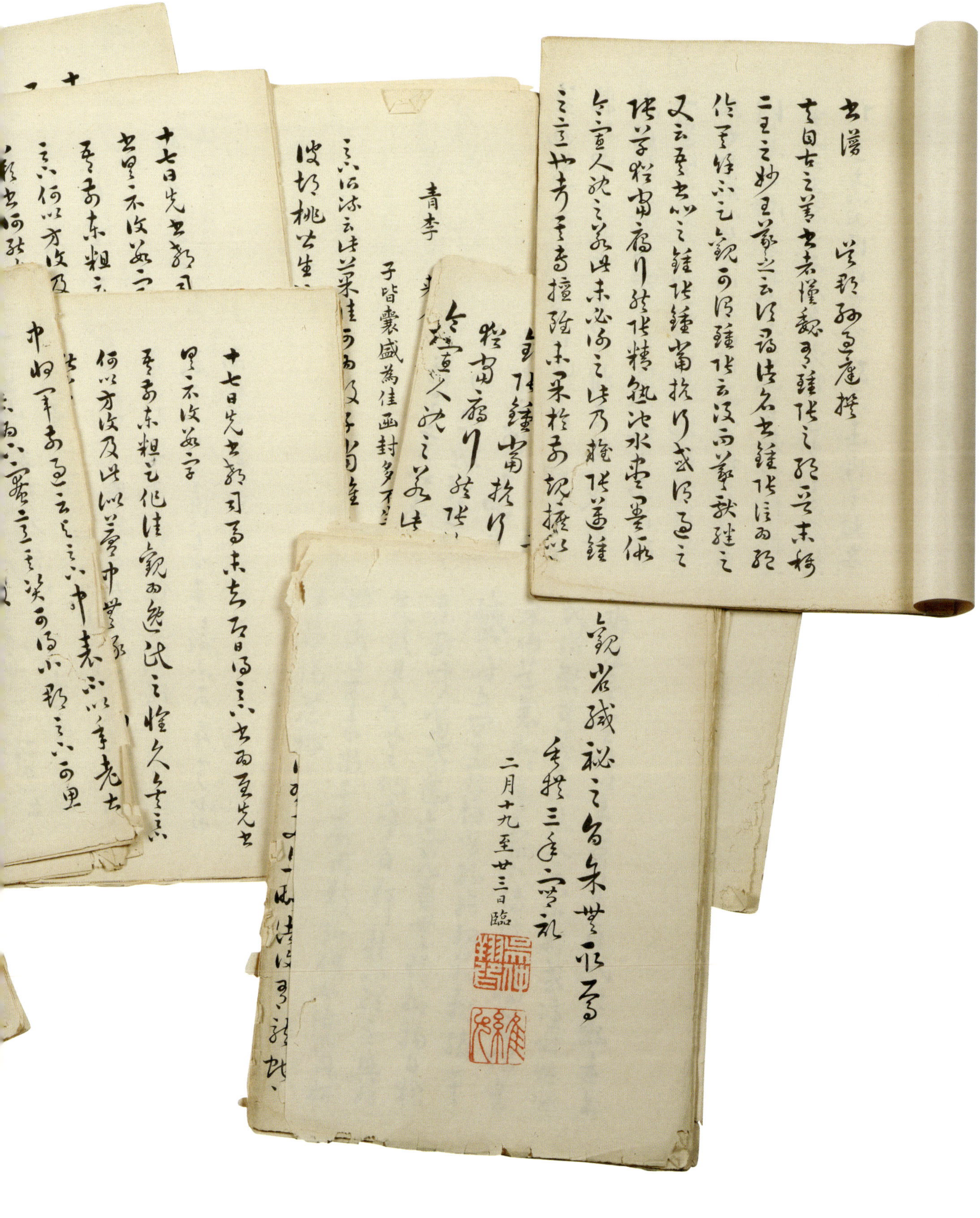
青李
子皆囊盛爲佳函封多不
十七日先生
二月十九至廿三日臨

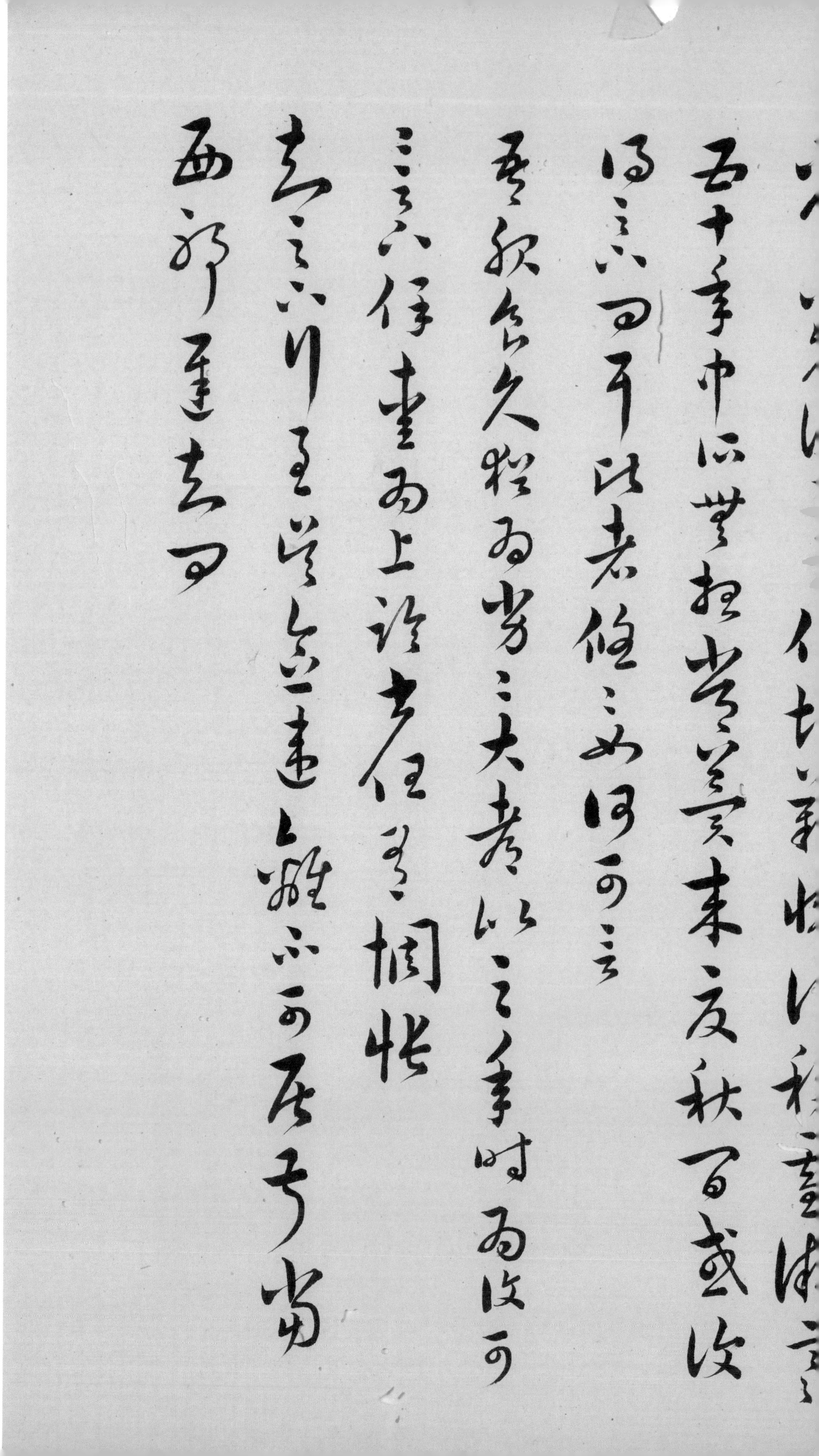

十七日先生歸司馬來去五日得足下書而
至先生墨示不從蘇字
吾家東粗之化佳觀而逸氏之帖久
無足下何以方從及此以無中無孫之面
為難生而孫坐
孫係可平安也待之去途見可勝而平至
而嘗陽也
今生孫帝以子太時一端不致二三
什之六為廿只人事於今生肘出因不雜區坐

謂於董源汀瀨池以洗于一三石

云曾叙離霧華嶠渦載未替

安擬於契禪於是以茱???

既或飛柯以折離已位枝而橘?

加焉而吾何適哉

三月二十三日書

諸薩彌於是南無聲鳴如儀讚
爭躁撲學練渚悅游子之歸
坏帀故一去林熱世患酒怩示別
亂書羅一弦月謂西山之邈濠
之素渴亡多伉裝六芝沼棧以命
於親一杯武停生於山為岩可史
辭勞豐飛瀑頓尋云何毋以崖垂

吴仲翔 始于、因之草书七言联

尺寸｜140.5×37.5 厘米

材质｜水墨纸本

释文：始于在家能及远，因之为道如登高。

落款：又平仁兄大人雅属 惟允弟吴仲翔

钤印：吴仲翔印 惟允

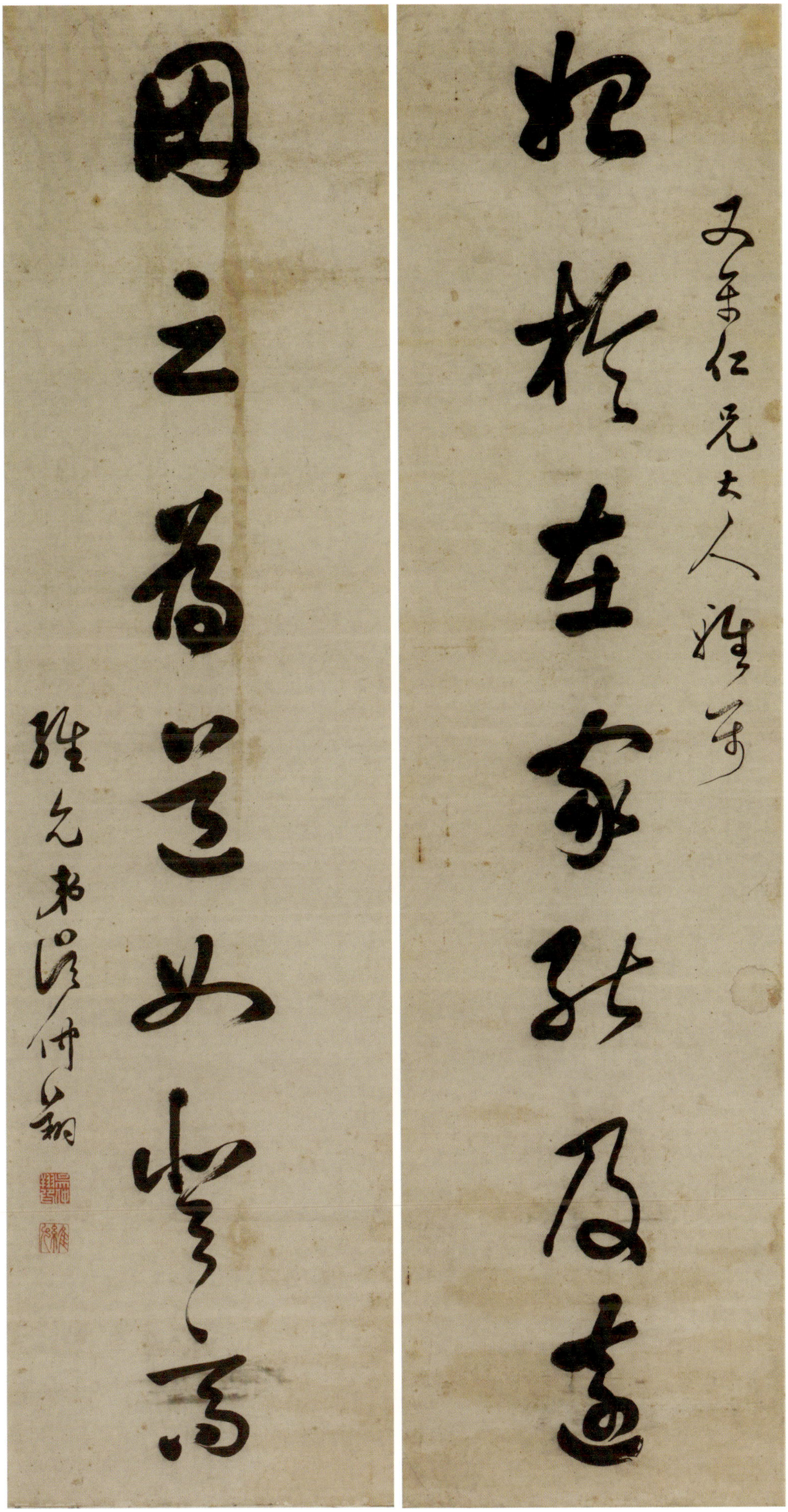

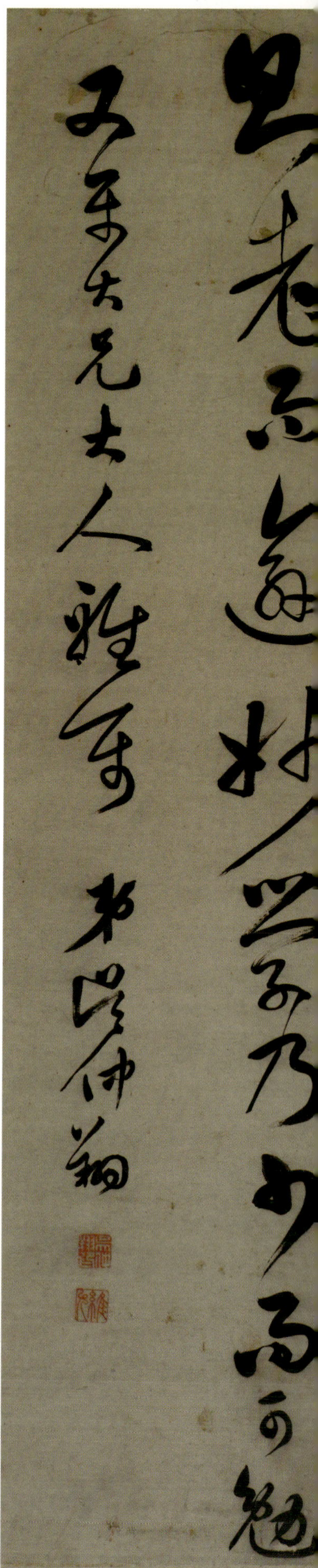

吴仲翔 孙过庭《书谱》句草书四条屏

尺寸｜ 133×31.5 厘米

材质｜ 水墨纸本

释文：尝有好事，就吾求习，吾乃粗举纲要，随而授之，无不心悟手从，言忘意得，纵未穷于众术，断可极于所诣矣。若思通楷则，少不如老；学成规矩，老不如少。思则老而愈妙，学乃少而可勉。

落款：又平大兄大人雅属 弟吴仲翔

钤印：吴仲翔印 惟允

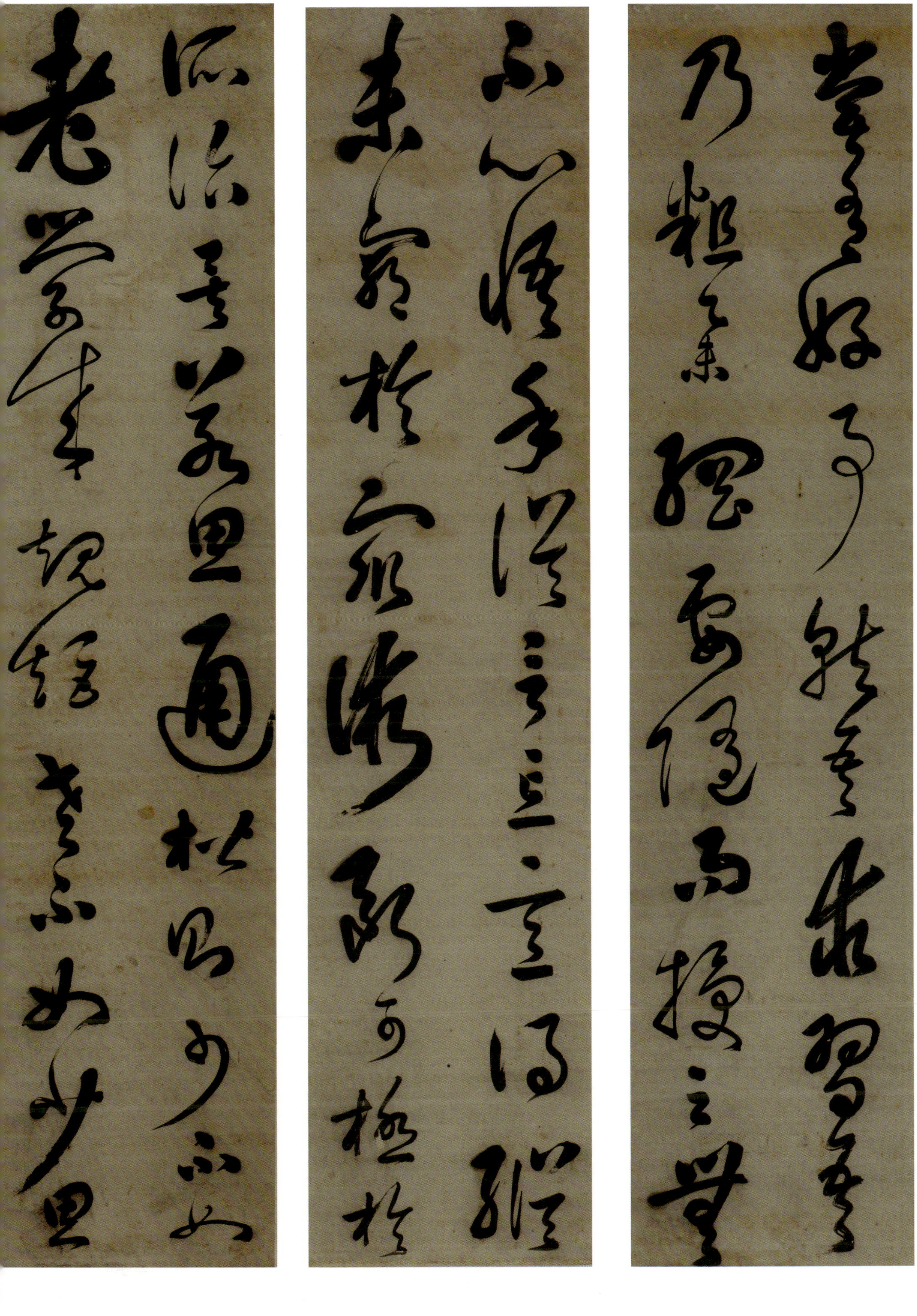

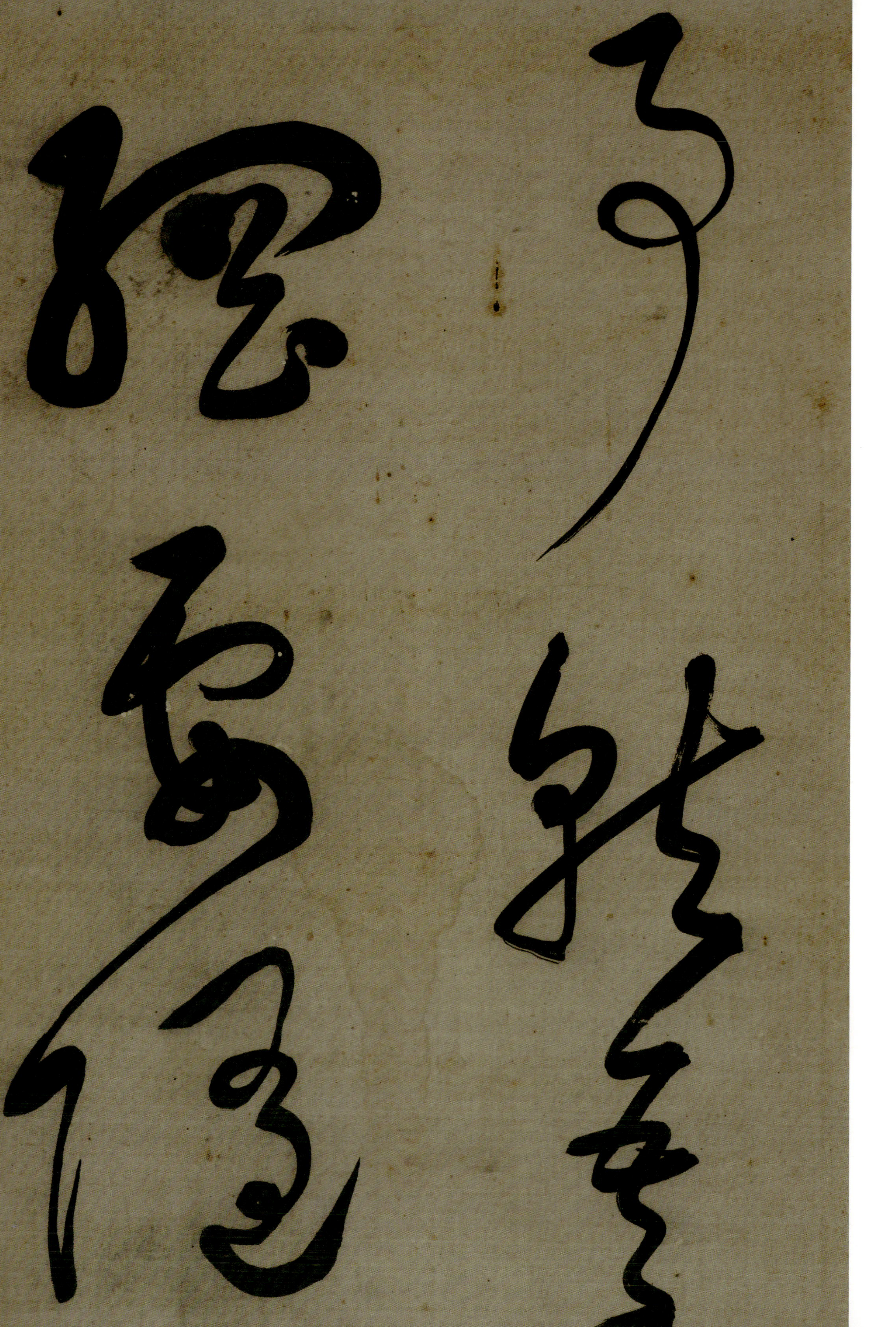

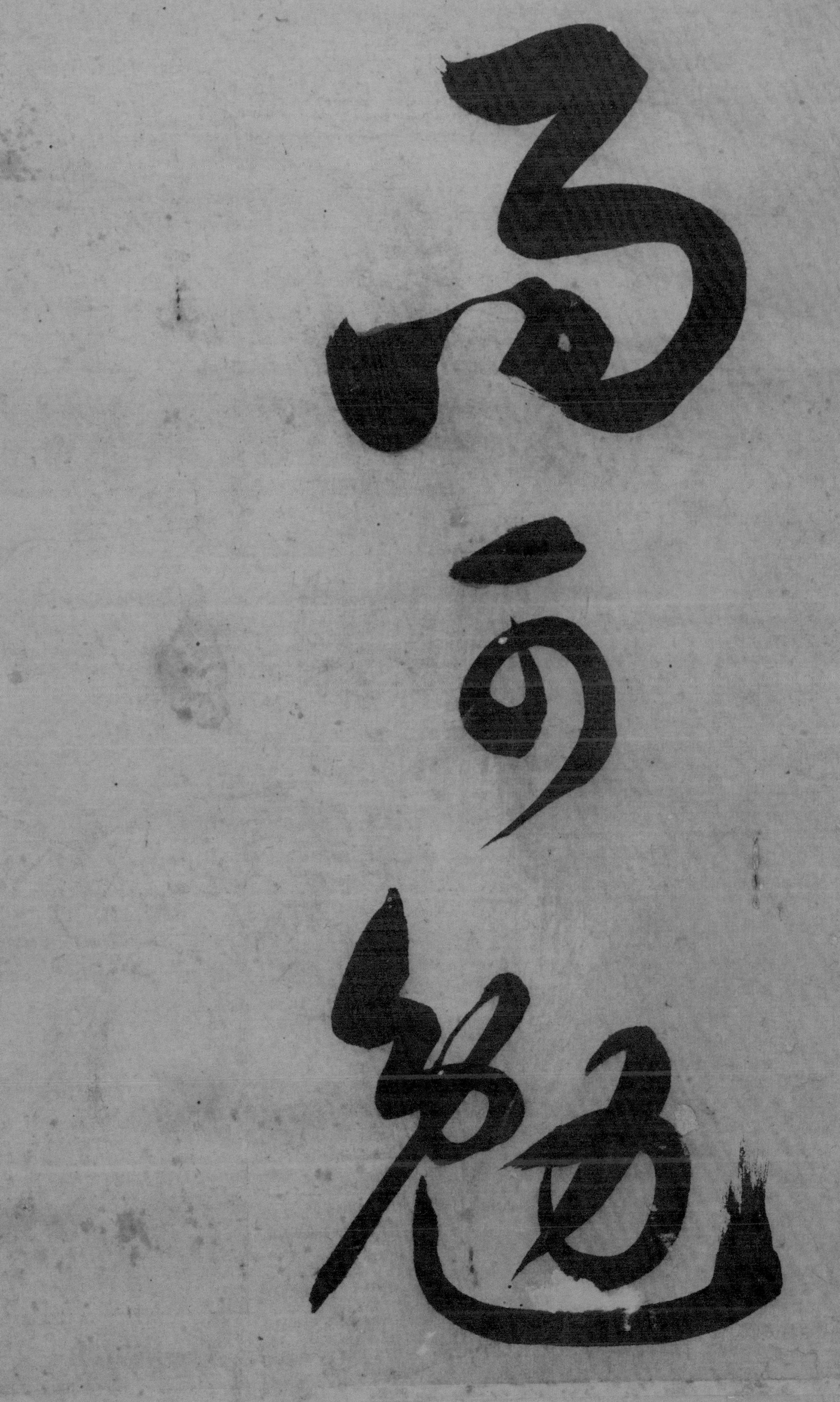

叶大庄（1844—1898）

字临恭，与严复同为侯官阳岐人。1873年中举，1882年入张之洞幕办理洋务。1893年秋，在顺天乡试中落榜的严复途经上海探访叶大庄，两人结伴回闽，严复留宿叶氏玉屏山房，叶大庄有诗记其事。

叶大庄 致沈玉麒信札一组

一组39页

尺寸｜尺寸不一

材质｜水墨写本

此为叶大庄任职浙江、江苏、江西时所作，谈及李鸿章、左宗棠、张之洞、梁枚、王齐海、赵诒书、刘秉桢、陆铣、胡廷琛、林衡甫等。信札围绕叶氏官场经历而作，谈到赈灾、盐政、税制、科举等，亦有关乎诗词往来、书画装裱和刊刻书籍等事。

上款人沈玉麒（1838–1919），字旭初，室名味似斋，浙江海盐人。沈能虎兄，沈锡华之子。曾入李鸿章幕，为江苏候补道；后任电报局总办，为盛宣怀助手，与钱振常、陈德球、余觉往来交好。

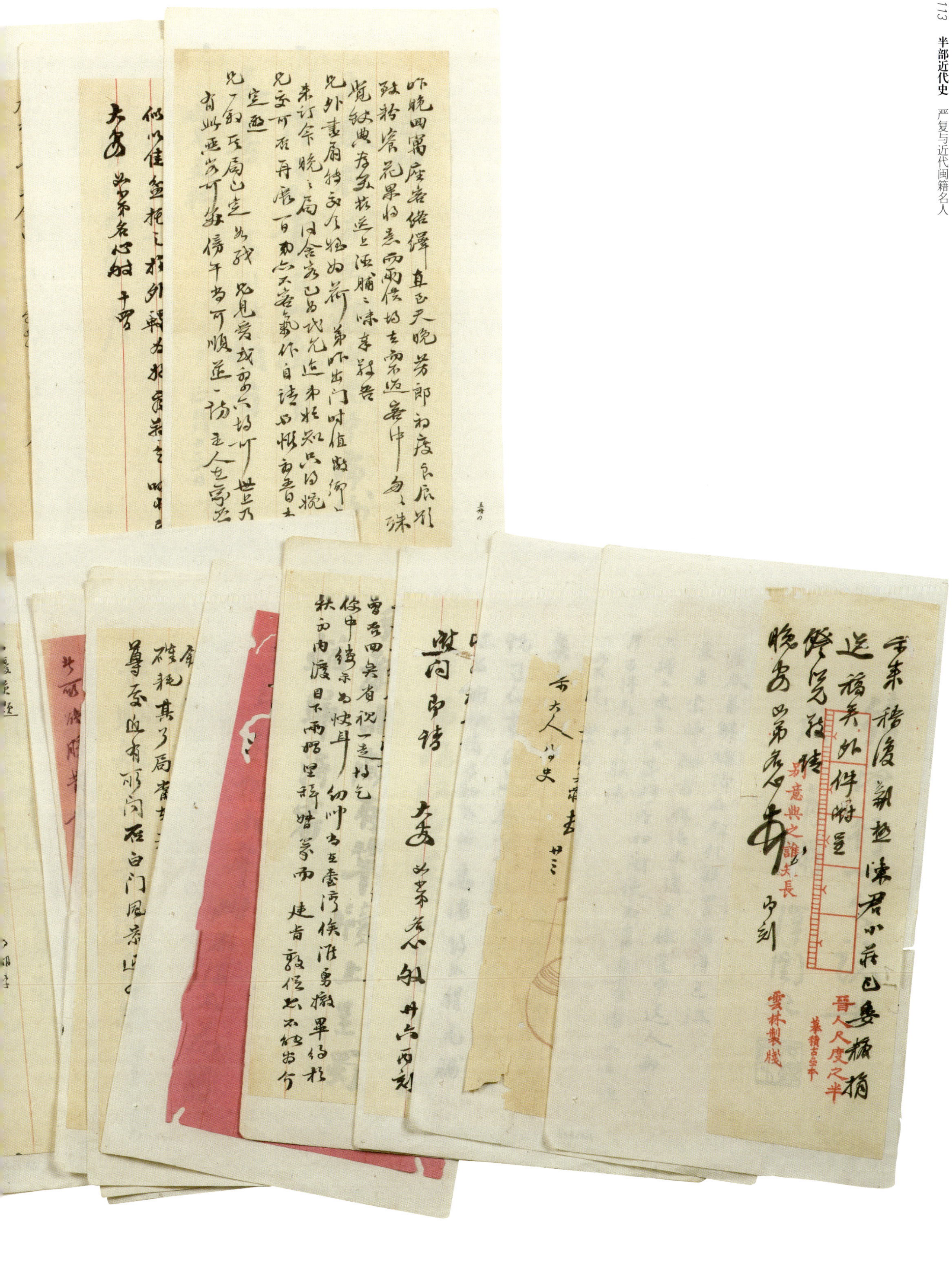
晉人尺度之半
雲林製箋

尊意有合否。最後則朱駿聲通訓定聲專論說文

假借，具有區以證之，粗覽當未細究得失。向年交嘉定

錢又沂廣文，有說文借字通攷一書，不在朱書之奧博，而

篤守家法，為朱氏所不及。乃廣文捐館三四年，其書殆

不能鏤版，殊為可惜。以弟所見說文，以國朝而論，約有

三十種，間而未及見者，有十餘種，其間或已刻，或未刻，

則不具論。要以有多儀徵太傅者，以皇清經解之所

未為之付刊，則識者之大觀矣。飣餖瑣屑於一二字，固

無補於世。今之承學之士，實不知以吾

兄有用之好，之鄉復再觀，徐徐為謹，希收為判。

藉以面叩，不盡欲詳，請

修安，何即好，弟[illegible]

[illegible] 八月初六

老伯大人乞代請安

萱楼大哥世大人侍史：前月接霞一札，想已收到。昨弟赴
白门，已如示
属诸件购全史记一部，校勘札记二本，老子章寿一本，
应俟已为代整，并统交贱纪送上矣。
候归为望。弟归期定於重阳前后，由宜陵搭轮舟赴
镇江，到籍时约有三五月，既闻可图一叙。海上仍无
确耗，其了局当在意中。
尊处近有所闻否？白门风气近有薛慰农山长
为之提倡，昔之夏炳舫则已绝，禁淞事犹可及孙平雨
诸公文采，益觉去之甚远。倘以离乱使然，亦可知人
才凋谢，即天地精华之钟，殆须再生出乾嘉一辈，已
非[illegible]

陈宝琛（1848—1935）

字伯潜，号弢庵，闽县（今属福州）螺洲人。历任翰林侍讲、内阁学士、礼部侍郎，为清流派代表人物之一。宣统元年（1909）成为宣统帝溥仪师傅，监修《德宗实录》。民国二十四年（1935）去世，追赠太师，谥号「文忠」。

陈宝琛是严复生平最为敬重的朋友之一，自其1909年复出后，同居北京的二人来往很多，作为晚清重要的金石收藏家之一，陈宝琛为严复日常的临帖提供了非常多有价值的法帖和拓本。两家还有姻亲关系，陈宝琛为严复三子严琥妻舅。严复去世后，陈宝琛亲自为其撰写墓志铭。

陈宝琛 为陈岱孙作行书中堂

尺寸｜98×64 厘米

材质｜水墨笺本

释文： 伊川先生甚爱表记中说，君子庄敬日强，安肆日偷，盖常人之情，才放肆，则日就旷荡；自检束，则日就规矩。朱子曰：大抵观书先须熟读，使其言皆若出于吾之口。继以精思，使其意皆若出于吾之心，然后可以有得耳。

落款： 甲戌冬至，岱孙侄孙索书 听水老人

钤印： 陈宝琛印 太傅之章 御赐琼林人瑞

上款人陈岱孙（1900—1997），闽侯县人。著名经济学家、教育家。历任中央财经学院第一副院长，北京大学教授，第六、七届全国政协常委等。

伊川先生甚愛表記中說君子莊敬日強安肆日偷蓋常人之情纔放肆則日就曠蕩自檢束則日就規矩朱子曰大抵觀書先須熟讀使其言皆若出於吾之口繼以精思使其意皆若出於吾之心然後可以有得耳

甲戌冬至

聽水老人

岱孫姪孫索書

規矩朱子曰
使其言皆若
思使其意皆
可以有得耳

入則孝出則弟守先王之道以待後學
朱竹垞先生集聯

誦其詩讀其書友天下之士尚論古人
八十七叟陳寶琛書于舊京

陈宝琛 入则孝、诵其诗楷书十五言联

尺寸｜162×19厘米

材质｜水墨纸本

（福建博物院藏品）

释文：入则孝，出则弟，守先王之道以待后学；诵其诗，读其书，友天下之士尚论古人。

落款：朱竹垞先生集联 八十七叟陈宝琛书于旧京

钤印：御赐琼林人瑞 太傅之章

正谬 木斋弟李盛铎

钤印：李盛铎印 木斋 瑞琥山房

题跋（三）：树深藤老松回环，石壁重锦绣□斑。俗客看来犹解爱，人到此□亦须闲。况当霁景凉风后，如在千岩万壑间。黄绮更归何处去，洛阳城内有商山。

落款：丙子十月为筱石先生属 铁良

钤印：铁良之印 宝臣

题跋（四）：若人今已无，此松宁复有。那将春蚓笔，画作风中柳。君看断崖上，瘦节蛟蛇走，何时此霜竿，复入江湖手。

落款：庚辰冬至书似筱石仁兄雅正 沈盦宝熙

钤印：臣熙私印 宗室榜第四十五科进士 御赐世泽堂

题跋（五）：丹木生何许，乃在崟山阳。黄花复朱实，食之寿命长。白玉凝素液，瑾瑜发奇光。岂伊君子宝，见重我轩黄。

落款：筱石仁兄雅正 萨镇冰时年八十有八

钤印：萨镇冰之印 鼎铭

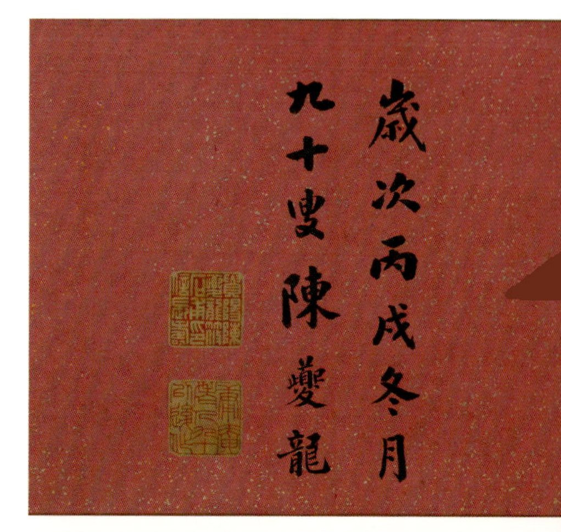

那將春蚓筆畫作風中
柳君看斷崖上瘦節蛟
蛇走何時此霜竿復入
江湖手
庚辰冬至書似 沈盦寶熙
筱石仁兄雅正

丹木生何許迺在崟山陽黃
花復朱實食之壽命長白玉
凝素液瑾瑜發奇光豈伊君
子寶見重我軒黃
筱石仁兄雅正 薩鎮冰時年八十有八

陈宝琛 荣松润德手卷

尺寸｜26×173厘米
材质｜水墨纸本

引首： 荣松润德
落款： 岁次丙戌冬月 九十叟陈夔龙
钤印： 贵阳陈夔龙筱石甫印信长寿 庸庵老人九十以后作 天年长寿
题签： 澂秋馆苍松图 宝熙题专
题签钤印： 宝熙
鉴藏印： 松寿堂
题识： 昼睡忽过午，好风吹松林。溪云生禅栖，山雨送微凉。粉裛衣裳润，兰薰簟席香。归来闲且乐，多谢墨君堂。
落款： 辛未二月既望，写为松寿堂主人雅属 八十四叟陈宝琛
钤印： 陈伯潜 宝琛私印 御赐琼林人瑞
题跋（一）： 高泉落涧玉淙淙，倚松归来意自冲。人为利名闲不得，吾能此处着吾踪。
落款： 筱石仁兄雅属 瀞园
钤印： 启霖
题跋（二）： 东华尘土北窗风，一样时光境不同。可识道人忘世意，渭川千亩在胸中。南村居士陶九成，幽居三泖负高名。谁能貌得草堂意，只有山樵王叔明。吴修论画。

黑云翻墨未遮山，白雨跳珠乱入船。卷地风来忽吹散，望湖楼下水如天。身世飘飘五岳游，流沙西极访青牛。天边采药留双凫，海上餐霞卧十洲。
落款： 癸酉闰月书为筱石仁兄大人法家

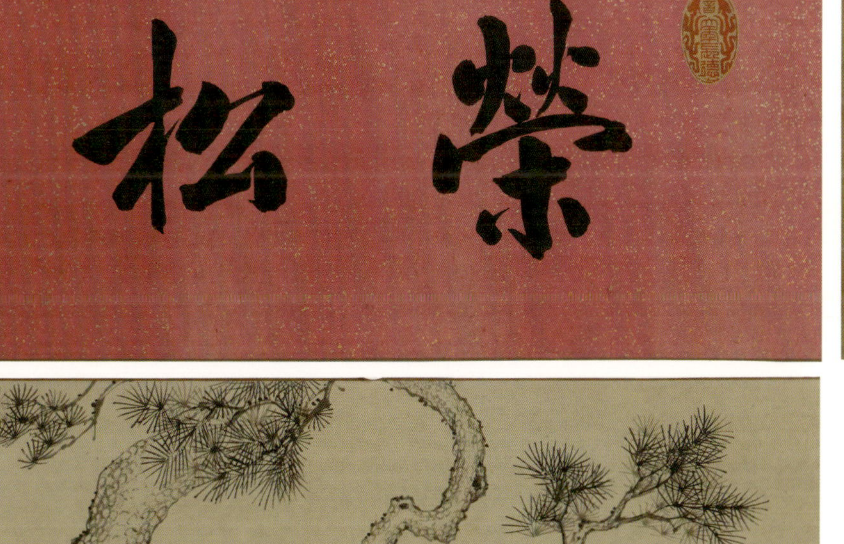

晝聽忽過午好風吹松林溪
雲生禪栖山雨送激涼粉裛
衣裳潤蘭薰枕簟香歸來閑
且樂多謝墨君堂

辛未二月既望寫為
松壽堂主人雅屬八十四叟陳寶琛

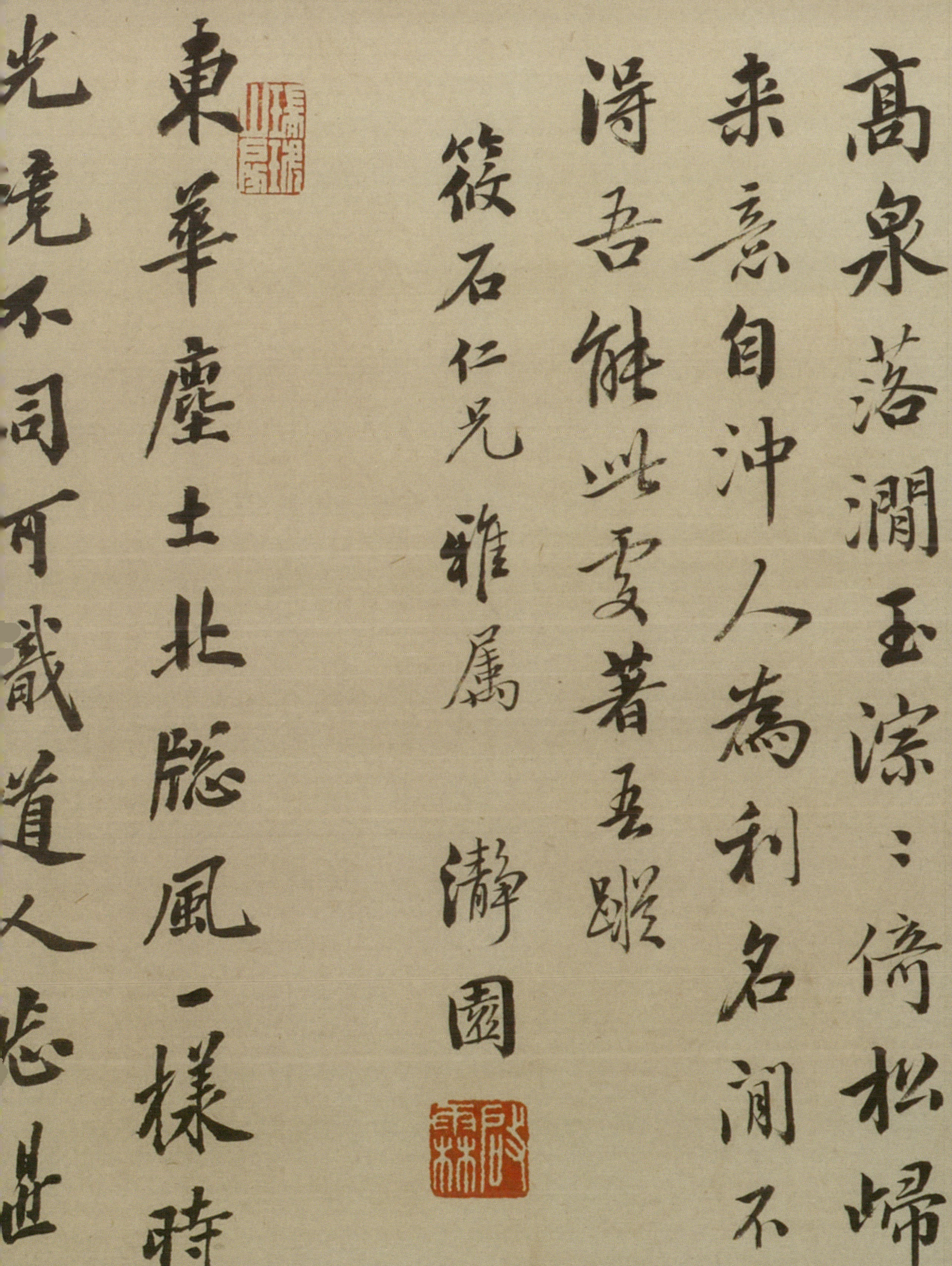
高泉落澗玉淙淙倚松歸
來意自沖人為利名澗不
得吾能此處著五蹤
筱石仁兄雅屬 靜園
東華塵土北牕風一樣時
光境不同可識道人忘甚

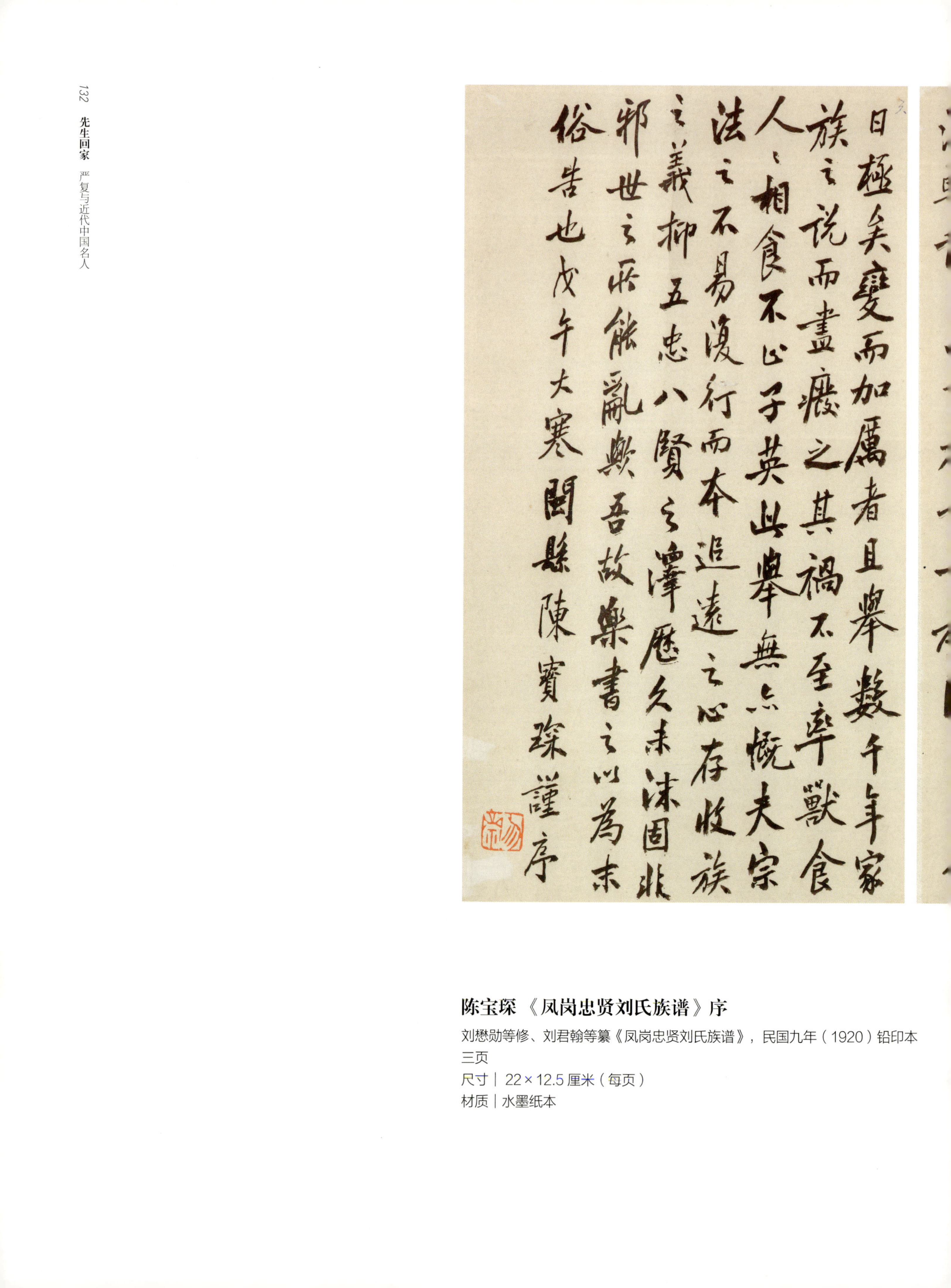

陈宝琛《凤岗忠贤刘氏族谱》序

刘懋勋等修、刘君翰等纂《凤岗忠贤刘氏族谱》，民国九年（1920）铅印本

三页

尺寸｜22×12.5厘米（每页）

材质｜水墨纸本

吾閩著姓類皆唐李避兵徙自
中州鳳岡劉氏再傳即簪紱相
襲文武並茂綿綿連連迄于有
宋五忠八賢光瑛史乘廟祀勿替
何其盛也積千餘載世逾三十散
處州郡殆數萬家而支別釐然昭
穆不紊舊譜修於嘉慶以前及今
又百餘年子英總長倡其族人重加

纂輯既成而徵序于予予維周官太
宰以九兩繫邦國之民五曰宗以族
得民古重宗法一族之人咸受成於宗
子生相愛死相哀貧富不相懸而有以
相劑故公劉之詩曰君之宗之記曰尊
祖故敬宗敬宗故收族後世有族而

释文：吾闽着姓，类皆唐李避兵，徙自中州。凤岗刘氏，再传即簪绂相袭，文武并茂，绵绵连连，迄于有宋，五忠八贤，光瑛史乘，庙祀勿替，何其盛也。积千余载，世逾三十，散处州郡，殆数万家，而支别厘然，昭穆不紊。旧谱修于嘉庆以前，及今又百余年。子英总长，倡其族人，重加纂辑，既成而征序于予。予维周官太宰，以九而系邦国之民，五日宗，以族得民。古重宗法，一族之人咸受成于宗子，生相爱，死相哀，贫富不相悬而有以相剂。故公刘之诗曰："君之宗之。"《记》曰："尊祖故敬宗，敬宗故收族。"后世有族而无宗，同居一里，视若行路，而况迁徙流转，散之四方者哉。世教陵夷，至今日极矣。变而加厉者，且举数千年家族之说而尽废之，其祸不至率兽食人、人相食不止。子英此举，无亦慨夫宗法之不易复行，而本追远之心，存收族之义，抑五忠八贤之泽，历久未沫，固非邪世之所能乱欤。吾故乐书之，以为末俗告也。戊午大寒，闽县陈宝琛谨序。

此件系陈宝琛应时任北洋政府海军总长刘冠雄之请，为闽省刘氏族人重修族谱所作序文。

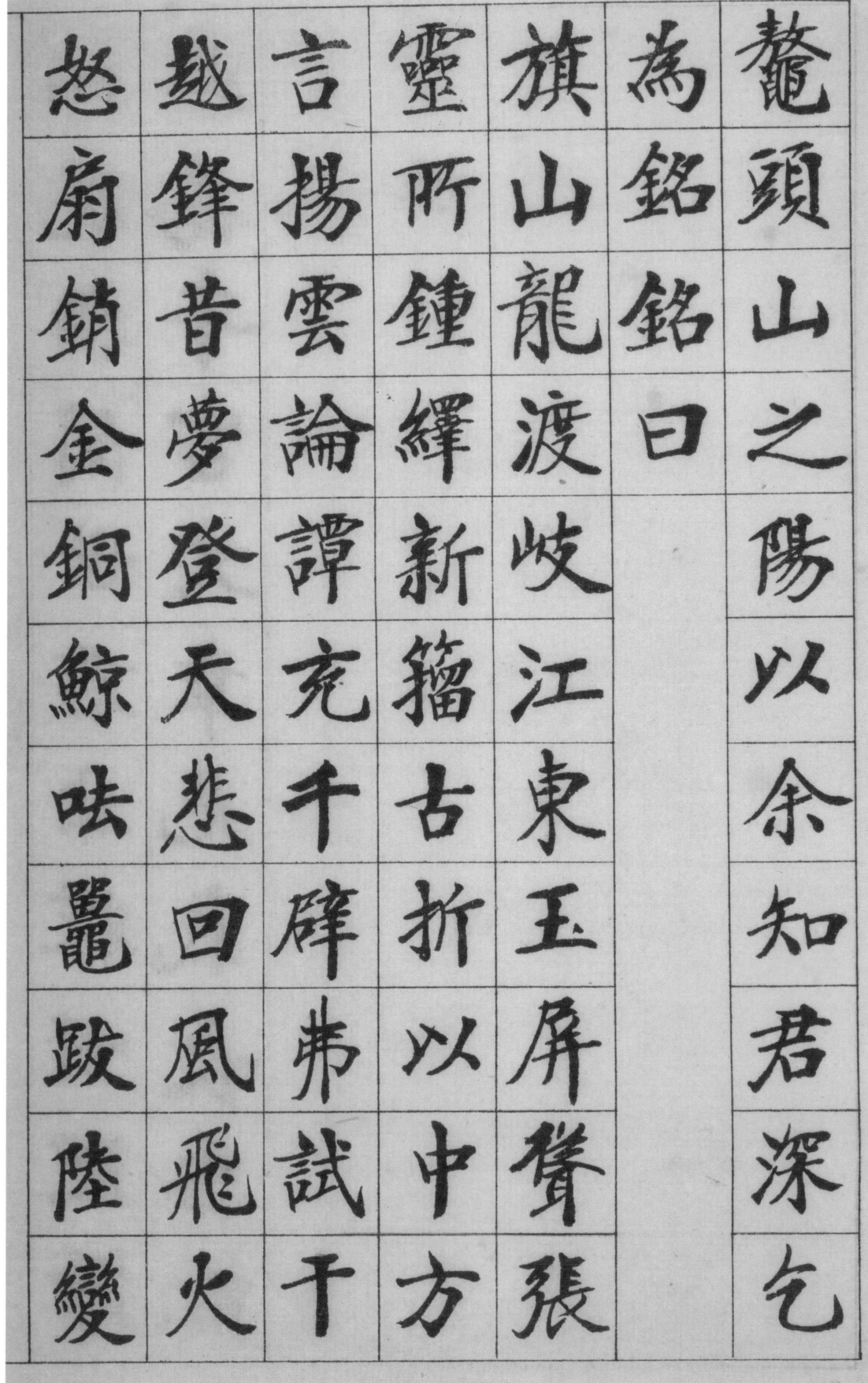
鼇頭山之陽以余知君深乞
為銘銘曰
旗山龍渡岐江東玉屏聳張
靈所鍾繹新籀古折以中方
言揚雲論譚充千辟弗試干
越鋒昔夢登天悲回風飛火
怒扇銷金銅鯨呿鼉跋陸變

陈宝琛《严复墓志铭》

民国石印本

一册

尺寸｜46.5×27.5厘米

《清故资政大夫海军协都统严君墓志铭》影印单行本乃严复去世后陈宝琛所撰文、郑孝胥所书写、左孝同篆盖。文中「绎新籀古」一语，是对严复一生最经典的总结。

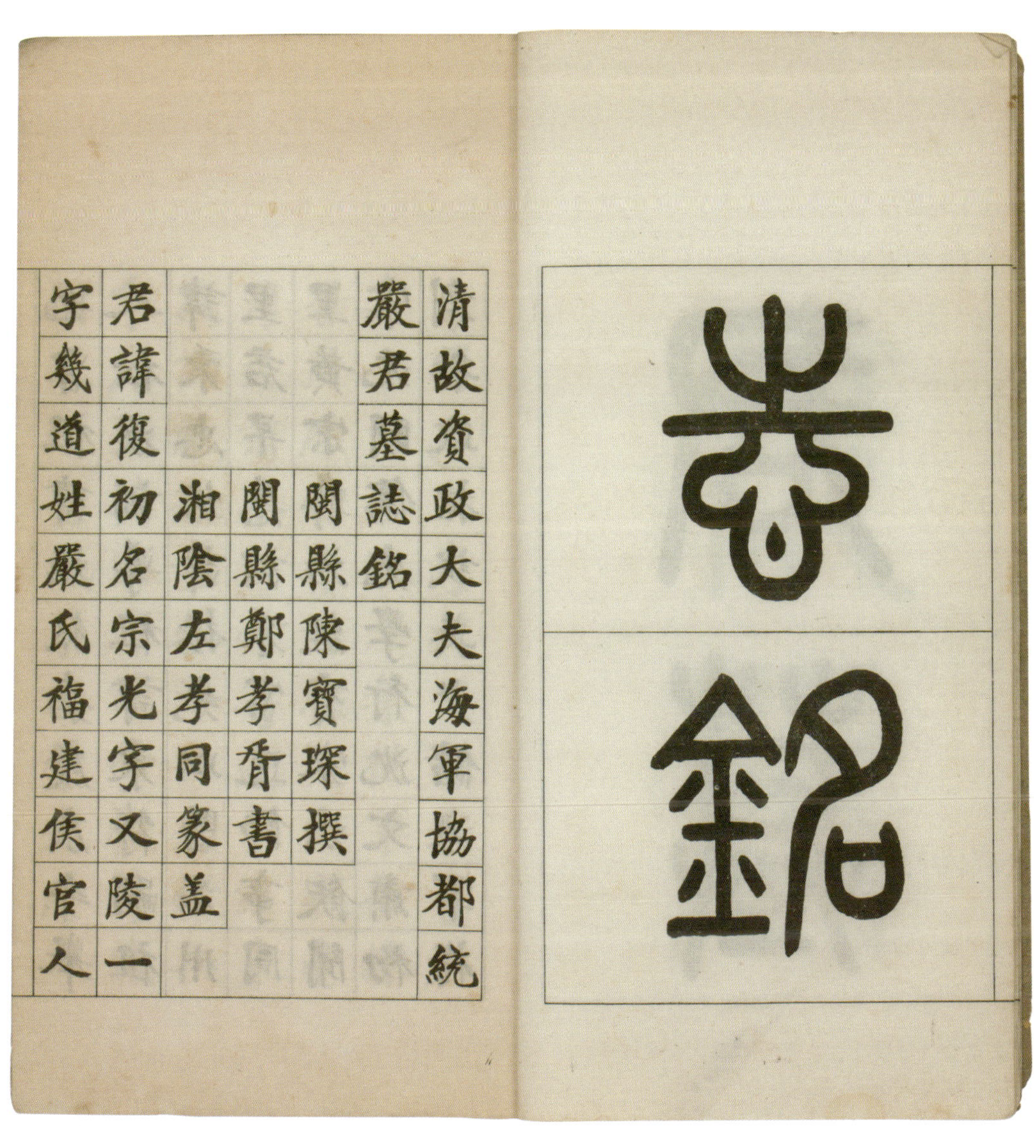

清故資政大夫海軍協都統
嚴君墓誌銘
閩縣陳寶琛撰
閩縣鄭孝胥書
湘陰左孝同篆蓋
君諱復初名宗光字又陵一
字幾道姓嚴氏福建侯官人

林纾

（1852—1924）

字琴南，号畏庐，别署冷红生，晚称蠡叟、春觉斋主人，闽县（今属福州）人，近代文学家、翻译家、书画家，福建理工大学前身「苍霞精舍」的重要创办人。光绪八年（1882）举人，官教论，所作古文为吴汝纶所推重，名益著，遂任北京大学讲席。1897年开始与别人合作译书，在数十年的翻译生涯中，共译述了包括《巴黎茶花女遗事》《黑奴吁天录》在内的180余种西洋小说，在近代中国文坛上影响甚大。晚年居北京，翻译之外肆力于书画，画兼擅山水、花鸟、人物，颇得明清名家之韵致。

严复与林纾私交甚笃，除一起共事外，还同时加入多个协会组织。故二人书信来往频繁，严复笔记本上甚至有林纾生日。1902年严复任京师大学堂译书局总办，林纾、严璩担任笔述，此年九月林曾绘《尊疑译书图》赠严复。1904年，严复辞去京师大学堂译书局总办一职，离京前福建同乡于陶然亭为其饯行，林纾绘《江亭饯别图》赠之，众人于卷后题跋唱和。1914年，林纾在京发起「晋安耆年会」，陈宝琛、严复、陈衍等闽籍60岁以上社会名流均在其中。

林纾 对竹思鹤图轴

尺寸｜32.3×99.3厘米

材质｜设色纸本

释文：对竹思鹤图，在莪贤弟属，友生林纾识。

钤印：林纾之印

封竹窗幽图

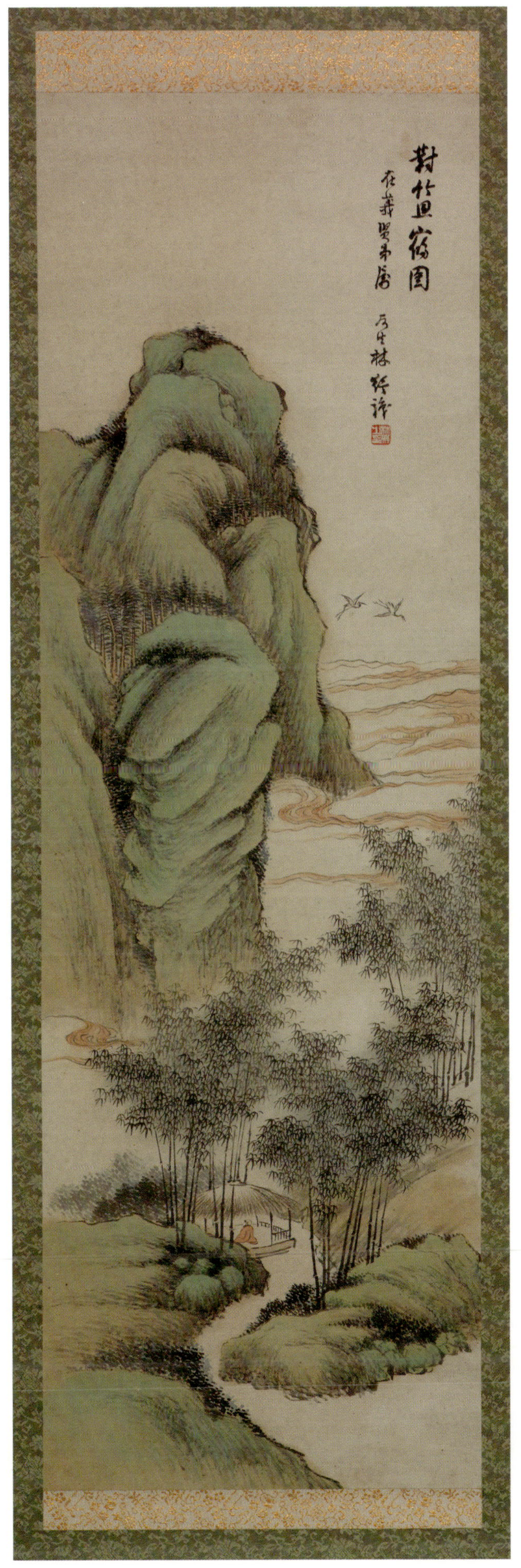

林纾 行书团扇面

一通两页

尺寸｜直径 24.8 厘米

材质｜水墨绢本

（福建博物院藏品）

释文：不将骏骨付舆台，十里秋原逐秣来；今日关门非汉月，健儿枉自说龙堆。

落款：为莲士明府画马，慨然有感，即书其上，录奉幼卓诗家槃正 弟纾

钤印：琴甫

二君復後之之急別無兄

公之以誠待友感他們傳為可感也謹

此鳴謝並頌

大安

小弟錫吾

正志中學校

暫之種樹屋事果竣 若事為揭方

正志中學校

林纾 致仲刚信札

一通两页

尺寸｜27.3×16.4厘米

材质｜水墨写本

此信乃林纾答谢友人招待之信，所及「梁格庄」位于清西陵陵区最东端，是清帝谒陵时行宫之所在；而「种树庐」在梁格庄之西，行宫之东，为历代清帝种陵树处所。信中提到「仍往梁髯之种树庐」，此「梁髯」即为梁鼎芬，1904至1917年期间梁鼎芬任清室崇陵种树大臣三年，「种树庐」正是其工作场所。清往后，林纾与梁鼎芬都以遗老自居，两人来往想必不少。据此亦可以推测此信的书写时间。

梁鼎芬（1859—1919），字星海，号节庵，番禺人。光绪六年（1880）进士，入翰林院，散馆授编修。中法战争时曾因弹劾李鸿章而被连降五级，后被张之洞推荐任丰湖书院院长，继而先后执掌端溪书院、广雅书院、岳州书院、钟山书院、两湖书院，后任汉阳知府，调武昌府，累迁湖北按察使，署布政使等职。1916年在陈宝琛推荐下任溥仪老师，被授予「毓庆宫行走」。诗词多慷慨愤世之作，与罗惇曧等人并称「岭南近代四家」。

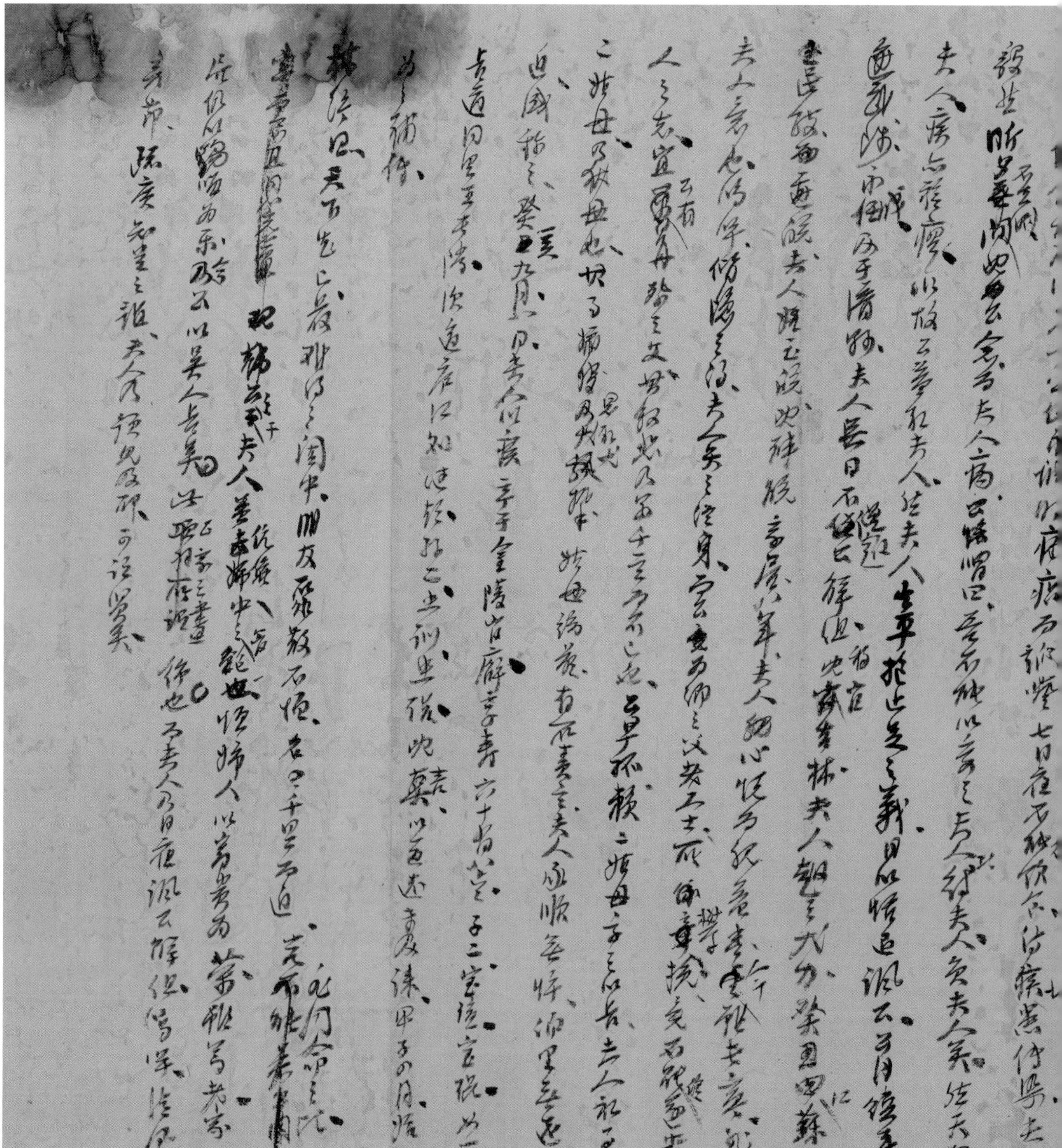

林纾《韩母王夫人传》稿

尺寸｜23.5×47厘米
材质｜水墨纸本

本件为林纾应时任江苏省长韩国钧之请，为其亡母王夫人所作传记的草稿。按文中所提可知，此文完成于甲子年，即1924年，乃林纾去世当年，可谓最晚年之作。

韩国钧（1857—1942），字紫石，亦字止石，晚号止叟，江苏海安人。光绪年间中举人，先后任直隶省矿务局总办、河南新军参谋处会办、江苏交涉局会办，辛亥革命时任吉林民政司。北洋政府时期任江苏民政长，1922年任江苏省省长，1925年辞官乡居，退隐林泉，并致力于水利、实业和公益事业，曾任运河工程局会办、江苏水利会会长等职。

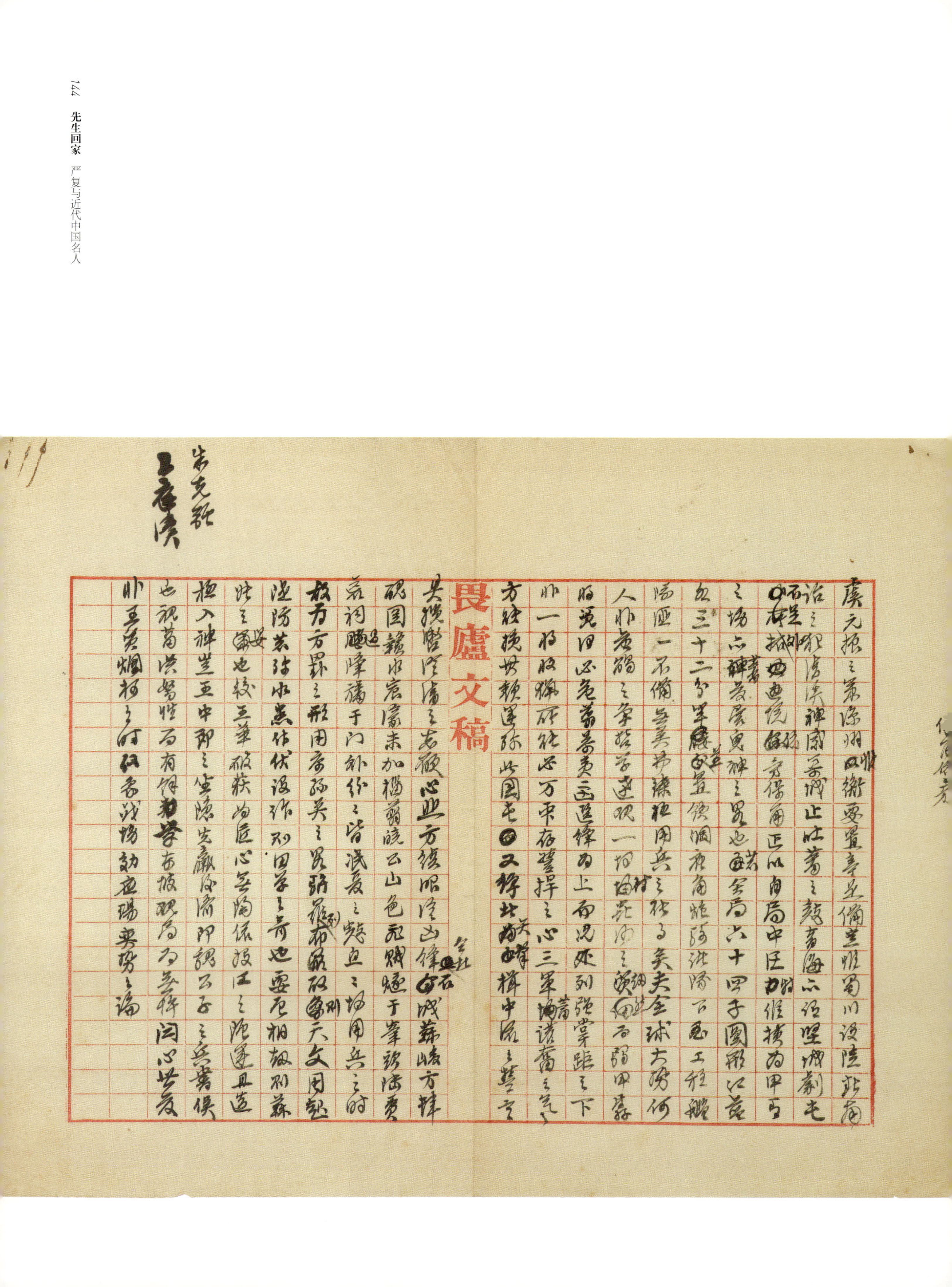

畏廬文稿

林纾《兵法新著说略》序稿

尺寸｜38×28 厘米
材质｜水墨纸本

此为林纾为徐树铮著《兵法新著说略》所作序文草稿原件。

徐树铮（1880—1925），字又铮，号铁珊，又号则林，安徽萧县人，中国近代史上的政治、军事人物，北洋军阀皖系名将。早年中秀才，1901 年投奔袁世凯，自此开启了军旅生涯。1905 年东渡日本学习军事，成为段祺瑞的心腹谋士，在辛亥革命、洪宪帝制、张勋复辟时辅佐段祺瑞「三造共和」，又在与冯国璋的斗争中引张作霖奉军入关，以巩固皖系权力，并主持「武力统一」。后因南征失利及军阀间的不和转向西北筹边，于 1919 年迫使外蒙古无条件撤销自治，回归中国中央政府的直接管辖之下。1925 被冯玉祥所派张之江劫持并枪杀。徐树铮文武双全，才华横溢，著有阐述其政治思想的《建国铨真》及文学作品《视昔轩文稿》《兜香阁诗集》《碧梦庵词》等。

兵法新著說略序

畏廬文稿

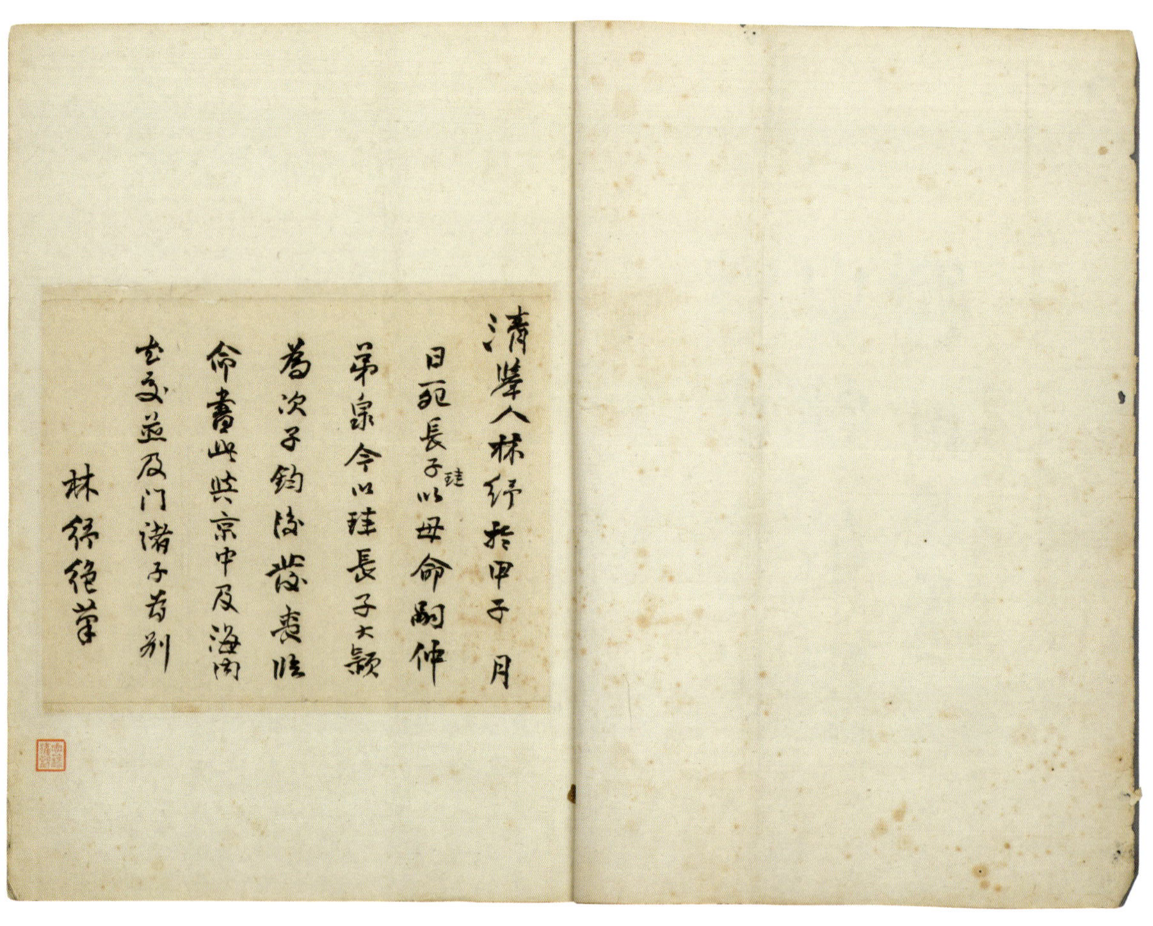

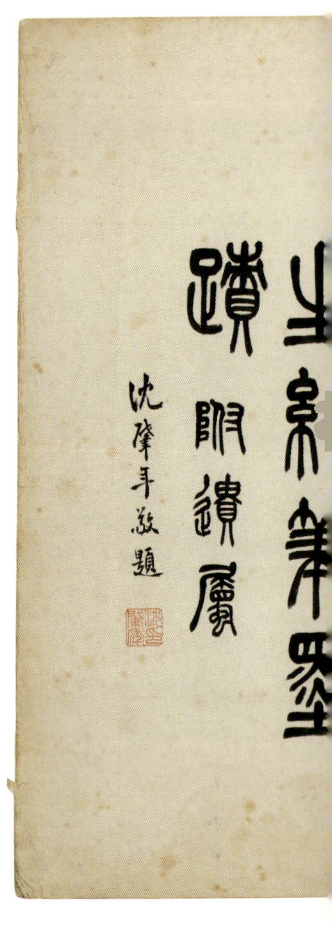
沈肇年敬題

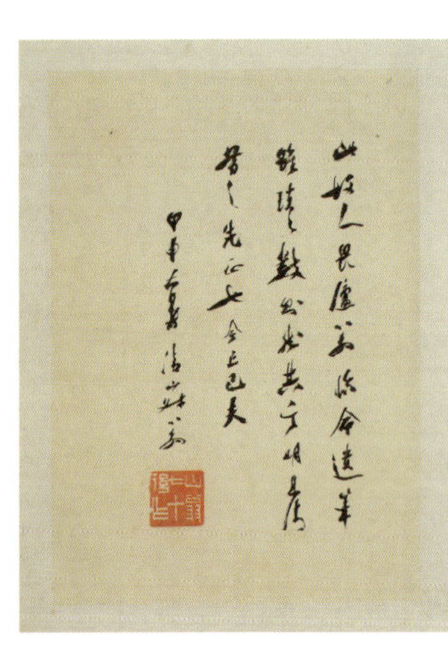

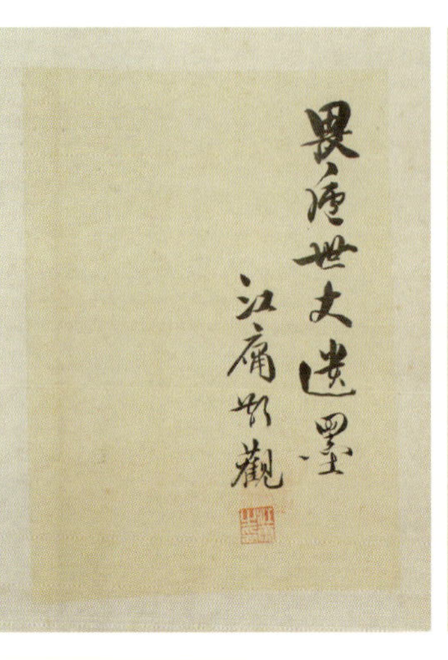
畏廬世丈遺墨
江庸敬觀

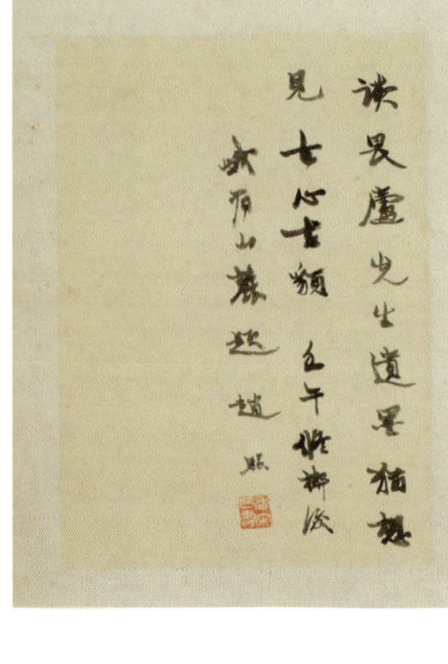

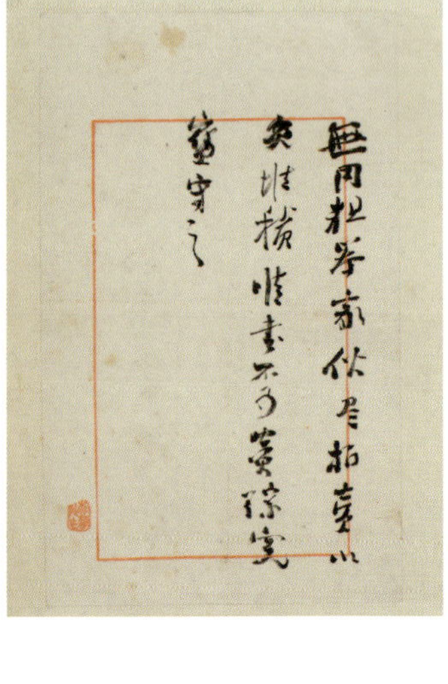

林纾 林畏庐先生绝笔墨迹

一册

尺寸｜51.5×38.3厘米

材质｜水墨纸本

此册为林纾临终前亲笔所书讣告及遗嘱，曾为林纾学生朱心佛旧藏。册首为林纾绝笔讣告一帧，后遗嘱五份共六开，寥寥数语，却将身后图书的出版、田地的收租、房屋的安排、藏书的归属以及葬礼诸事安排得妥妥当当，是林纾研究中最珍贵的资料之一。册前有沈肇年篆书「林畏庐先生绝笔墨迹附遗嘱」一页，册后有赵熙、江庸、路朝銮、林思进、向楚等人题跋，并有易忠箓经眼印一方。

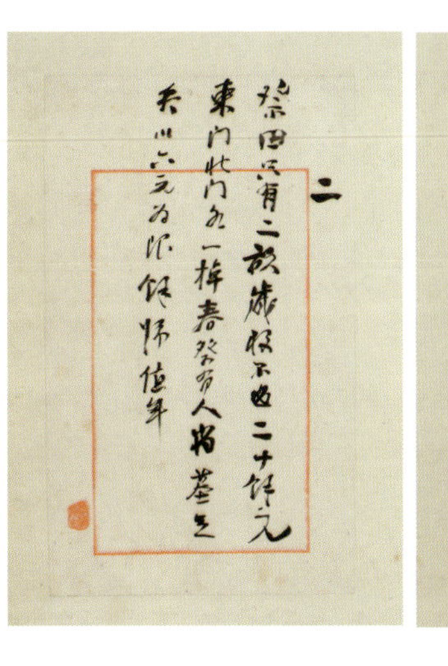

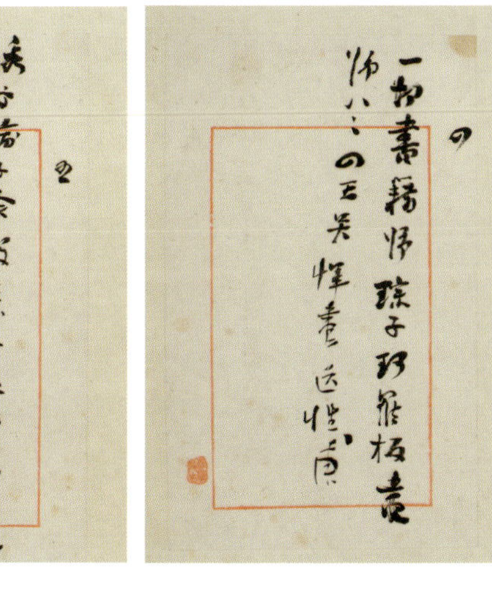

清舉人林紓於甲子 月
日死長子珪以母命嗣仲
弟泉令以珪長子大穎
爲次子鈞後茲當臨
命書此與京中及海内
世交並及门諸子爲別
林紓絶筆

三

买屋以三崇胯兰美远处不妨八、拜飞局长为道父到芗出印商其家属买入一切经信

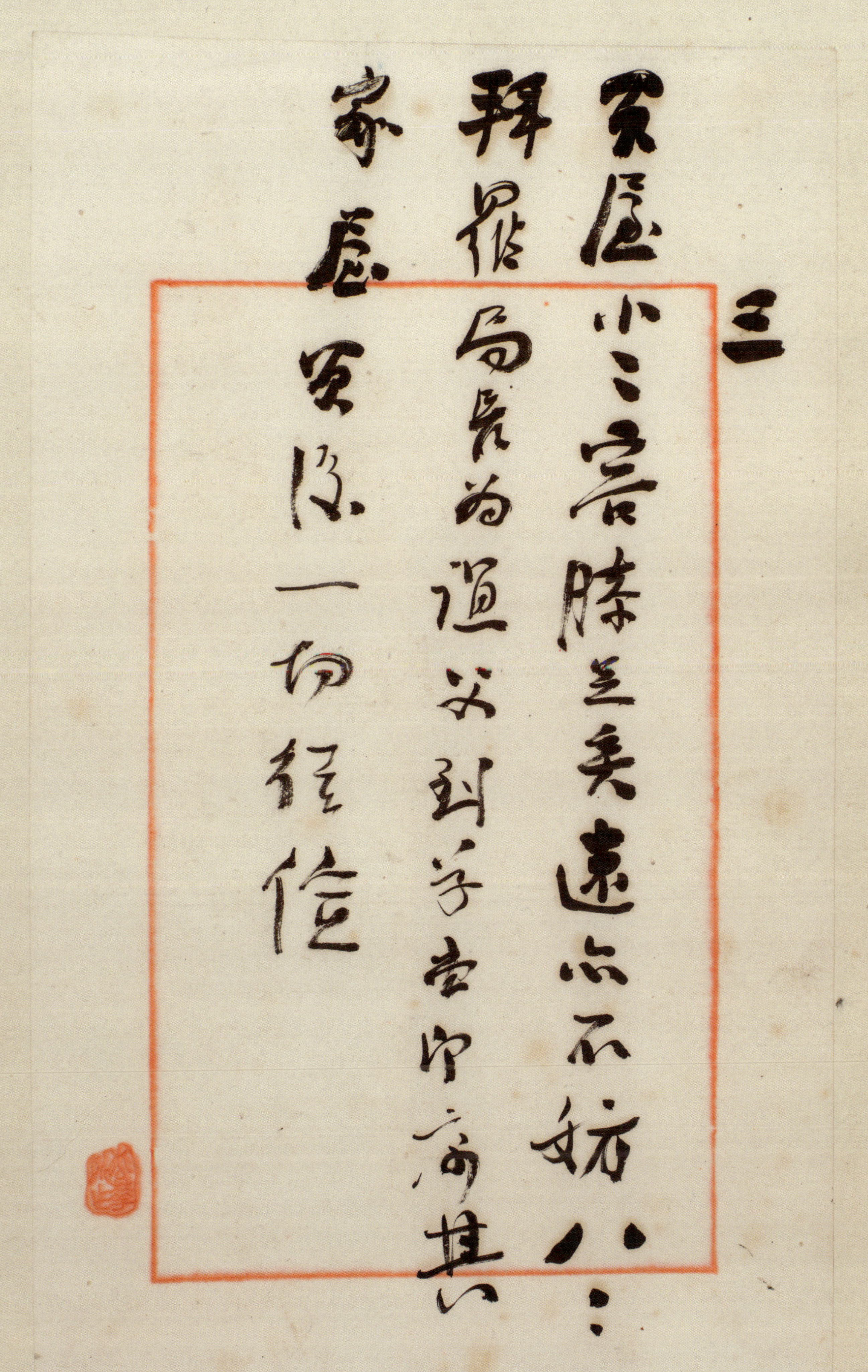

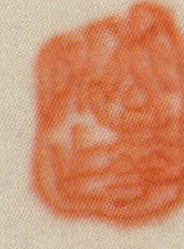

林纾等译《伊索寓言》

清光绪二十九年（1903）商务印书馆铅印本

一册

尺寸｜20×11.5厘米

此书为林纾与严氏兄弟（严培南、严璩）合译，是第一部真正由中国人独立翻译的伊索寓言。自从林译本问世后，「伊索寓言」四字成为了中译本的正式定名。

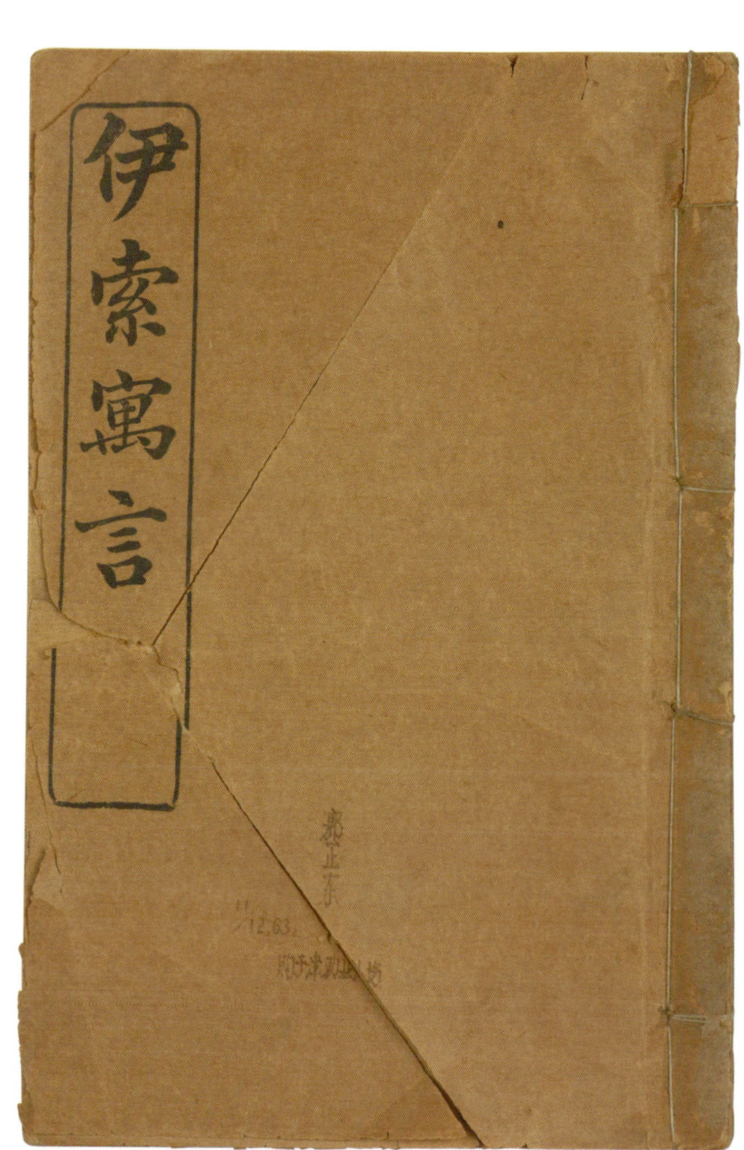

林纾译《黑奴吁天录》

清光绪三十年（1904）文明书局排印本

四册

尺寸｜24×13.5厘米

书首有牌记「甲辰三月文明书局出版」，「武林魏氏原刻，今将版权售与文明书局特兴声明不准翻印」。《黑奴吁天录》今名《汤姆叔叔的小屋》，是美国作家哈里特·比彻·斯托（斯托夫人）于1852年发表的一部反奴隶制长篇小说。这部小说中关于非裔美国人与美国奴隶制度的观点曾产生过意义深远的影响。

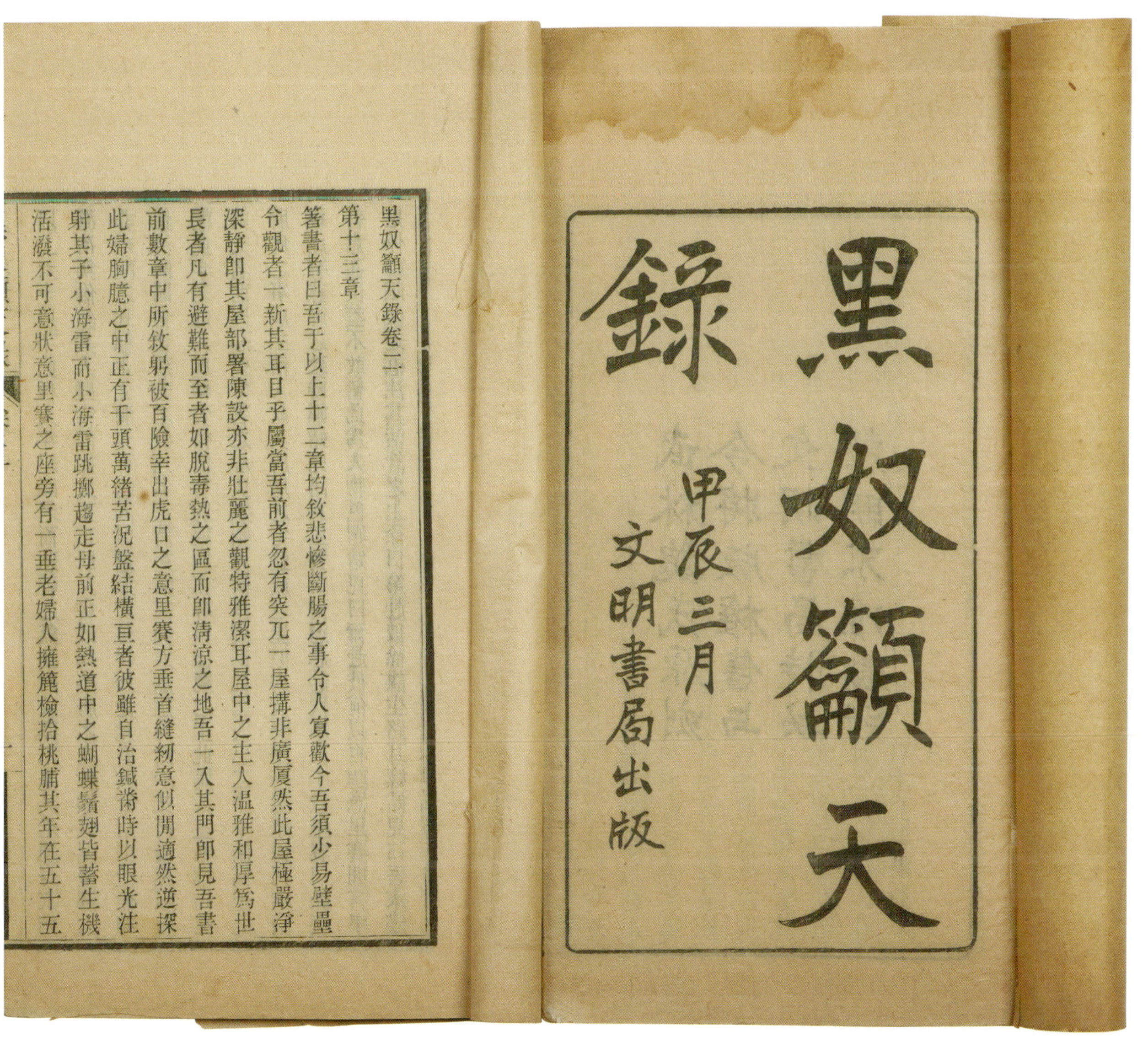

黑奴籲天錄

甲辰三月

文明書局出版

黑奴籲天錄卷二

第十三章

箸書者曰吾于以上十二章均敘悲慘斷腸之事令人寡歡今吾須少易壁壘令觀者一新其耳目乎屬當吾前者忽有突兀一屋搆非廣厦然此屋極嚴淨深靜即其屋部署陳設亦非壯麗之觀特雅潔耳屋中之主人溫雅和厚爲世長者凡有避難而至者如脫毒熱之區而即清涼之地吾一入其門即見吾書前數章中所敘夥被百險幸出虎口之意里賽方垂首縫紉意似閒適然逆探此婦胸臆之中正有千頭萬緒苦況盤結橫亘者彼雖自治鍼黹時以眼光注射其子小海雷而小海雷跳擲趨走毋前正如熱道中之蝴蝶鬚翅皆蓄生機活潑不可意狀意里賽之座旁有一垂老婦人擁籃檢拾桃脯其年在五十五

林纾、严复《林严合钞》

清宣统元年（1909）国学扶轮社铅印本

四册

尺寸｜26×15厘米

是书四册四卷，为林纾、严复文章合订本，其中卷一、卷二收林纾文章；卷三、卷四收严复文章。前有「皞皞子」所作序文一篇，林纾二卷主要包括序文、游记、人物传记及墓志铭等，严复二卷则包括《上皇帝万言书》《救亡决论》等重要文章以及相关社论、译著序言等。上世纪七十年代台湾文海出版社曾据此本影印精装本行世。

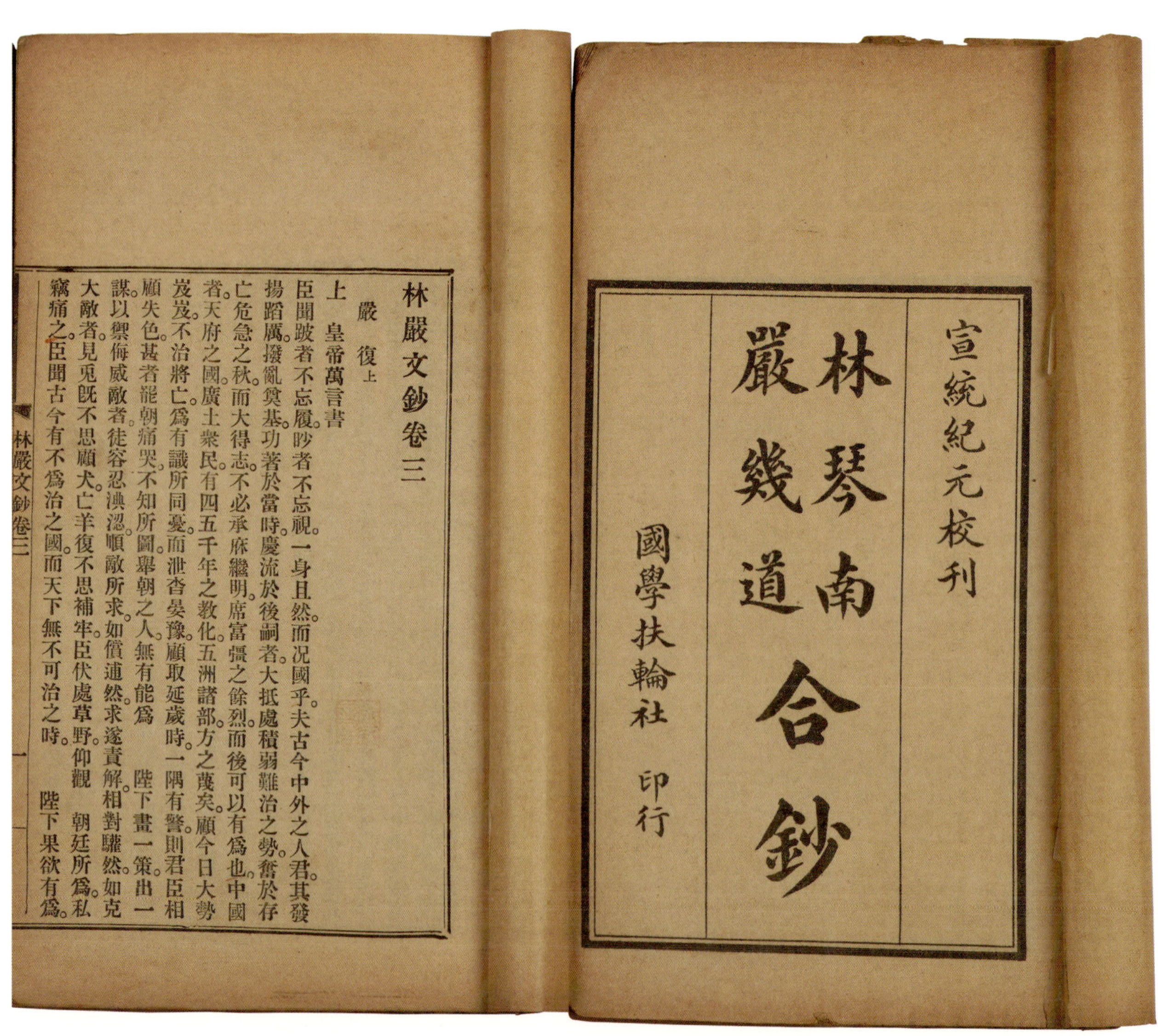

林嚴文鈔卷三

嚴　復上

上　皇帝萬言書

臣聞跛者不忘履。眇者不忘視。一身且然。而況國乎。夫古今中外之人君。其發揚蹈厲。撥亂奠基。功著於當時。慶流於後嗣者。大抵處積弱難治之勢。奮於存亡危急之秋。而大得志。不必承庥繼明。席富彊之餘烈。而後可以有爲也。中國者。天府之國。廣土衆民。有四五千年之教化。五洲諸部。方之蔑矣。顧今日大勢岌岌。不治將亡。爲有識所同憂。而泄沓晏豫。顧取延歲時。一隅有警。則君臣相顧失色。甚者罷朝痛哭。不知所圖。舉朝之人。無有能爲　陛下畫一策。出一謀。以禦侮威敵者。徒容忍澳涊。順敵所求。如償逋然。求遂責解。相對驩然。如克大敵者。見兎既不思顧犬。亡羊復不思補牢。臣伏處草野。仰觀　朝廷所爲。私竊痛之。臣聞古今有不爲治之國。而天下無不可治之時。　陛下果欲有爲。

林嚴文鈔卷三　一

林纾《畏庐短篇小说》

民国十一年（1922）普通图书局铅印本
一册
尺寸｜22×15厘米

本书为民国十一年（1922）普通图书局再版版本，校订者署「懵懂书生」，总发行所为上海图书馆。书中无序跋，亦无其他介绍文字，故不知其初版信息及结集初衷。书中所收者为林纾自撰短篇小说，包括《桂珉》《舒云南》《春雯》《柯红豆》《赵倚楼》《秋悟生》《伍氏》《吴卓士》《谢翠翠》《穆东山》《郑问》《柳枝》等22篇。林纾向以译著闻名，而其自撰小说知之者甚少，故此书可作为研究林氏文学成就的重要资料。

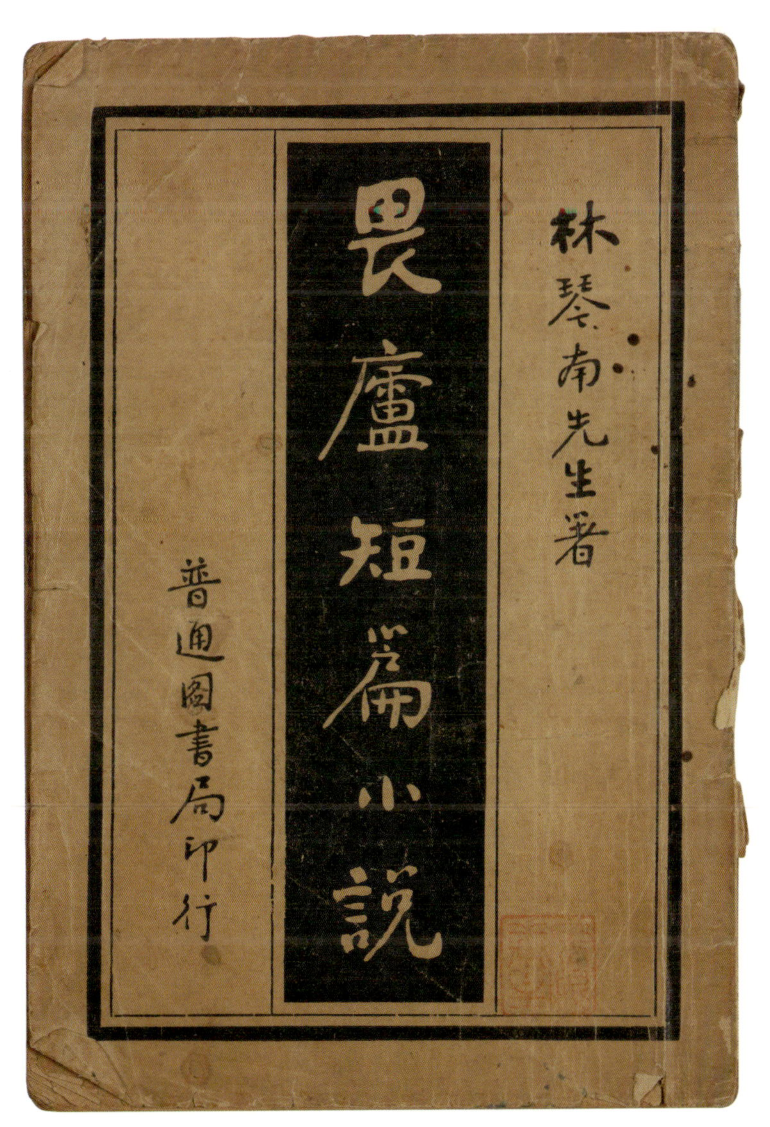

陈衍（1856—1937）

字叔伊，号石遗老人，侯官（今属福州）人，近代著名文学家。光绪八年（1882）举人，曾入台湾巡抚刘铭传幕。光绪二十四年（1898）曾作《戊戌变法榷议》十条，提倡维新；后被湖广总督张之洞邀往武昌，任官报局总编纂。后为学部主事、京师大学堂教习。民国后在南北各大学讲授，编修《福建通志》，最后寓居苏州。

陈衍与严复均为「同光体」重要人物，陈衍《石遗室诗话》中收录有严复诗，陈衍对严复的诗歌和学术成就均评价很高，曾写诗称赞他「夫子雄才敌万夫，苦吟字字费踟蹰」。

陈衍 壁立、坐拥楷书四言联

尺寸｜39.5×150 厘米

材质｜水墨纸本

释文：壁立万仞，坐拥百城。

落款：湘汀仁兄方家正之 衍

钤印：石遗室

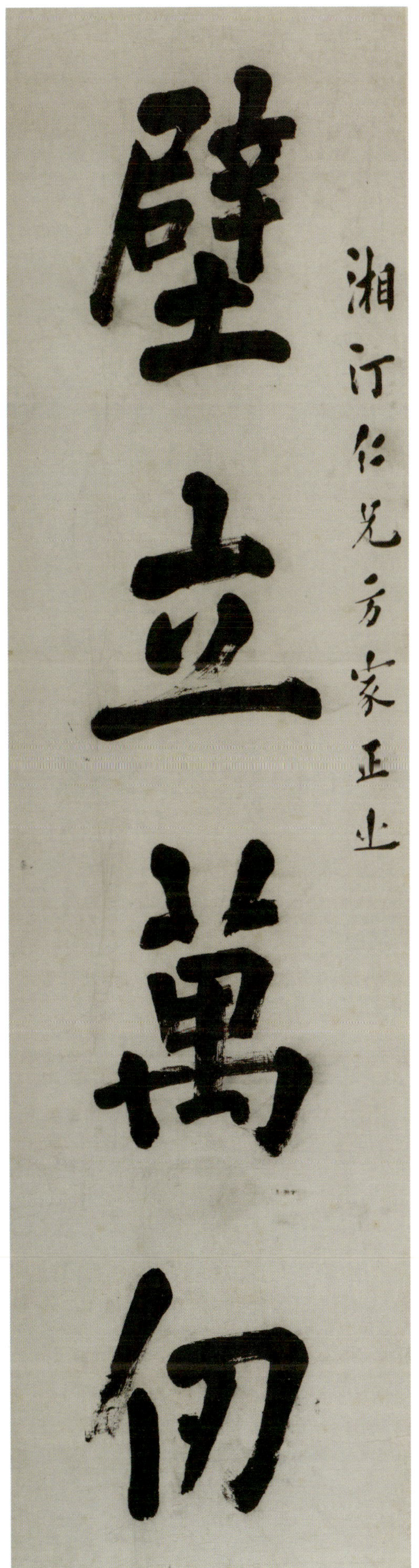
湘汀仁兄方家正之
壁立萬仞

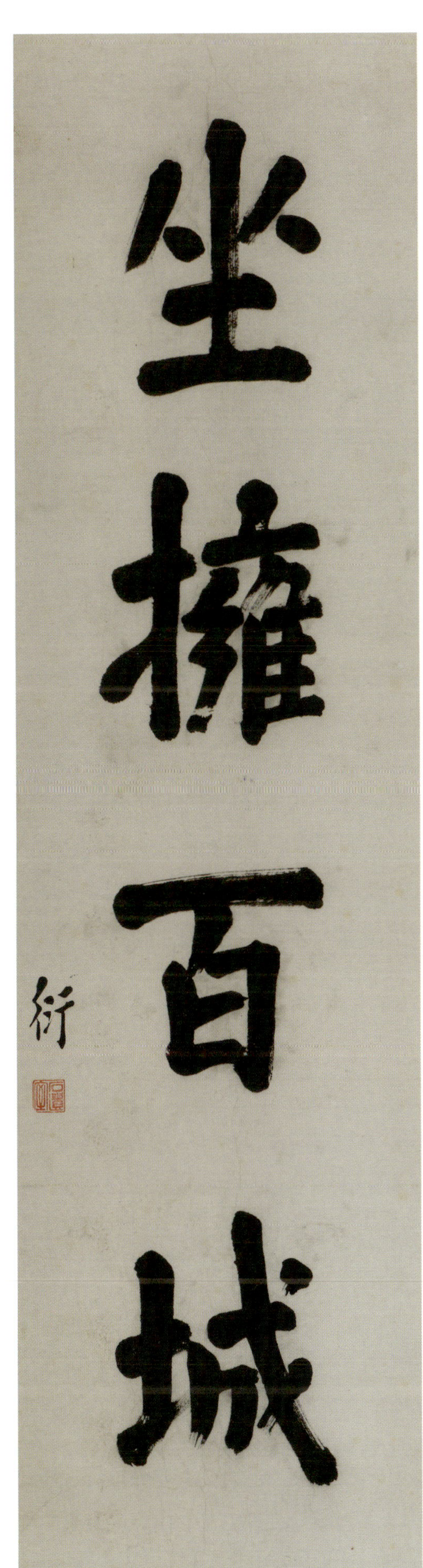
坐擁百城
衍

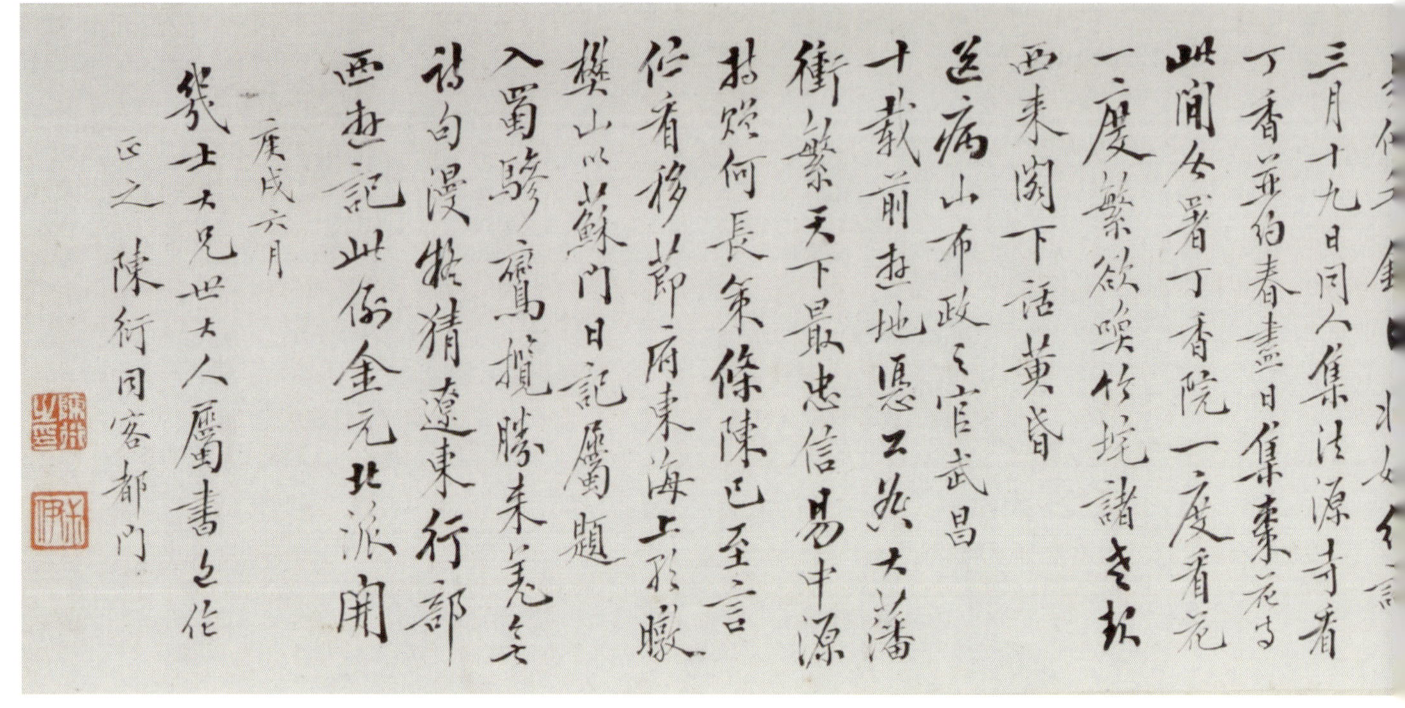

陈衍 行书诗横披

尺寸｜30.7×130.5 厘米
材质｜水墨纸本
（福建博物院藏品）

释文： 九日同尧生天宁寺登高。赵公健游者，迢递下峨眉。随意登高去，聊纾作客悲。废台迟落木，衰鬓短交期。只有源源醉，多为数首诗。

为君直题山水卷。如此溪山足卧游，黄尘乌帽滞归休。太湖缥碧陶江绿，不是苏州亦福州。

花朝同人集江亭，暮饮酒家。春中草未青，步屧近郊垧；诗有萌芽意，人多磊砢形。一湾怜水色，百上厌江亭；劳我精神未，居然报醁醽。

花朝后一日招仲毅、芷青、次公、秋岳诸子饮集寓斋。春来人事集，久不对芳尊；好我二三子，起予五七言。南中花已烂，北地树犹髡；居易他年录，行藏懒细论。

三月十九日同人集法源寺看丁香，并约春尽日集枣花寺。此间皆署丁香院，一度看花一度繁；欲唤竹垞诸老起，西来阁下话黄昏。

送病山布政之官武昌。十载前游地，凭公典大藩；冲繁天下最，忠信易中源。持赠何长策，条陈已至言；伫看移节府，东海上朝暾。

樊山以苏门日记属题。入蜀骖鸾揽胜来，羌无诗句漫疑猜；辽东行部西游记，此例金元北派开。

落款： 庚戌六月，几士大兄世大人属书近作正之 陈衍同客都门

钤印： 陈衍之印 叔伊

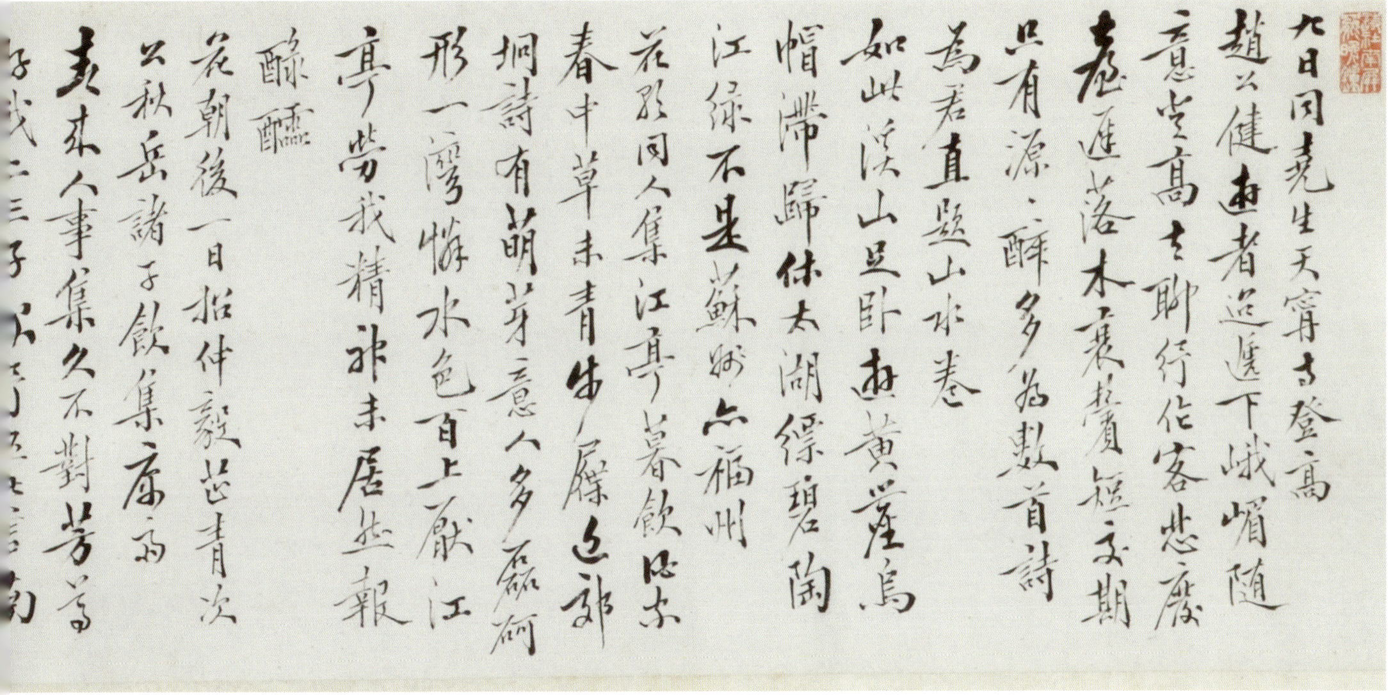

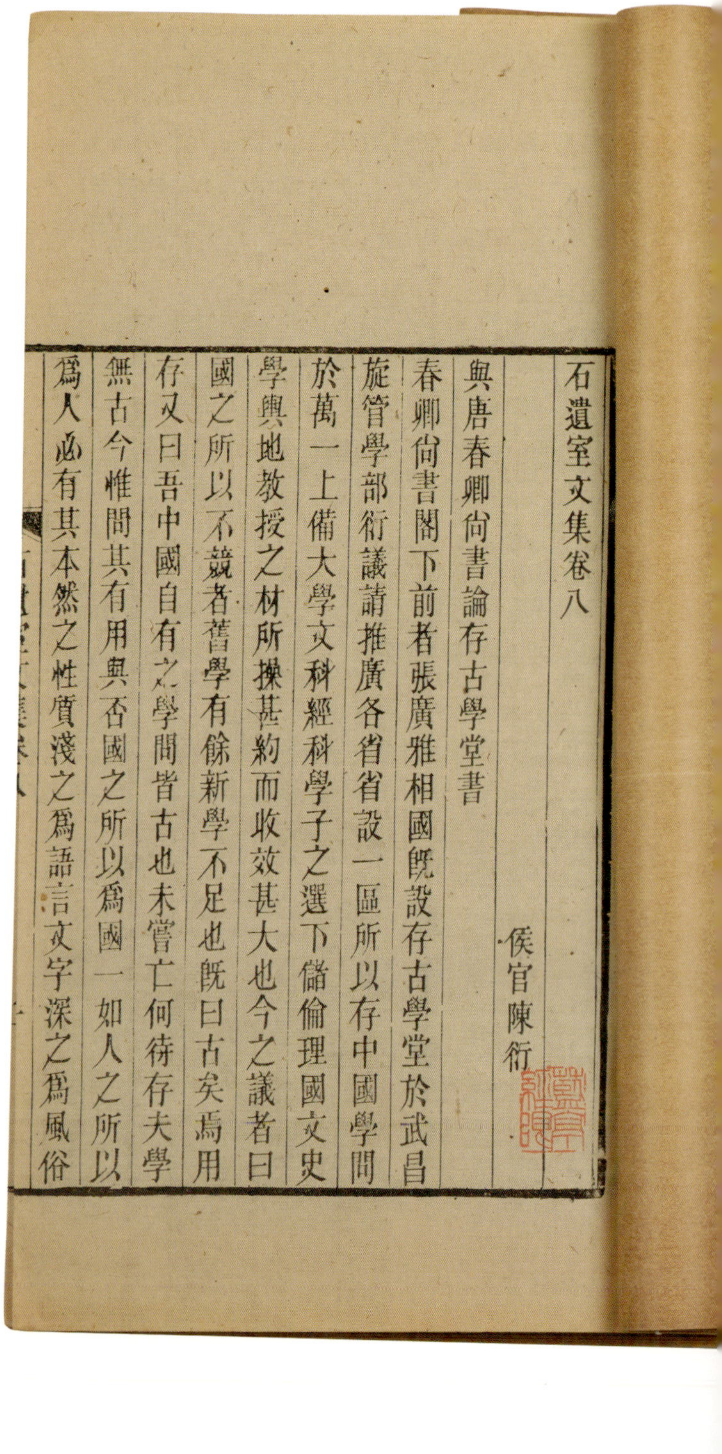

石遺室文集卷八

侯官陳衍

與唐春卿尚書論存古學堂書

春卿尚書閣下前者張廣雅相國旣設存古學堂於武昌旋管學部衍議請推廣各省省設一區所以存中國學問於萬一上備大學文科經科學子之選下儲倫理國文史學輿地教授之材所操甚約而收效甚大也今之議者曰國之所以不競者舊學有餘新學不足也旣曰古矣焉用存又曰吾中國自有之學問皆古也未嘗亡何待存夫學無古今惟問其有用與否國之所以爲國一如人之所以爲人必有其本然之性質淺之爲語言文字深之爲風俗

陈衍《石遗室诗文集》

民国武昌刻本

一函八册

尺寸｜26.5×15厘米

此为陈衍诗文总集，包括《石遗室诗集》十卷，补遗一卷，《朱丝词》二卷，文集十二卷，《木庵文稿》一卷，文续集一卷，文三集一卷。光绪年间首刊诗集前三卷，后民国武昌刻本罗其所全汇刻，为陈集最全者。

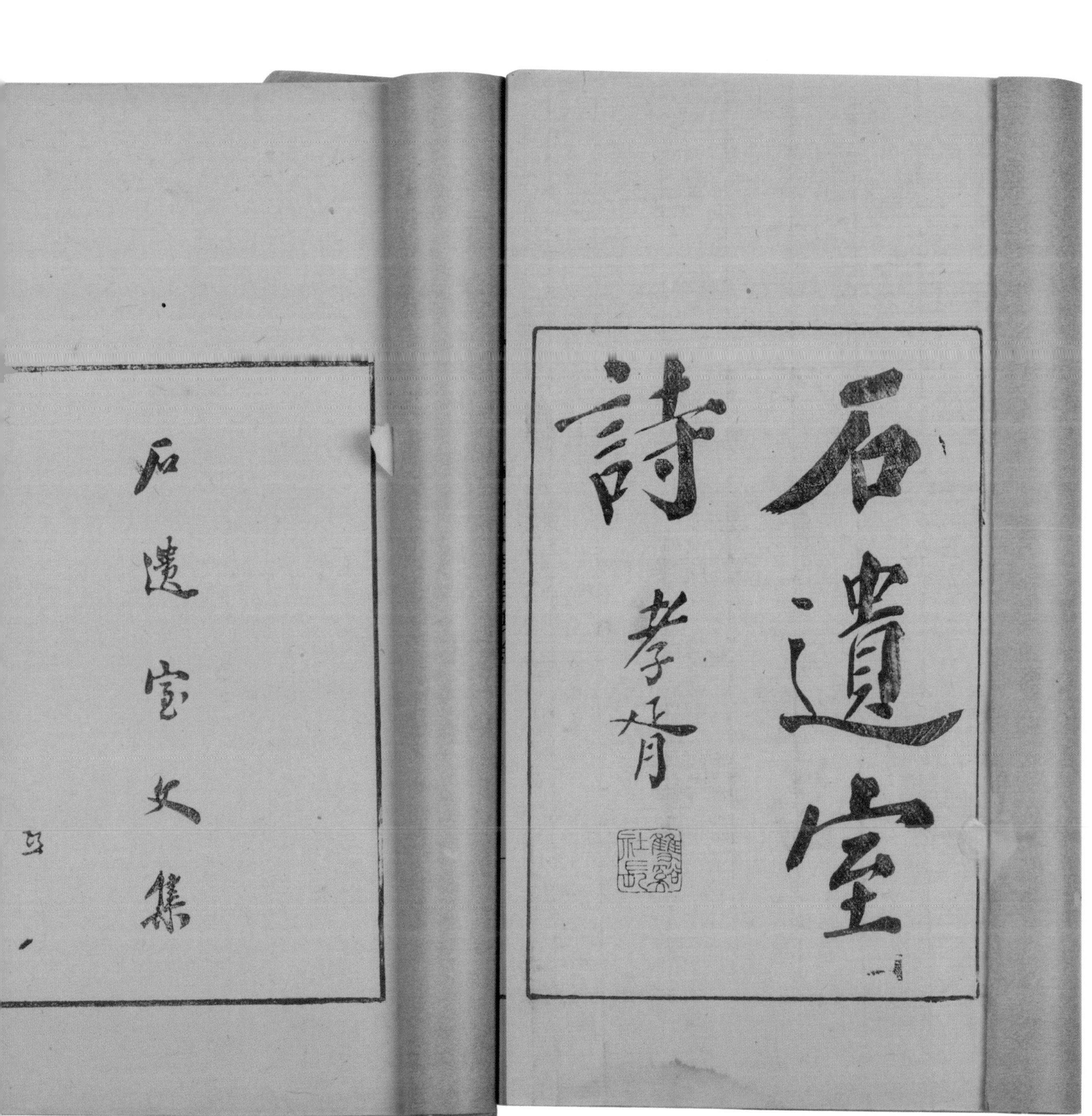

萨镇冰（1859—1952）

字鼎铭，福州人，早年进马尾船政学堂，光绪三年（1877）受派赴英国学习海军。回国后任天津水师学堂教习、北洋水师帮统兼海圻舰管带、广东水师提督、清政府海军统制等职。民国后两度任海军总长，并曾暂代国务总理。1922年至1927年任福建省省长。1949年后历任中国人民政治协商会议全国委员会委员、中央人民革命军事委员会委员、华侨事务委员会委员和福建省人民政府委员等职。1952年去世于福州。

萨镇冰为福建船政学堂第二届驾驶生，与严复有同窗之谊，两人留学英伦期间曾在郭嵩焘邀请下同游巴黎。

薩鎮冰

萨镇冰 元高启《郊墅杂赋》诗楷书中堂

尺寸｜66×133.5厘米

材质｜水墨纸本

释文：入夜潮侵户，经秋雨坏垣。里人淳少讼，田父醉多言。稻蟹灯前集，莎虫机下喧。自应耽野趣，不是恋乡园。

落款：清港先生雅正 萨镇冰

钤印：萨镇冰印 鼎铭父

入夜潮侵户經秋雨壞垣

里人淳少訟田父醉多言

稻蠏燈前集莎蟲機下喧

自應耽野趣不是戀鄉園

清港先生雅正

薩鎮冰

稻蠏燈

自應耽

入夜潮
里人淳

萨镇冰 量大、寿高楷书七言联

尺寸｜66×133.5厘米

材质｜水墨纸本

释文：量大能胜无限酒，寿高当见百年春。

落款：在桥先生雅正 辛卯孟春九十三叟萨镇冰

钤印：萨镇冰印

在橋先生雅正

量大能勝無限酒

壽高當見百年春

辛卯孟春九十三叟薩鎮冰

因此獲得永久承租之權即所謂碼頭權、
此為地方習慣法法律亦所承認者也。
(五)碼頭權之權利。房客如不欠租房東不
能辞退房客租金亦不得單方增加須整
個市房增租方可援照商議之加租之事其
難如此所以現時租價均甚低廉至房客自
已如不願再租此房時可照市面租價轉租他
人房東并不能因為新房客而要求增加租價、

仍須修理裝置故新舊房客往往協商
有得彼此折裝之費由新房客出資代買
在當日不過裝修之代價但此後相習成風
碼頭費之估計不僅裝修費已也舉凡交
通之便利市面之興盛均可於修理費之外另
加若干總名為碼頭費也。
(七)碼頭費之價值與市面盛衰之關係。古面
愈盛商店停業者自少而欲新開商店經營商

之館屋也。不過索價萬六以須商議因現
有建築除房東翻造後出資二千九外其
餘係本館自己建築之物現時賣價祇可以
後進房屋之造價及全部地皮之價值為
估計標準故房東索價萬六似須與商
議之必要也以上各節是否有當敬乞
鴻裁為荷
高夢旦敬上

高梦旦（1870—1936）

名凤谦，字梦旦，长乐人。历任商务印书馆国文部部长、编译所所长、出版部部长等职。

严复和林纾的译作正是借助着商务印书馆的推广产生广泛的社会影响。1903年开始，严复的译著由商务印书馆刊行，《严译名著丛刊》等相继出版，其《英文汉诂》一书更是开我国汉字横排制版的先河。

高梦旦 关于商务印书馆事信札

一通 12 页

尺寸 | 19×26.5 厘米

材质 | 水墨写本

此信乃关于商务印书馆江西分馆屋舍的租赁和购买事宜。

贛館來電：

「贛館店屋出賣，已有受主，先儘本館，索價萬六，此間碼頭權現有動搖，以購為宜，如何，電復贛」。茲將愚見所及，陳奉於後：

(一)館屋地点。地居德勝路中段，与省政府、省党部、高等法院為近鄰。明德路、中山路均相連接，貫達為南昌現在最繁榮之街市。

(二)館屋面積。前進店堂寬約二十八呎，深約四十七呎；後進房屋寬約四十二呎，深約六十呎。

(三)館屋建築。(A)後進兩層房屋，係房東於民國十二年時改造，建築費約二千元，此款全由房東担負，但每月租金酌加，以償建築費之息金。(B)前進店堂，係本館於民國十九年夏，南昌市修造馬路，放寬街道之時，由本館出資翻造三層水泥鋼骨大廈一座，計土木工程費壹萬二千八百元，電氣及各項設備費約二千元(店堂貨架在外)，全由本館負担，房東未出分文，租金亦不增加，此為南昌市房客有碼頭權之特殊情形也。

(四)何謂碼頭權？凡房客租屋之後，經營商業，房屋裝修佈置，均由房客出資自辦，房客既替房東修理或改造房屋，抜出巨資，

常有老房客自己每月租金為二十元，而轉租可得二十元之數倍者，其所溢出之租價，即房客碼頭權之利益也。因此新房客与老房客双方間，為有業埸起見，斟酌老租低廉之程度，老房客修理房屋之狀況，及房屋地点之要重要情形，由新房客致送巨金於老房客，此即所謂碼頭費。新房客自付碼頭費後，老房客之碼頭權即告喪失，而由新房客

所代取矣。又房客遷出房屋後，房屋雖空，房東不能自行召租，如有願意承租者，須先与老房客辦妥碼頭手續，經老房客之介紹，房東方可出租，但空屋時之房租，老房客有完全負担之義務，如老房客到月不付房租，房東即有另行召租之權。此碼頭權之大概情形也。

(六)碼頭費之起源。南昌以前之市房，大都矮小破舊，房東不願出資修理，每月祇照老額收取租費，於是房客為應付潮流起見，祇得自行修理改造房屋，修好之後，房東因未出資，故房租仍舊，不能增加，至房客出屋時，常有要求房東津貼修理費者，而房東大半無款應付，轉令房客將自己修理裝置者拆去抵償，但裝置時需一百元，拆去不值一半，當房客拆去之後，而新房客

業者反愈多，因無相當店房，及交通便利之地点，於是新開者常出重價以求之，此碼頭費之所以継漲增高也。反之，市面衰落，停業者日多，空屋隨地皆有，而碼頭權之價值亦自然日趨降落也。

(八)碼頭權變遷之趨勢。過去南昌市之市房，其房東僅有收租之權，其加租、召租及居住之重要權利，反落於房客之手，年來新闢街市日多，隨地皆可營業，碼頭費之價值，已不能保持過去之數字，而房東亦因新建房屋，在召租時，規定房客租屋期限，期滿，房東可以辭退房客，於是向之所謂碼頭權者，於訂約時，即已取銷之矣。又有商店停業後，店房無人承租，房客因接替無人，而又不願担負空屋時之房租，於是自動交還房東者，亦有之，此贛館來電所云現在碼頭權已有動搖，殆皆出於時代之自然，而非出於法律之限制也。

結論。

贛館房屋本館過去投資壹萬數千元，其所得之利益，全恃碼頭權以為保障，今碼頭權之既有動搖，不如購為己有，以為一勞永逸萬全之計也。何況建築之精美，地点之重要，是為本館最精相宜

林白水（1874—1926）

原名獬，又名万里，字少泉，号宣樊、退室学者、白话道人等，闽侯青圃村人。中国报业的先驱，先后创办了《杭州白话报》《中国白话报》《公言报》《新社会报》和《平和日报》等，是近代著名记者、报人和政论家。

1921 年 9 月，返闽定居的严复面对刚刚在北京创办《新社会报》的林白水的问讯，撰写长信回复，信中自道其晚年的生活情形与思想主张，并表达了他对于当时舆论所倡导的「联省自治」的看法，提醒林白水从事新闻工作时应该谨慎行事，不作偏宕激烈之论误导读者。

林白水 七言诗草书立轴

尺寸｜134×31.5 厘米
材质｜水墨纸本

释文：三十年来寸功空，熟感天恩竟无穷。回头往事都是梦，犹厉克余气自雄。

落款：白水生

钤印：林逸私印 白水

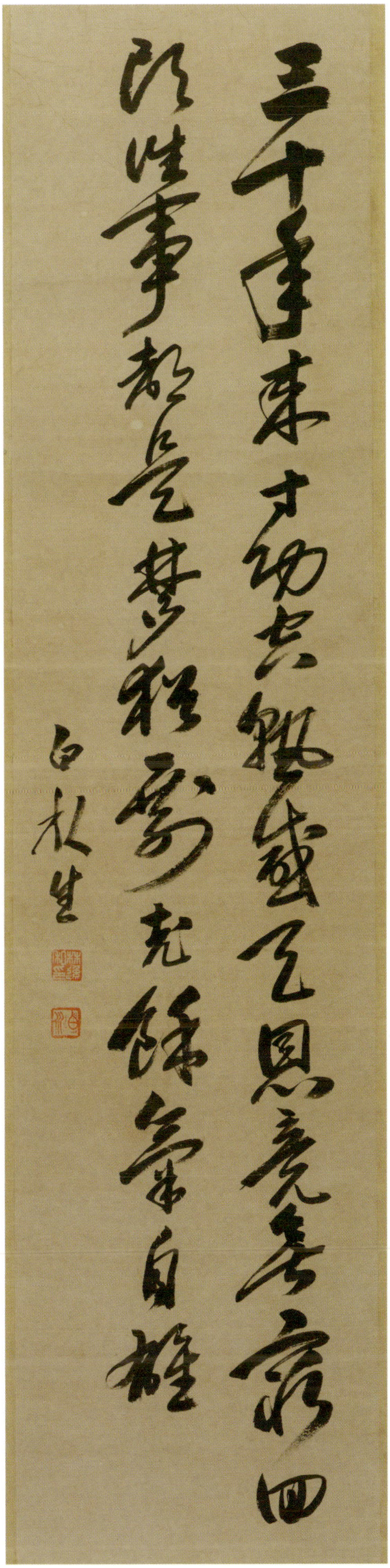

思亮無傳自

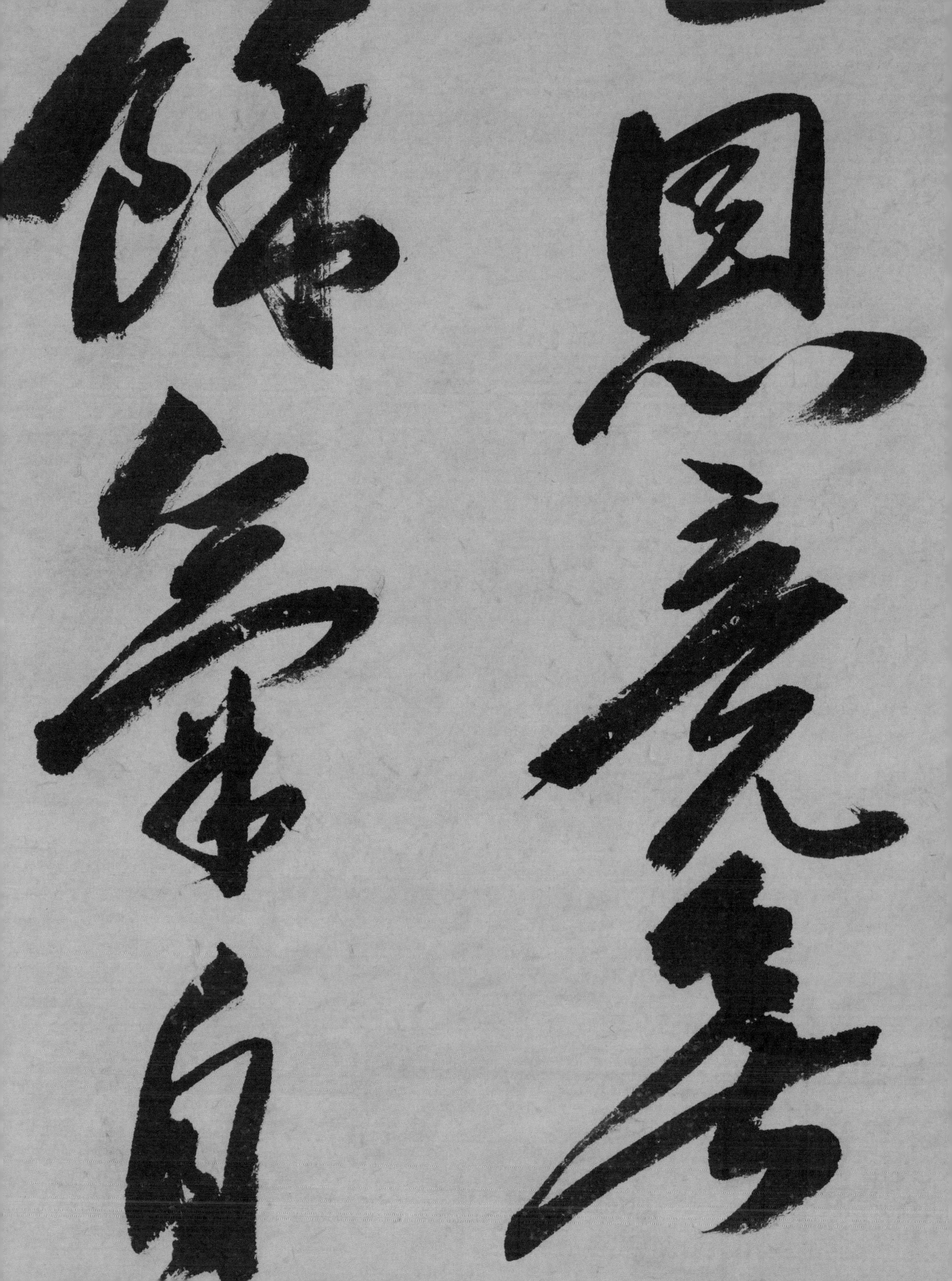

林白水 遗嘱

尺寸丨27.5×17.5厘米
材质丨水墨写本
（福建博物院藏品）

此为1926年林白水临终前绝笔遗嘱，时间为八月七日夜七时。文中嘱咐其女好好读书，择婿须格外慎重，家中若有事难决，可请几个生平好友帮忙。其自问平生不做亏心事，相信身后老天应该护佑家人。另有托人带回家的物件包括玉器两件、铜印一个、金手表一个。

钤印： 林万里印

收藏印： 东莞张次溪藏

林旭

（1875—1898）

字暾谷，号晚翠，侯官（今属福州）人，中国近代诗人，维新派人士、「戊戌六君子」之一。光绪十九年（1893）举人，17岁时为江南水师学堂总办沈瑜庆招为婿。曾入赀官内阁中书，时与康有为、梁启超等人多有交往。甲午战后投入维新变法运动，为闽学会之领袖。「戊戌变法」期间授四品军机章京，上谕多出其笔。同年九月变法失败，林旭被害。有诗集《晚翠轩集》，梁启超曾评之曰：「其于诗词、骈散文皆天授。文如汉魏人，诗如宋人。波澜老成，环奥深秾。」

1898年七八月间严复结识林旭，两个月后林旭身亡，严复有《哭林晚翠》《古意》等诗哀之。

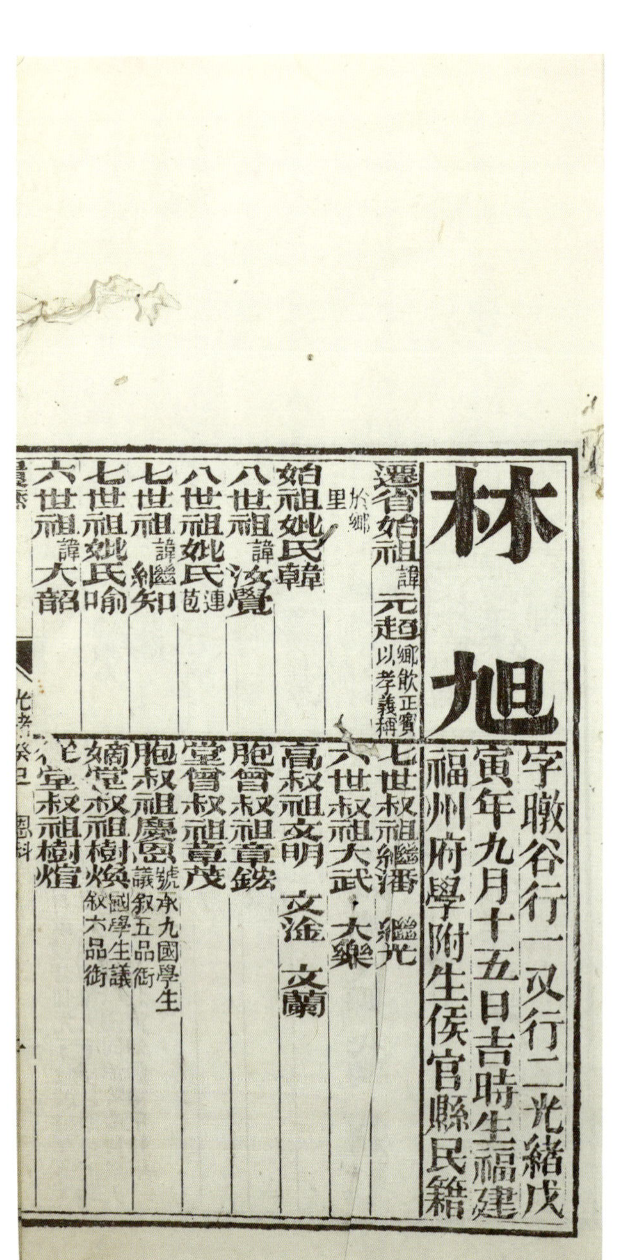
林旭

字暾谷行一又行二光緒戊寅年九月十五日吉時生福建福州府學附生侯官縣民籍

遷省始祖諱元超鄉飲正賓以孝義稱於鄉里

始祖妣氏韓

八世祖諱汝覺

八世祖妣氏范連

七世祖諱繼知

七世祖妣氏喻

六世祖諱大韶

七世叔祖繼潘 繼光

六世叔祖大武 大樂

高叔祖文萌 文滏 文蘭

胞曾叔祖章鉉

堂曾叔祖章茂

胞叔祖慶恩號承九國學生議叙五品銜

嫡堂叔祖樹焕國學生議叙六品銜

再堂叔祖樹煊

林旭乡试朱卷

光绪十九年（1893）木刻本

六册

尺寸｜25.6×15厘米

（福建博物院藏品）

此为清光绪林旭癸巳恩科福建乡试朱卷。纸本，版印线订，分为履历、总批、朱卷等部分。

林旭等《戊戌六君子遗集》

民国商务印书馆铅印本

六册

尺寸｜25×14.5厘米

张元济辑。十六卷。辑集戊戌政变中被杀害的谭嗣同、林旭、杨锐、刘光第、杨深秀、康广仁等六人诗文，包括林旭《晚翠轩集》，谭嗣同《寥天一阁文》《莽苍苍斋诗》《远遗堂集外文》，杨锐《说经堂诗草》，刘光第《介白堂诗集》，杨深秀《雪虚声堂诗钞》《杨漪春侍御奏稿》，康广仁《康幼博茂才遗诗》。

林长民（11876—1925）

字宗孟，闽侯人，自称苣苳、苣苳子，又号桂林一枝室主，晚年号双栝庐主人。清末民初政治家、外交家、教育家、书法家。历任徐世昌国务院参议、汪大燮内阁司法总长、总统府外交委员会委员兼事务主任。曾与林纾、魏易等人主编《译林》月刊。1906年后两度赴日本留学，于早稻田大学专攻政法专业。1920年与梁启超等倡组讲学社。著有《铁路统一问题》《敬告日本人》。林长民之女为近代著名文学家、建筑学家林徽因，其堂弟为「戊戌六君子」之一的林觉民。

林长民早年受教于林纾和林白水，严复为其长辈，后来从政后二人在此方面亦应有交集。林氏亦擅书法，在晚清民国时期的福建书坛，林长民的杰出成就不亚于任何一位名家。

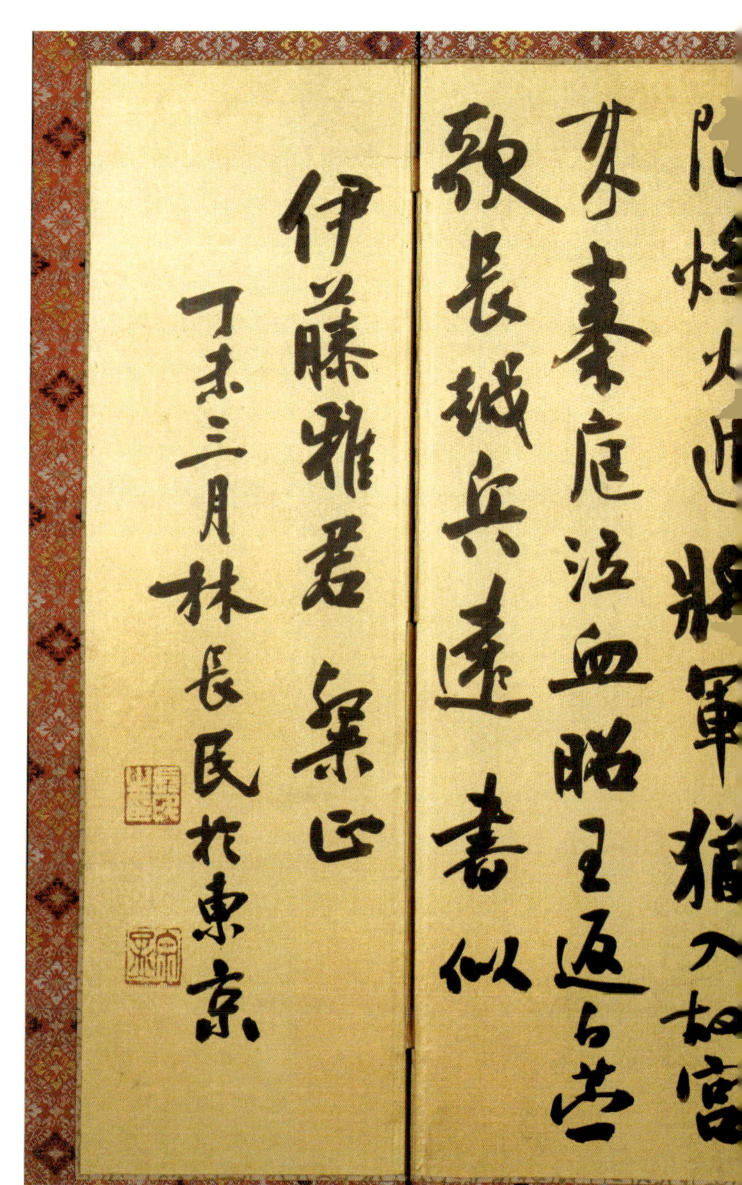

林长民 明张宁《伍子胥渡江图》诗行书屏风

六屏

尺寸｜103×54厘米

材质｜水墨金笺

释文：壮气横空欲吞楚，半夜函关出号虎。城中追寻若行云，泉下孤臣泪如雨。江头立马寒飕飕，江城吐泣皇天愁。捐躯甘作异乡鬼，誓死肯忘同天仇。何来父老伤其阻，舣（棹）招摇夜相渡。百金宝剑辞不收，万石功名草头露。雄兵一旦下吴台，楚国山河半草莱。旧主已随烽火遁，将军犹入故宫来。秦庭泣血昭王返，白苎歌长越兵远。

落款：书似伊藤雅君粲正 丁未三月林长民于东京

钤印：长民之印 宗孟

此作于光绪三十三年丁未（1907）书于东京，时林长民32岁，为其第二次赴日留学期间。所书内容为明人张宁的《伍子胥渡江图》诗，上款人疑为伊藤博文。此为传世林长民仅见屏风书作，应为当时日本茶室所用。

將軍法血將豬入如洽以治

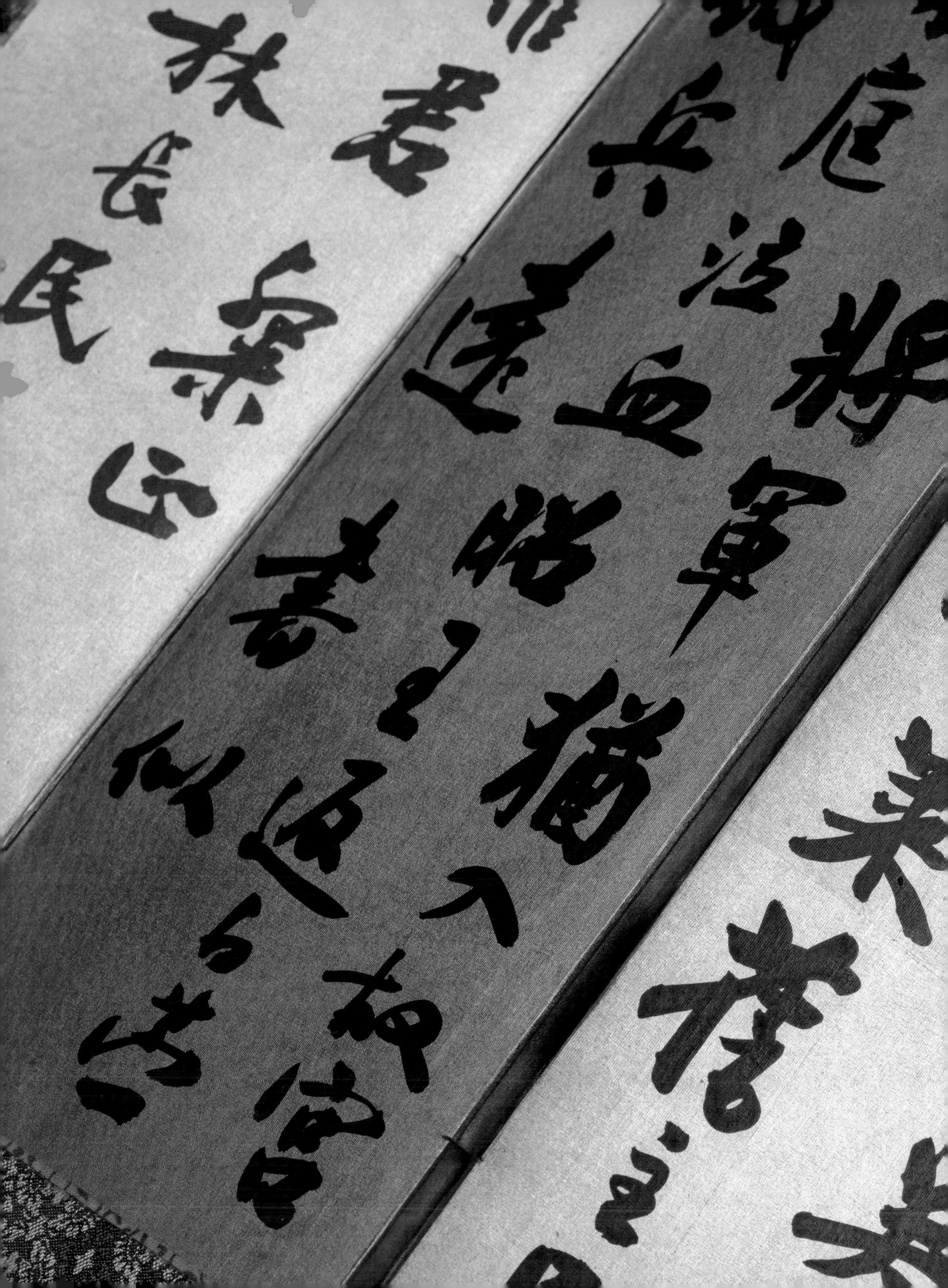

林长民 诗眼、舫斋行书七言联

尺寸|134.5×33.5厘米

材质|水墨纸本

（福建博物院藏品）

释文：诗眼顿惊春富贵，舫斋赖有小溪山。

落款：几士仁兄世大人詧书 癸亥四月弟长民

钤印：林长民印 桂林一枝室主

林长民像

尺寸丨、23×14.5厘米

材质丨银版相纸

李宣龚（1876—1953）

字拔可，号观槿、墨巢，室名硕果亭，闽县人。光绪甲午（1894）举人，沈葆桢为其舅祖，民国后曾任商务印书馆经理兼发行所所长。

严复的译作和文集多在商务印书馆出版，二人在出版方面的交往应该不少。李宣龚喜收藏，好诗文，曾为严复好友林旭刊行诗文集，其个人生平诗文词曾刊刻为《硕果亭集》。

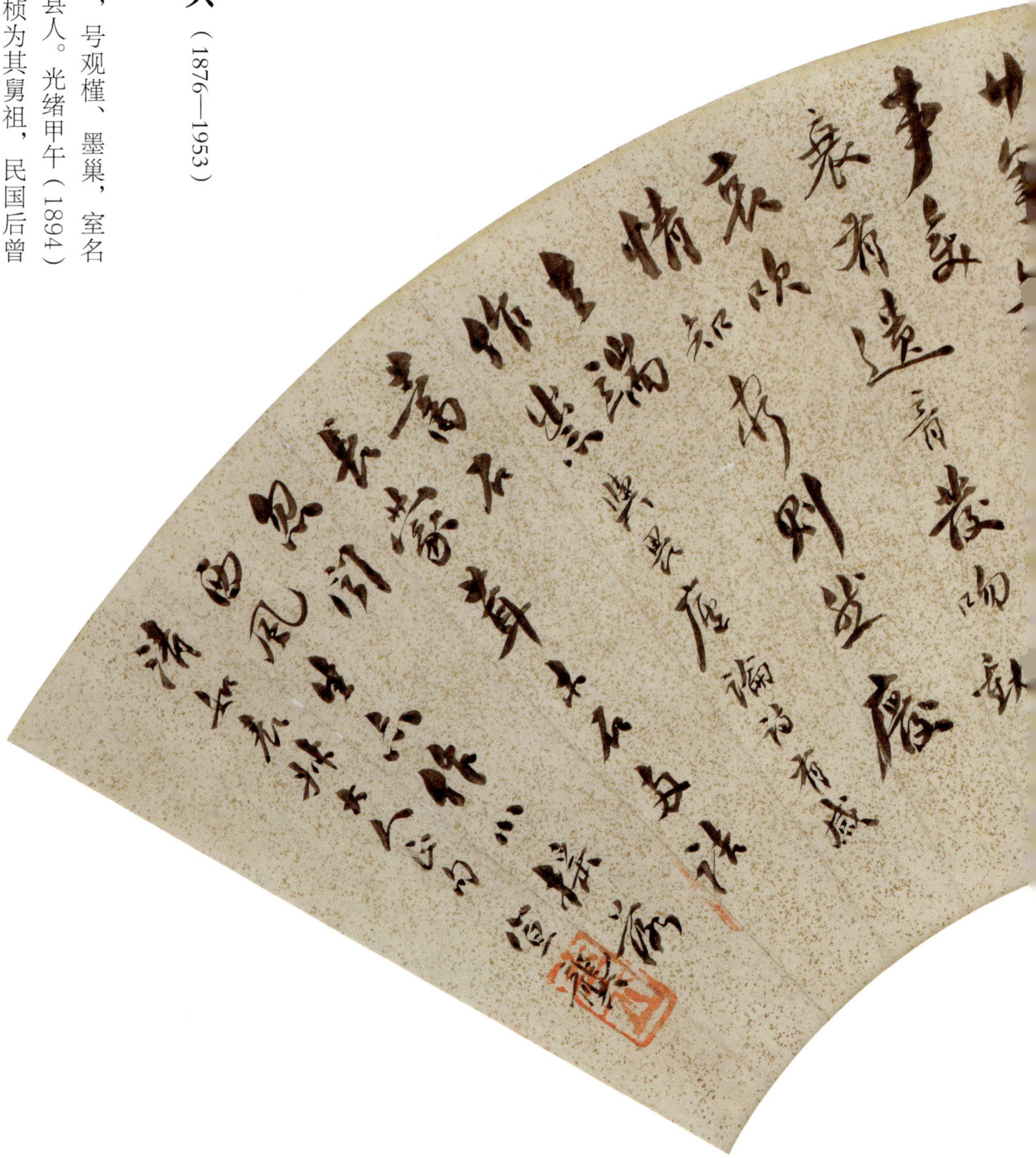

李宣龚 致林纾诗行书扇面

尺寸｜53.5×17.5 厘米

材质｜水墨纸本

释文：秋风鬓未丝，言语带霜气。老人读我诗，谓为俗所忌。孤生忧患余，积想辄成累。惟诗性与近，屈曲可行意。江湖实寥寥，中亦判泾渭。向来道思孤，况夺眼中士。中原博反掌，送目剩残泪。奈何廿年短，及此不详事。变衰有遗音，发吻动哀吹。情知穷则然，废去端作祟。与畏庐论诗有感。蓄石长蒙茸，木石两诘（此处脱一字）。忽闻西风生，亦作小摇落。

落款：清如表叔大人正句 宣龚

瓶花如气书秋风
积雨伤春人渍成记
迩来长夜孤生夏夜长
由在黑惟诗性为
窗可行觅江湖实
中点邦汪渭向来
遣识
孤况身眼中士中
原博
在事送日剌後派

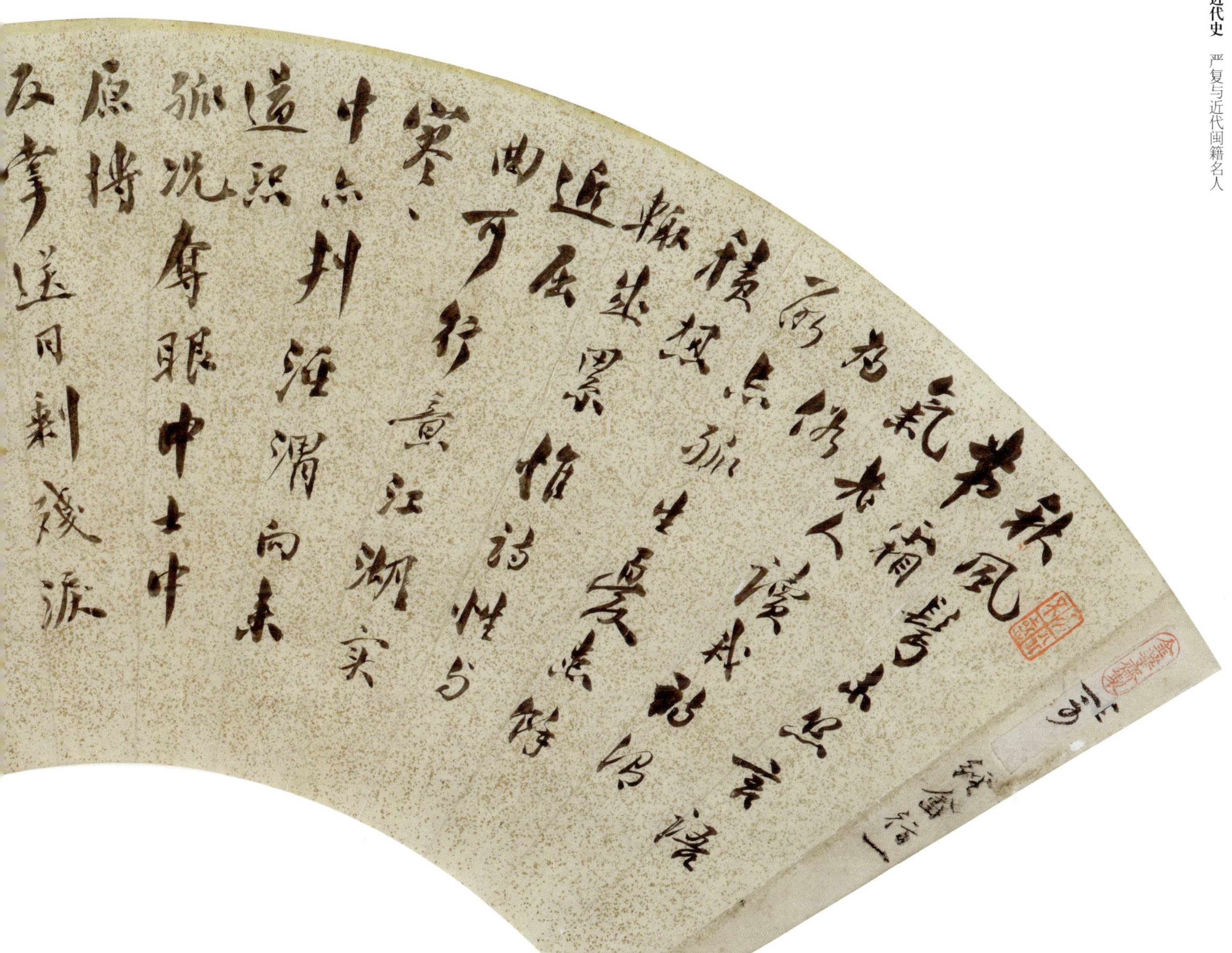

陈绍宽（1889—1969）

字厚甫，汉族，福州人。中国近现代海军将领，国民革命军海军一级上将。早年进入江南水师学堂学习，1915年派往美国学习，1929年任国民政府海军部政务次长兼第二舰队司令，1931年升任海军部部长。任内在争回测量、引水等多项主权和西沙群岛的领土，以及对海军人才的培养等方面均多有贡献。1935年晋升海军一级上将。1945年8月代表中国海军在东京湾美舰「密苏里」号上出席盟军对日受降仪式，9月再以海军代表身份参加南京受降。年底归隐福建。解放战争后期拒绝赴台，中华人民共和国成立后曾任福建省人民政府副主席、副省长。

作为中国近代海军的摇篮，福州马尾船政在近代中国社会产生了深远的影响，在客观上为当时的青年人打开了一扇可以接触外部世界的窗口；这才有了后来闻名于世的「闽系海军」，严复、萨镇冰和陈绍宽等一代代名人均为此中杰出代表。

陳紹寬

陈绍宽 化雨、弦诵楷书七言联

尺寸｜ 149×38 厘米
材质｜水墨笺本

释文：化雨扶轮培后秀，弦诵争传学府宏。
落款：克礼先生雅鉴 陈绍宽
钤印：陈绍宽印

化雨扶輪培後秀

克禮先生雅鑒

弦誦爭傳學府宏

陳紹寬

群星闪耀时

严复与近代文化名人

世凯、荣禄、肃亲王、杨度等人在政治上的纠缠，与马相伯、傅增湘、张元济、黄遵宪等人在出版、教育、学问方面的砥砺，则综合表现出不同层次人际圈在严复的人生际遇中所投射下的影子。很明显，这其中的人物关系不是非黑即白、非此即彼，严复在那个时代所面临的一切不得不让我们发出这样的思考：这群当时最杰出的人物，他们有的是旧时代的顽固力量，有的是新时代的维新人物，而有的则身份复杂，在两个时代都如鱼得水，那么在传统与现代之间、进步与落后之间，是否真有一条那么明确的界限？

千年未有的剧变，虽然让社会人心产生无法阻挡的震荡，但另一方面，却也使得近代中国成为历史上思想最为活跃开放的时代之一。独特的时代造就独特的人物，如果说与闽籍近代名人的关系是严复成长的内部环境，那严复与近代中国各式名人的交集与交锋，则充分体现了近代中国这一外部环境的复杂性，这种复杂性，不是人物的脸谱化与叙述的片面化所能真实反映的。通过梳理其人之间的关系，我们可以看出，在新旧势力的角力中，严复虽然难以完全独善其身，然其思想家独有的过人预见性，却往往能令其在错综复杂的人际关系中保持住微妙的平衡。

本单元将视野扩大至全国，郭嵩焘和吴汝纶是严复的生平知己，对严复有提携引导之功，康有为、梁启超作为维新派最重要的标杆，与严复在政治和学术方面有相合处更有分歧处。而与袁

左宗棠（1812—1885）

字季高，一字朴存，号湘上农人，湖南湘阴人。道光十二年（1832）举人，入湖南巡抚骆秉章幕僚，后由曾国藩保举，特旨为四品京堂，率兵号「楚军」与太平军作战。后历官浙江巡抚、闽浙总督、陕甘总督、协办大学士，封恪靖伯。光绪元年（1875）任钦差大臣督办新疆军务，讨伐阿古柏，收复新疆。光绪七年（1881）任军机大臣，调两江总督，后病殁福州，追赠太傅，谥号「文襄」，并入祀昭忠祠、贤良祠。

同治五年（1866），闽浙总督左宗棠在福州创办船政局，该局所属船政学堂同年开始招生，为陷入困境的严复带来新的希望。

左宗棠 铁石轩行书横披

尺寸｜26×14.5厘米

材质｜水墨纸本

（福建省博物院藏）

释文：铁石轩

落款：光绪四年戊寅季夏月书于酒泉营幕 湘阴左宗棠

钤印：大学士章 青宫太保恪靖侯

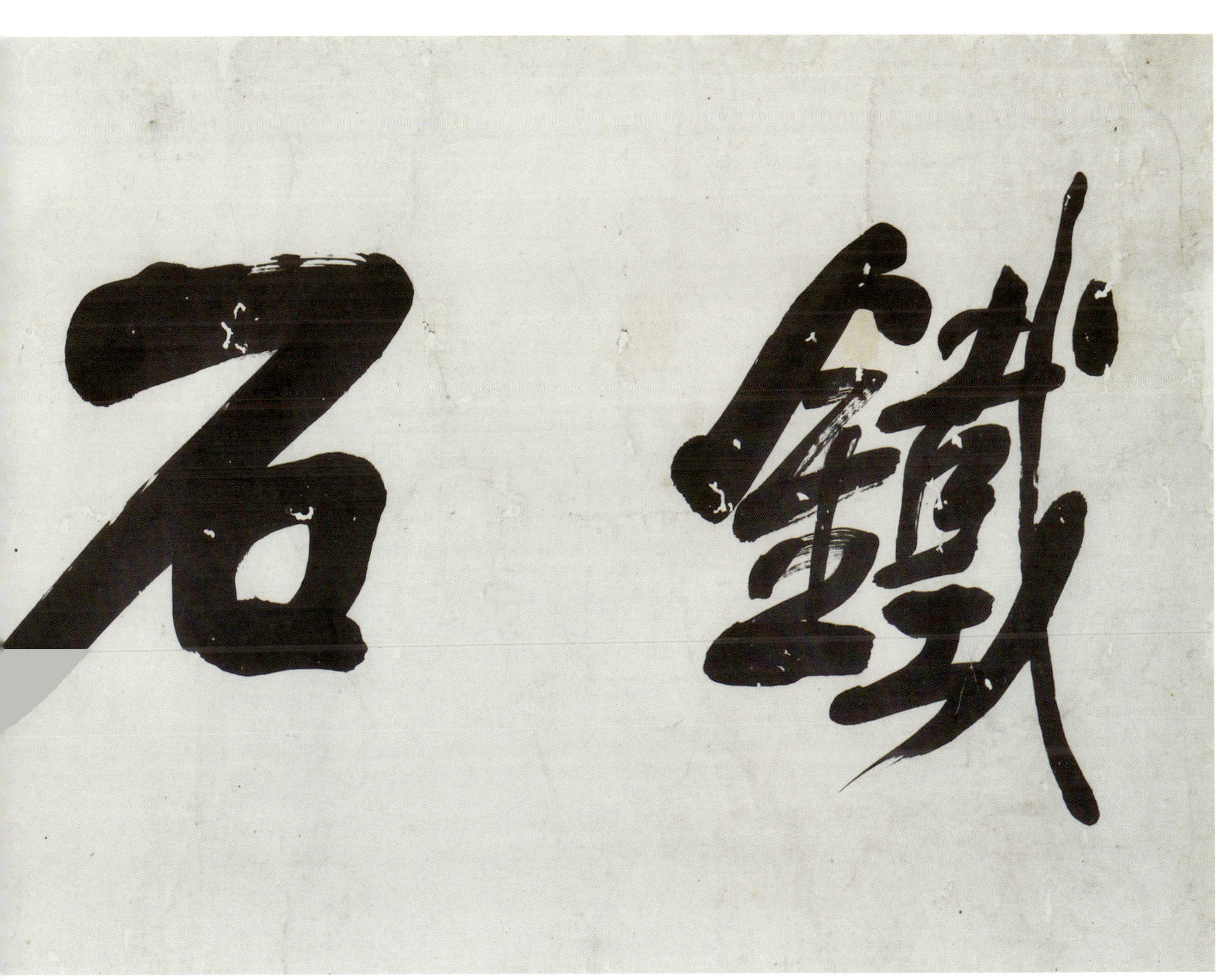

左宗棠 振衣、濯足行书五言联

尺寸｜144.5c×36厘米（每条）
材质｜水墨纸本
（福建博物院藏品）

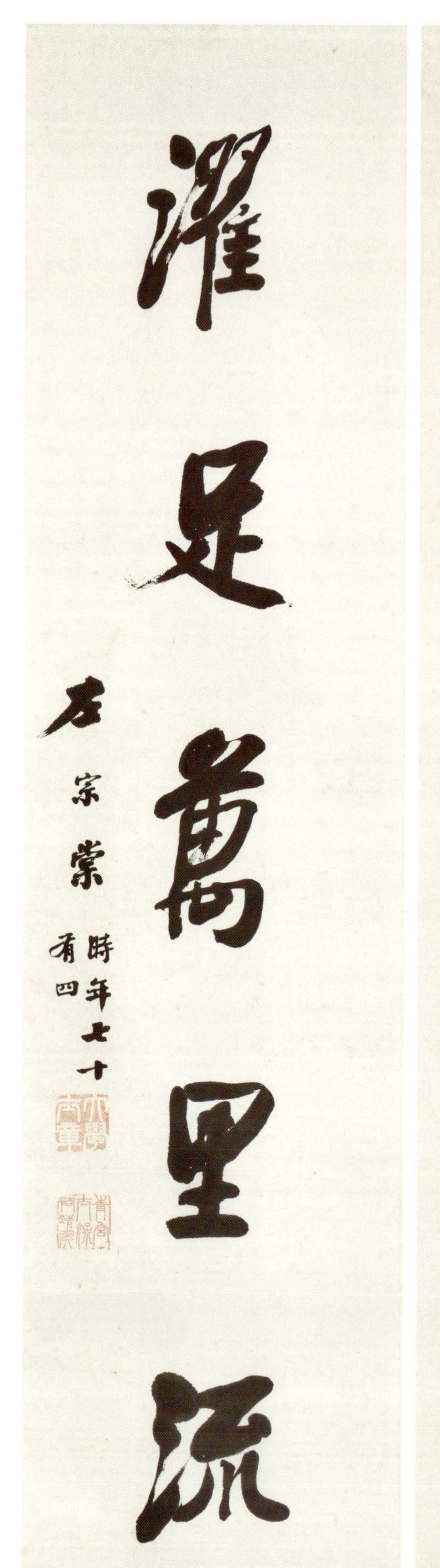

释文： 振衣千仞岗，濯足万里流

落款： 伯潜阁学年世兄鉴 左宗棠时年七十有四

钤印： 御赐旗常懋绩 大学士章 青宫太保悫靖侯

左宗棠《左文襄公年谱》

清光绪湘阴左氏刻本

十册

尺寸｜26×14.5厘米

是书为罗正钧所撰，记述了左宗棠一生七十四载的历史事迹。

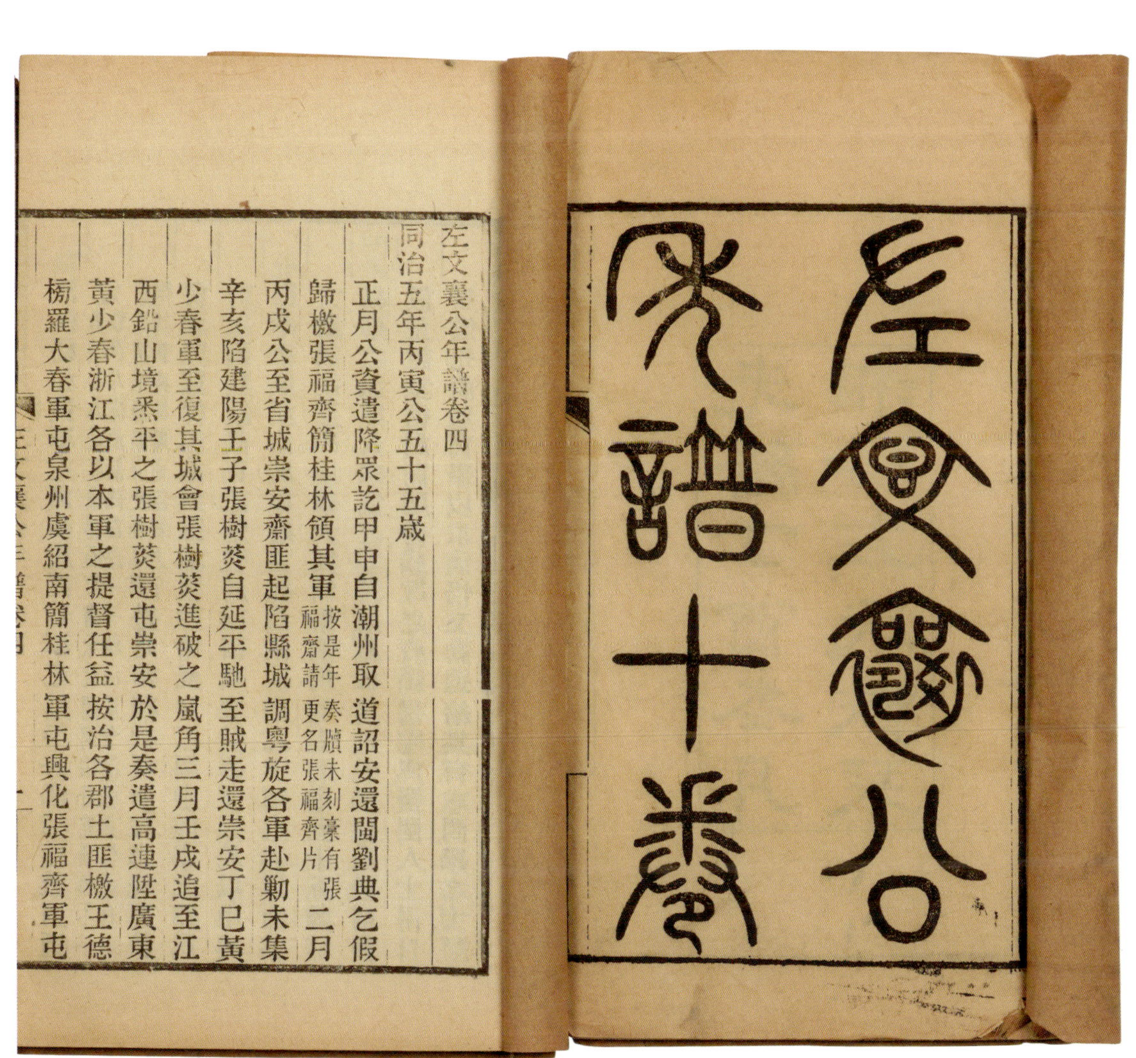

左文襄公年譜十卷

左文襄公年譜卷四

同治五年丙寅公五十五歲

正月公資遣降衆訖甲申自潮州取道詔安還閩劉典乞假歸檄張福齊簡桂林領其軍按是年奏牘未刻槀有張福齋請更名張福齊片二月丙戌公至省城崇安齋匪起陷縣城調粵旋各軍赴勦未集辛亥陷建陽壬子張樹菼自延平馳至賊走還崇安丁巳黃少春軍至復其城會張樹菼進破之嵐角三月壬戌追至江西鉛山境悉平之張樹菼還屯崇安於是奏遣高連陞廣東黃少春浙江各以本軍之提督任益按治各郡土匪檄王德榜羅大春軍屯泉州虞紹南簡桂林軍屯興化張福齊軍屯

郭嵩焘（1818—1891）

学名先杞，后改名嵩焘，字筠仙，别号玉池山农，湘阴人。道光二十七年（1847）进士，咸丰四年（1854）至六年（1856）佐曾国藩幕，是湘军创建者之一。同治二年（1863）任广东巡抚，光绪元年（1875），经军机大臣文祥举荐进入总理衙门，不久出任驻英公使，为中国首位驻外使节；光绪四年（1878）兼任驻法使臣，次年迫于压力称病辞归。郭嵩焘一生著述颇多，主要有《养知书屋遗集》《史记札记》《使西纪程》《郭嵩焘日记》等。

1876年，严复与郭嵩焘结识于新加坡。郭嵩焘出任清政府英国公使期间，严复正好留学英国，二人在英国来往频密，由于见解上和思想上的共鸣，年龄悬殊的二人遂成忘年交。严复留学英国期间多受郭嵩焘照顾，回国后两人亦联络不断。在严复眼中，郭嵩焘是他人生中最重要的知己之一。

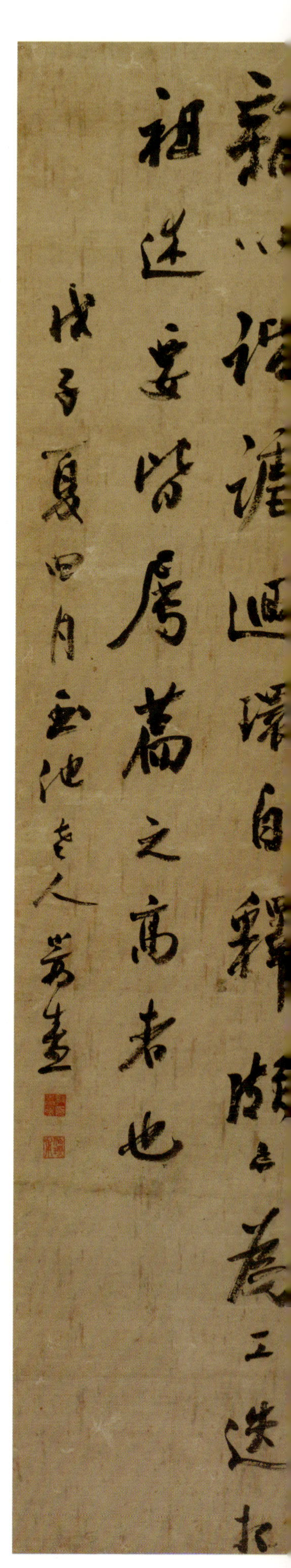

郭嵩焘《文心雕龙》句行草四条屏

尺寸｜ 162×35 厘米（每条）

材质｜水墨纸本

释文： 智术博雅之人，藻溢乎辞，辞盈乎气，苑囿文情，故日新殊致。宋玉含才，颇亦负俗，始造对问，以申其志，放怀寥廓，气实使之。及枚乘摛艳，首制七发，腴辞云构，夸丽风骇。扬雄覃思文阔，业深综述，碎文琐语，肇为连珠，其辞虽小而明润矣。凡此三者，文章之枝派，暇豫之末造也。对问以后，东方朔效而广之，名为客难，托古慰志，疏而有辨，扬雄解嘲，杂以谐谑，回环自释，颇亦为工，迭相祖述，要皆属篇之高者也。

落款： 戊子夏四月 玉池老人嵩焘

钤印： 郭嵩焘印 伯琛甫

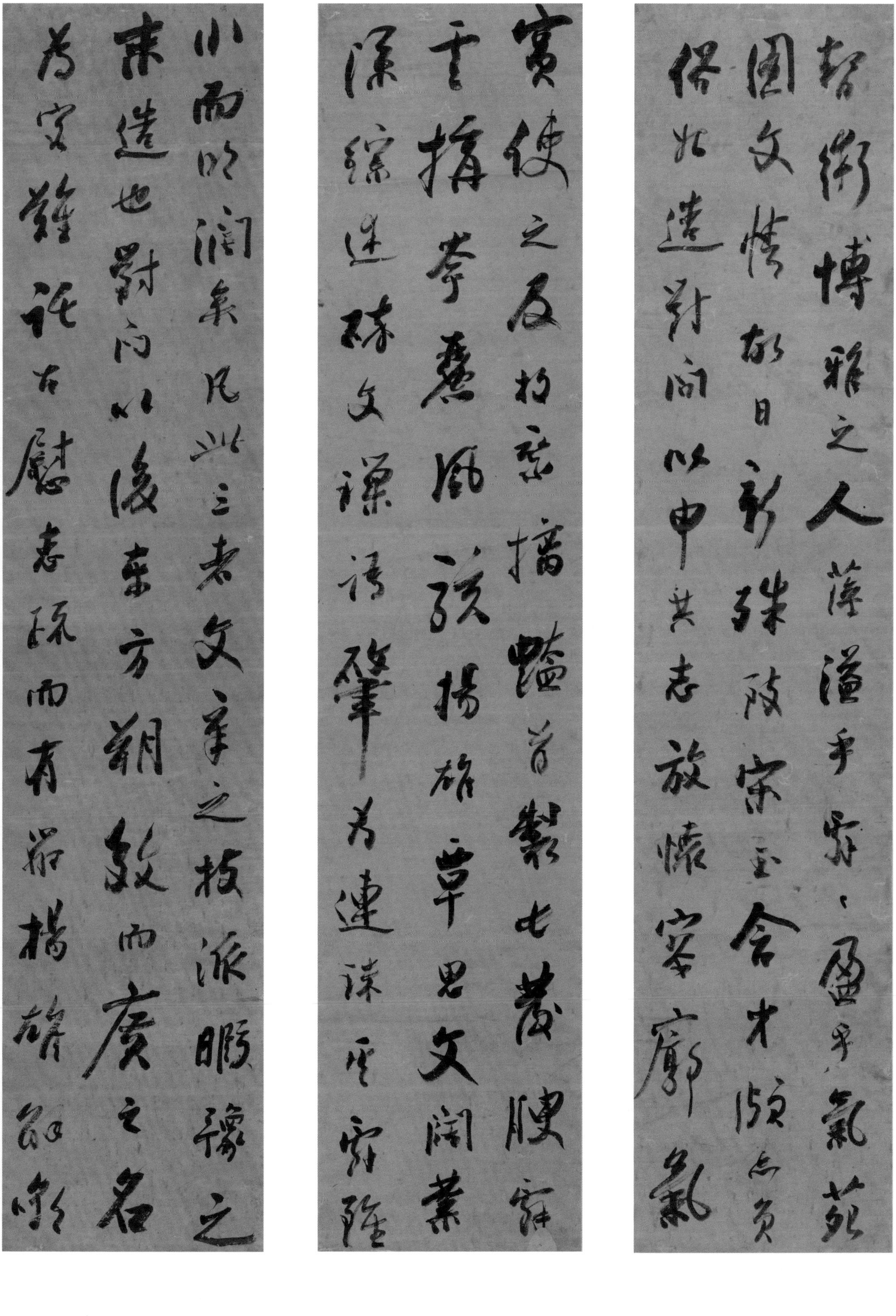

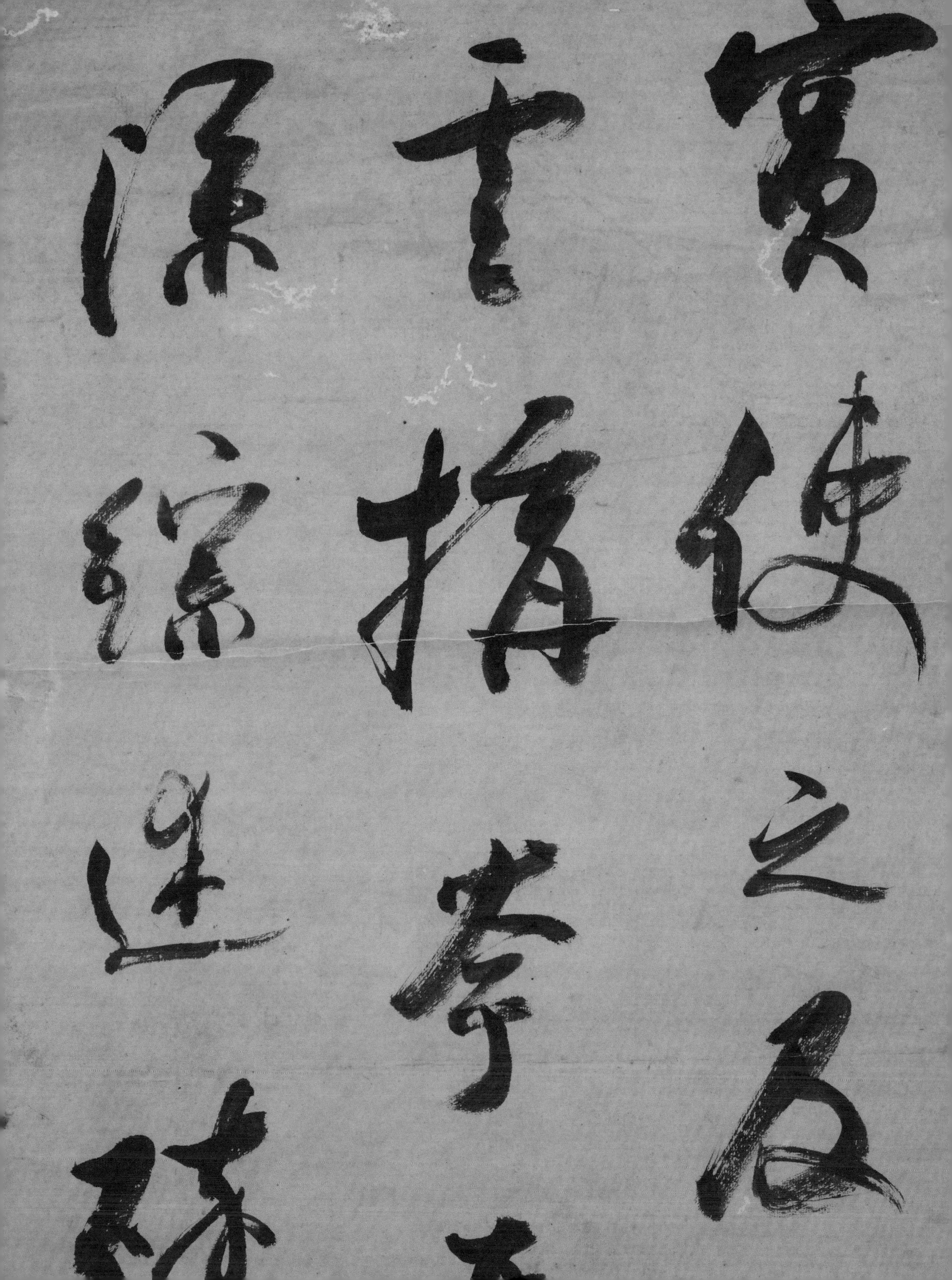

郭嵩焘《使西纪程》

清刻本

一册

尺寸｜17.5×11厘米

此书为郭嵩焘出使英国时所写日记，当时少量印发给当朝官员作为了解西方的参考。然不曾想遭遇众人口诛笔伐，朝廷甚至一度将其书毁版，禁其流传，故此书早期版本传世稀少，十分珍贵。

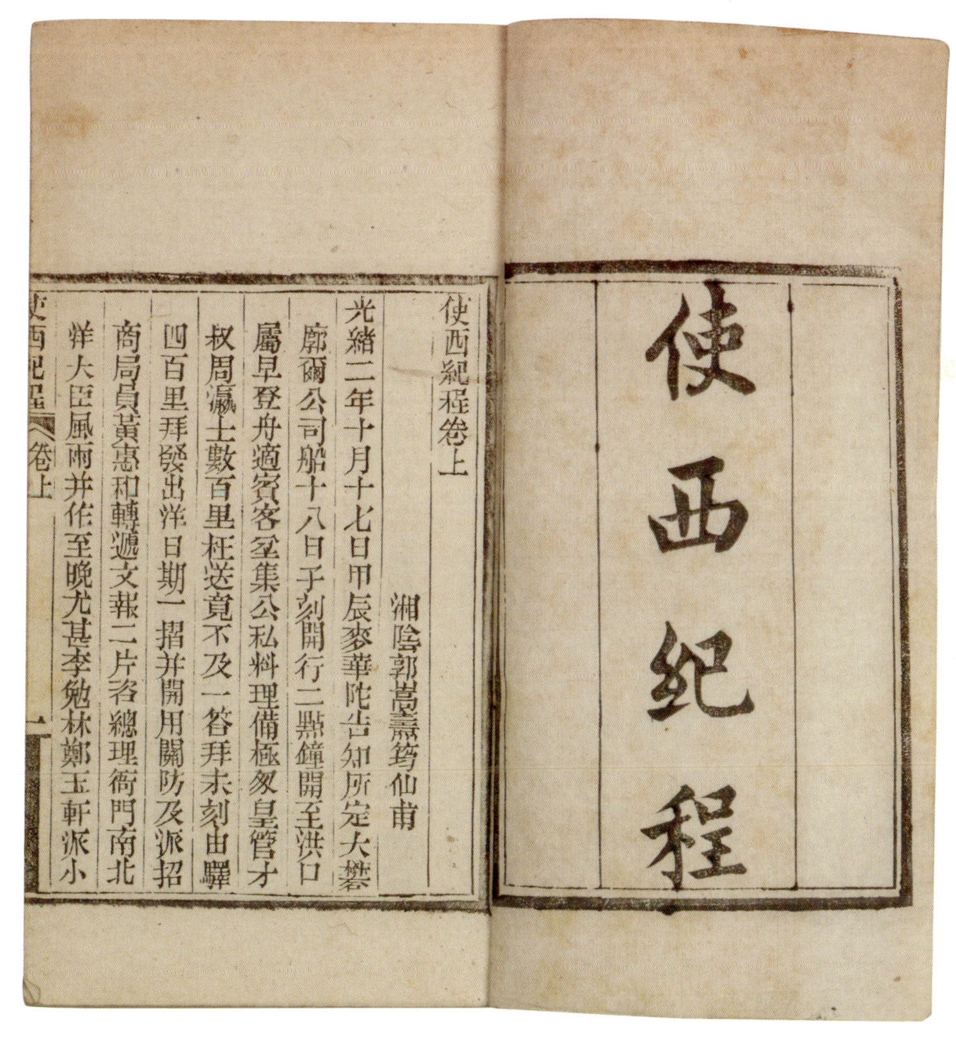

使西紀程

使西紀程卷上　湘陰郭嵩燾筠仙甫

光緒二年十月十七日甲辰麥華陀告知所定大藝廓爾公司船十八日子刻開行二點鐘開至洪口屬早登舟適賓客坌集公私料理備極匆皇管才叔周瀛士數百里枉送竟不及一答拜未刻由驛四百里拜發出洋日期一摺并開用關防及派招商局員黃惠和轉遞文報二片咨總理衙門南北洋大臣風雨并作至晚尤甚李勉林鄭玉軒派小

使西紀程　卷上　一

吕耀斗（1828—1895）

字庭芷，号定之。江苏阳湖（今常州）人，道光三十年（1850）进士，翰林院编修。曾入刘铭传幕中，光绪七年（1881），黎兆棠出任船政大臣，调吕耀斗担任福建船政局提调；后被李鸿章调往天津水师学堂充任会办；光绪十二年（1886），吴仲翔离任天津水师学堂总办一职后，由吕耀斗继任。此时严复在北洋水师担任驾驶学堂洋文正教习，因此吕耀斗为其上司。然由于吕氏对于海军事务不甚熟悉，北洋水师不少事情实际上都由严复操办。光绪十五年（1889），严复在给四弟严传安的家信中提到吕耀斗时曾说：「学堂公事山积，吕道皆推俟兄到津时措办。体怠事繁，然无可推诿也。」

吕耀斗 致艺芳信札

一通一页
尺寸｜22.5×12 厘米
材质｜水墨写本

此信为吕耀斗致友人的复信，从信中可知应该是友人将其子的文集寄给吕耀斗，请其作跋文，因此信中充满赞赏之词。吕耀斗将文集寄还后并附上自己的跋文，并复信说明。

蕤芳仁兄世大人閣下：日前叨接
郵寄，謝謝。承
示喆嗣文賦雜體，薈萃羣長，筆
情軒翥，洵鄴林珠樹，元圖夜光，它日
金華殿中高踞一席，敢預爲
公賀。茲繳十五卷，擬以備跋，行將入都，請
勉福。
二陵先生並候
世小弟[illegible]

陈宝箴（1831—1900）

字相真，号右铭，晚年自号四觉老人，江西义宁（今修水）人。咸丰元年（1851）举人。初在乡从父办团练，光绪十六年（1890）任湖北按察使，后调直隶布政使，光绪二十一年（1895）升任湖南巡抚。任湖南巡抚时，以「变法开新」为己任，推作新政，使湖南维新风气大开，成为全国最有生气的省份。光绪二十四年（1898）戊戌政变爆发，百日维新宣告失败，陈宝箴及其子陈三立被慈禧以「滥保匪人」被「即行革职，永不叙用」。

1905年由严复、马相伯等人创建的复旦公学在建校之初曾遭遇内乱而一度濒临解散，后正是有赖陈宝箴之子陈三立的慷慨解囊与多方斡旋调解，才让学校得以延续发展。

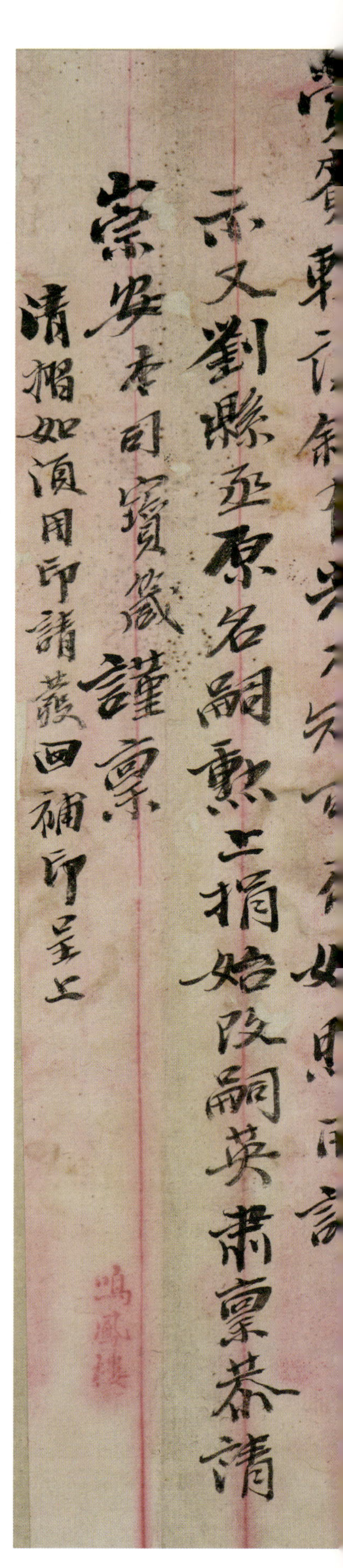

示又劉縣丞原名嗣勳上捐始改嗣英肅稟恭請
崇安李司寶箴謹稟
清摺如須用印請發回補印呈上

陈宝箴 致同僚信札

两通两页

尺寸｜23.4×12.8 厘米

材质｜水墨写本

此件为陈宝箴致同僚信札，信中谈及湖南河道管理及整治事宜。

敬稟者竊查楚省河道多為漁户以罾籠土墻梗塞致令泥沙淤積宣洩愈難前經漢陽府學廖教授稟請查禁奉前督憲札飭查撤未盡舉行昨謝副將面談乃另從鈔得原稿謹呈
鈞鑒似應及時大加整飭以紓水患容面請
憲示審度辦理 本司寶箴 謹稟

鳴鳳樓

敬稟者昨奉
鈞諭聞具獎摺謹即往詢謝提督須俟奉
諭詢劉縣丞訪查匪本末均即遵辦謹聞

荣禄（1836—1903）

字仲华，号略园，满洲正白旗人。曾任内务府大臣，工部尚书，甲午战争期间，因受慈禧太后信任，曾担任直隶总督兼北洋大臣，为严复顶头上司。荣禄对严复颇为信任，在一些具体事务上也常借重严复的资望。1898年光绪帝命荣禄转告严复进京觐见，在戊戌政变的风波中，正是有了荣禄等人的疏通，严复最终得以全身而退。

荣禄 致袁世凯信札

一通两页

尺寸丨22.7×10.5 厘米

材质丨水墨写本

此为直隶总督兼北洋大臣荣禄写给袁世凯的重要信札，信札谈及国家对于人才的需求以及紧迫的时事，“德人在东种种无礼殊堪发指”指的应是德国占据山东一事。光绪二十三年(1897)初冬，德国以“巨野教案”为借口，强行登陆侵略青岛。荣禄在信中直言中德“将来势必一战”，所以希望袁世凯“秣马厉兵，以求实际，竭力督练，以成劲旅”，将备战作为第一要紧事；同时感慨终日繁忙却无补于世事。光绪二十五年（1899）年冬，袁世凯由工部侍郎升任山东巡抚，故此信当作于此期间，反映了清末纷乱复杂的时局。

袁世凯（1859—1916），字慰亭（又作慰廷），号容庵、洗心亭主人，河南项城人，中国近代史上著名的政治家、军事家，北洋军阀领袖。早年发迹于朝鲜，清末新政期间积极推动近代化改革，辛亥革命期间逼清帝溥仪退位，推翻清朝，成为中华民国临时大总统。1915 年 12 月称帝，建元洪宪，此举遭各方反对而引发护国运动，短短 83 天后便宣布取消帝制。袁世凯是中国近代史上最具争议的人物之一。

严复与袁世凯的关系十分复杂，他起初并不看好袁氏，且多有批评，但当袁世凯身处逆境后又表示同情。在清廷灭亡后，他一度将中国的希望寄托在袁世凯身上，但二人实不交心，在袁世凯复辟称帝后严复又不参与其事，后来对自己在此过程中的行为颇有自悔自责之语。

蔚廷仁弟大人麾下：酷暑異常，想
侍祺勇福，興居維勝為頌。十三日接奉
手書，備悉種切。清慈高壽，元後昌勝，切念仍望
珍衛，時加自葯為幸。姜鎮原稱宿將，後經
品題，自是可用之才，遇機自當留意，以為
國家緩急之需。積人在東種種，無理殊堪髮指，
將來勢必一戰而後已。刻下排角掛馬，屬人興力求
實際，竭力增練以成勁旅，為第一要義。年兄遜日
忙迫，年來刻服勞無補於時艱，未何幸。
尚勉耐勞，余間均不甚，思堪慰。
屢念手此，布復，即頌
台安，年愚兄頓
近安，兄□□□再□少興以侍□
即日□下

刘铭传（1836—1896）

字省三，自号大潜山人，安徽合肥人，清末淮军重要将领，洋务派代表人物。1864年授直隶提督，1885年任台湾巡抚。在台任职期间编练新军，巩固防务，并修铁路、开煤矿、创办电讯、改革邮政、发展航运，为台湾的现代化奠定了深远的基础，有「台湾近代化之父」「台湾洋务运动之父」之誉。

严复曾在1874年随船政大臣沈葆桢前往台湾抵御日本侵略，「测量台东旂莱各海口，并调查当时肇事情形，计月余日而竣事」。并将所勘探海防情形详尽绘图，为当时的保台御敌行动提供了第一手资料，其所绘制的海防图也有力表明了中国政府对台湾的主权。

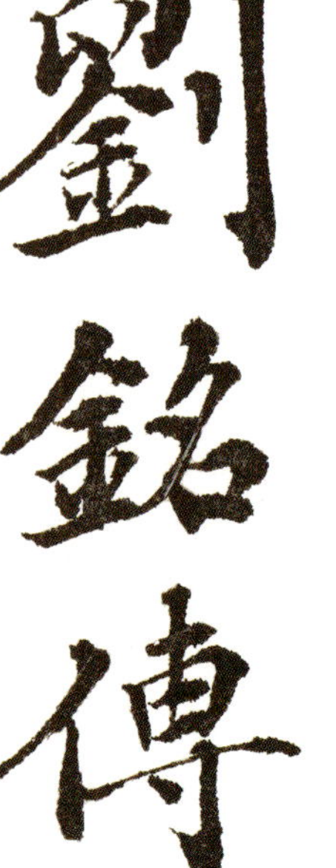

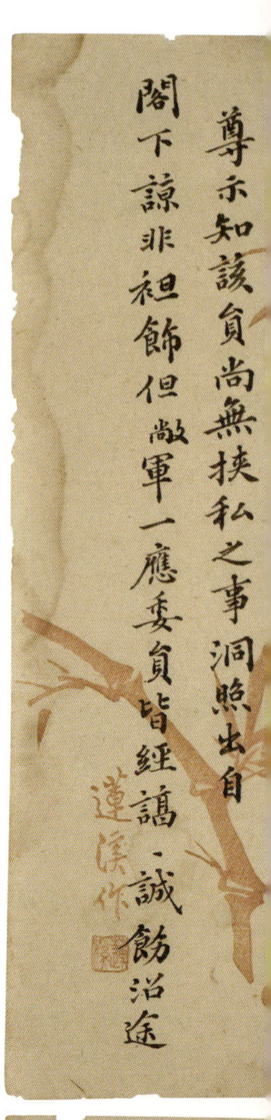
尊示知該員尚無挾私之事洞照出自
閣下諒非袒飾但敝軍一應委員皆經諄諄誡飭沿途

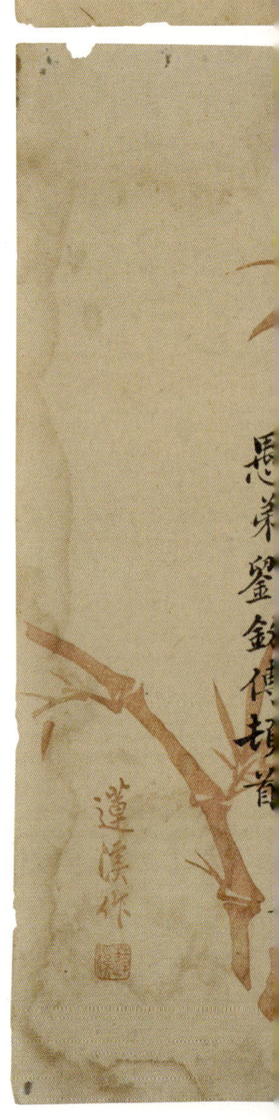
愚弟劉銘傳頓首

刘铭传 致百禄信札

一通六页

尺寸｜14.8×23厘米

材质｜水墨写本

此信所及乃刘铭传麾下官员工作作风问题，刘铭传细述其中原委及厉害关系，并多次请对方在李鸿章面前说情。

百祿仁兄大人麾下頃得
還雲仰承
閣注并三浣誦紉佩彌殷就維
棱威益展
履候咸綏引領風前允如臆頌 敝委員運漕一事弟
意其果有挾私情弊則自東來厘卡重、何無
阻隔且船戶燒傷應亦未能偽為特該貟執

彭部堂前述其原委幸得 彭公俯鑒則
中堂必深悉此事之衅不盡由該委肇端 弟亦得
免魯莽用人之咎感幸何深第此事究因 敝委員
任性而起該船戶亦不致傷斃若復深究恐於章
委員未必無傷可否仍懇吾
兄代陳 彭公於
中堂前曲賜垂照俾 敝委受應得之薄懲章

蓮溪作

事不能恪慎是實方恨其違我營規擬即撤究奉
中堂批提質訊當即飭劉盛瑤等迅赴金陵乃因

委員亦不至因此受過化鉅為細事即尋常應
亦荷
兩公鑒及也 彭公素所欽仰未得展謁不敢冒
昧上書統希
代達鄙忱是所拜懇 敝軍奉
中堂洛飭以捻偪潁西暫留六安并候進止現多
遣偵探如捻氛果入皖壘必當出隊迎剿亦已

蓮溪作

勿得滋事何以既不挾私轉蹈闖卡形跡致卡勇
誤擲藥信焚藥傷人其為氣性粗魯不知本分
已可概見弟於委員等約束最嚴既有此事斷
不能稍為回護然已稟請參辦亦不敢違援
來書復為剖訴應仍候
中堂參辦以警其餘惟承
推照業於

蓮溪作

飭各營日、辦嚴惟北轍南轅馳驅各異尚望
時惠良教俾識循途幸甚跂甚專復布達敬請

吴汝纶（1840—1903）

字挚甫，一字挚父，安徽桐城人，晚清文学家、教育家。同治四年（1865）进士，授内阁中书，曾师事曾国藩，又与李鸿章关系密切，曾、李奏议多出其手。1902年任京师大学堂总教习，并赴日考察学制，回国后创办桐城中学堂，是桐城文派末期的代表人物之一。一生致力于治学和教育，对中西文学采取兼蓄并用的态度，主张讲洋务，以教育救国。生平文章总结集为《桐城吴先生全书》。

严复《天演论》《原富》等书的出版曾经吴汝纶为之润色文字，提出修改意见并亲自作序推荐。严复古文得其指导亦多，故译著与政论无不显示出桐城派风格。

吴汝纶 致严复有关《天演论》信札册

一册九开
尺寸｜18.5×31厘米
材质｜水墨写本

此件为吴汝纶致严复关于《天演论》的书信一册，共六通十二页，其中二月廿八日、三月二日两函著录于《严群集》及《桐城吴先生集》。是册严群题签，前有严复第三子严琥题首与吴汝纶照片，后有严琥、严群题跋，记严复与吴汝纶相交往事及此册书信宝藏始末。吴汝纶致严复信中谈及为严复译著《天演论》《原富》作序，及《计学》《天演论》命篇立名等，再现了结为忘年之交的两位开风气人物，在翻译《天演论》这项开创性工作中共同谱写的一段经久传颂的学术佳话。同时，信中亦谈及严复撰《万言书》；八国联军万余西进；吴汝纶任婿廉惠卿倡办东文学社，拟开《京师时报》馆，邀请严复担任主笔等时事，正如严群题跋中所言："书中所谈率多一时要务，岂惟文章书法之可宝耶？"

吴汝纶旧学深湛，乐闻新知，严复一直以师长视之，称"吾国人中，旧学淹贯而不鄙夷新知者，湘阴郭侍郎以后，吴京卿一人而已"（严璩《侯官严先生年谱》）。吴汝纶对严复的学识、文章也很看重，曾致信说："独执事博涉，兼能文章学问，奄有东西数万里之长，子云笔札之功，充国四夷之学，美具难并，钟于一手，求之往古，殆邈焉罕俦。"

吴汝纶为严复修改《天演论》的稿本现存于中国国家博物馆，题为《赫胥黎治功天演论》。吴汝纶为严复修改译稿后，两人又有书信往返，讨论相关问题。根据这些通信，吴汝纶对严复的翻译工作，又提出了许多建议。从手稿本修改的痕迹可知，严复几乎完全接受了吴的建议。再者，严复接受大部分吴汝纶所拟定的小标题。由此可见，《天演论》以目前的面目出现，吴汝纶扮演了一个非常关键的角色。值得注意的是，吴汝纶虽不通西文，但是他从中国翻译传统所汲取的观念，使他对翻译体例、文字精确与典雅等方面，有很清楚的想法。尤其是一方面尊重原作、重视准确度，另一方面以"与其伤洁，毋宁失真"的原则来解决信与达、雅之冲突，这一想法对严复后来的翻译工作有深远的影响。

吴挚父先生遗墨
庚午秋
吴挚父先生遗墨
吴挚父先生遗墨

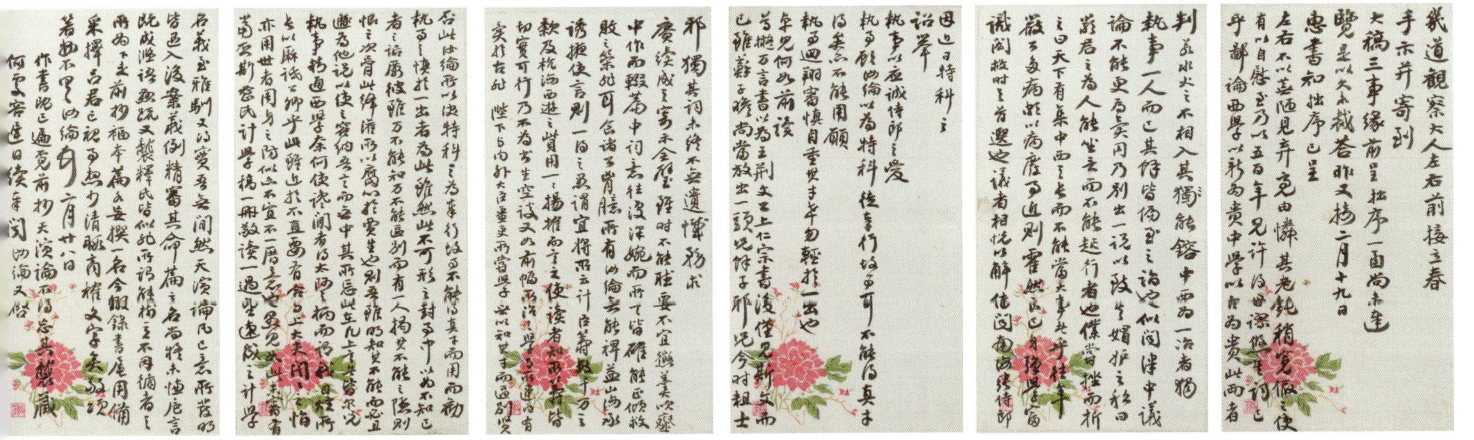

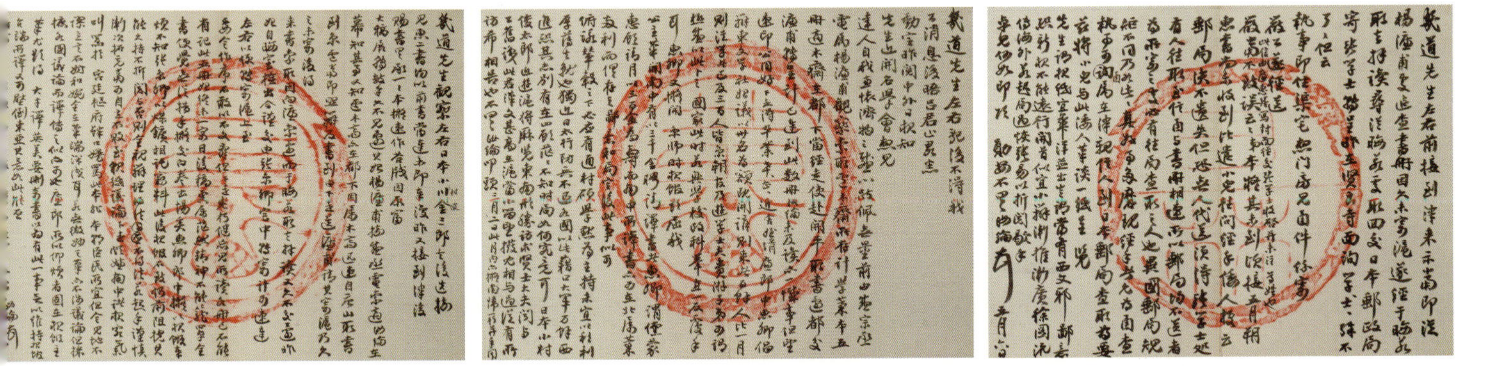

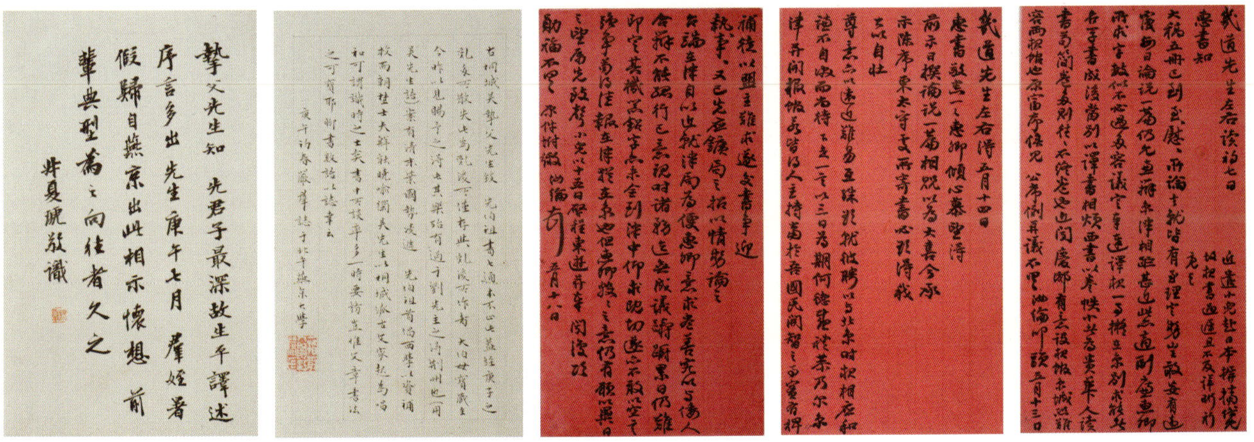
挚父先生知　先君子最深故生平譯述
序言多出　先生庚午七月　群姪著
假歸自燕京出此相示懷想前
華典型爲之向往者久之
叔夏琥敬識

吳摯父先生遺墨
庚午冬日

史諸公已有三百人皆宗朝旨不達士大夫貴沫未及詳
趣當以此上之國家此时莫要學校改科舉直一反之魔手
可惠卿又撰開余師时报館顯屈我
公主筆開南中有以三千金聘請譯書者惠卿謂僅蒙
惠卿請月以三百金為壽而南中所譯書亦在北集業
友利而保存之鄙意和局定後此事似可
俯諉輦轂之下必應有通材碩學默為主持未宜以牟利
厚舊者就也獨近日太行防兵不過五國以任藉口大軍万餘西
進恐其志別有在四郎苞苞不知时局如何究竟可日本小村
俊太郎近游滬將歷覽東南形勝訪求賢士大夫閱与
不舊識此君漢文甚高在滬當必留望撥冗相与過從有所
訪希相告也不具幼編叩頭三月二日此月内亦擬南帰一行并來閩

穀道先生左右：别後不得我

公消息，後晤吕君以累悉

動定，昨閲中外日報，知

先生在閩，名學會無見

達人自我，直懷濟物々號以鼓佩無量。前由蔣宗丞

電屬揚灑甫觀察索取之木齋所存計學叢本五

冊，適木齋在都，下當經其使赴閩，并取書，逕都交

灑甫轉呈，計已達到。此數冊係編未及讀之一種，事但望

速印，公同好。下走得畢業本、次近有姪壻唐郎中惠卿倡

辦東文學社，擬議以卅名為額，防閩諸則来此百餘人，比一月

郵局決不遺失但恐無人代遞須請張芝士處有人往取至信面與書兩相連處以郵局均不遺者為所寄之書必有往局查取之人也異國郵局規絕不同乃如是真如郵務磨規縄無先為查執事可詢局在津親信人到日本郵局查取為要茲將小兒與此海人筆談一紙呈覽

先生謂報紙宜兼洋道出豈謂常有西文耶郵之然新報不能遠行聞其似宜小辦漸推漸廣徐圖流傳海外若起局過快殊易以折閱敬乎卑見何如即頌

勛安不具　弟瀚頓　五月六

敬道先生左右：前接到津來示，當即從
楊溼甫處追查書册，因久未寄滬，遂經于臨歲
取去，擇後尋從臨歲處取回，交日本郵政局
寄張學士豁呈北京賢良寺，面詢學士，張不
了了，但云
執事即往滬宅，想門房見函件係寄
嚴不遂徑送
此信由盧惠孫寫封面，徑交張學士收啓，并未注嚴姓也
嚴處不致誤云云。弟本擬其未到，須接五月朔
惠書尚未及到，北遣小宅往問，經手番人復云

補往以盟主雖求遂交書爭迎
執事，又已先應鎮局之招，以情勢論之，
台端在津，自以就此津局為便。惠卿意求君善究，以與僑人
合辦不能强行己意，現時諸務迄無成議，請謝累日，仍難
即定其職，為鋁字恐未全到津中，仰求既切，遂亦不敢以空言
强爭。前後信報在津，將來未定也。但惠卿發之之意，仍有願以異日
之望，屬先致聲。小兒以十五日啓程東遊，并希閲後
勛福不一。原件附繳。汝編 復 五月十八日

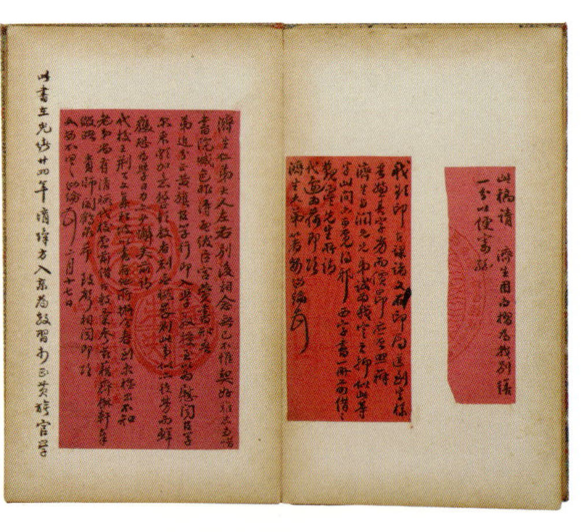

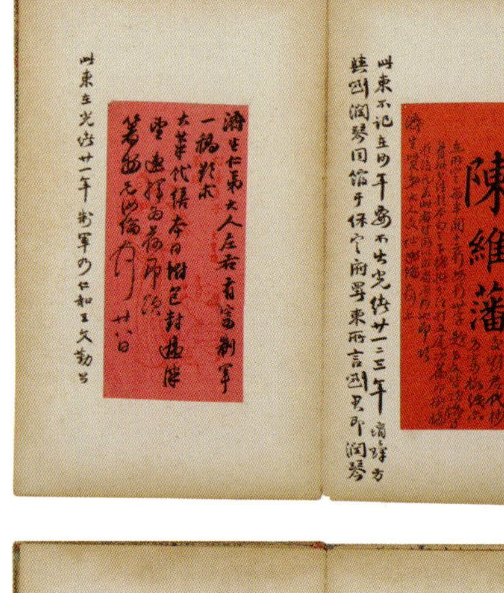

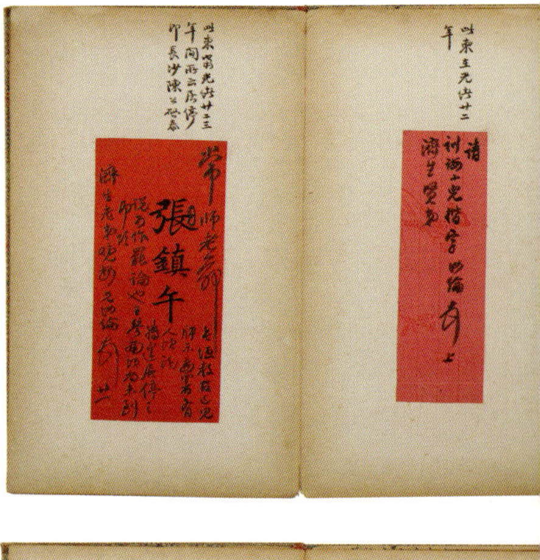

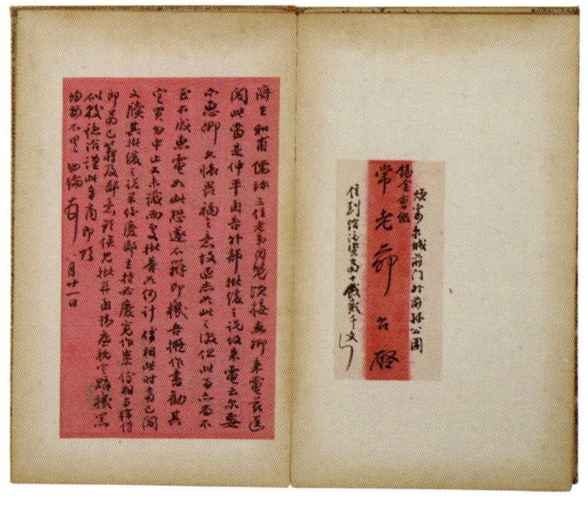

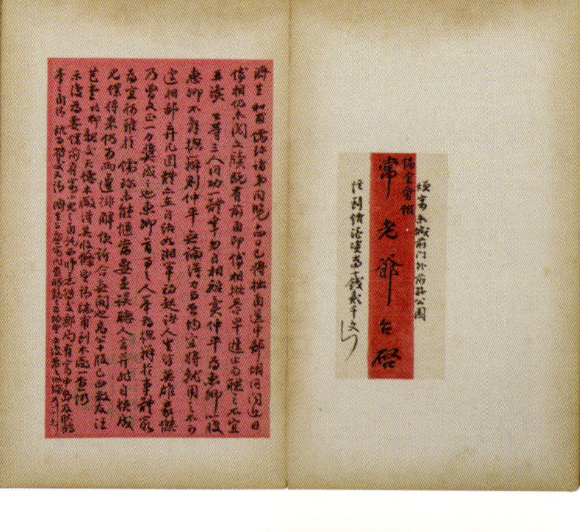

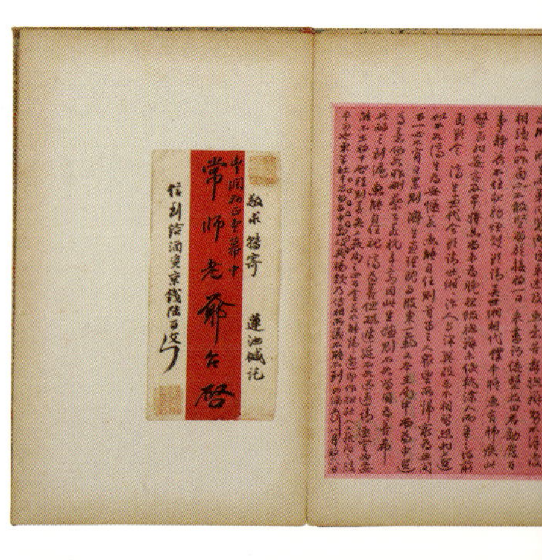

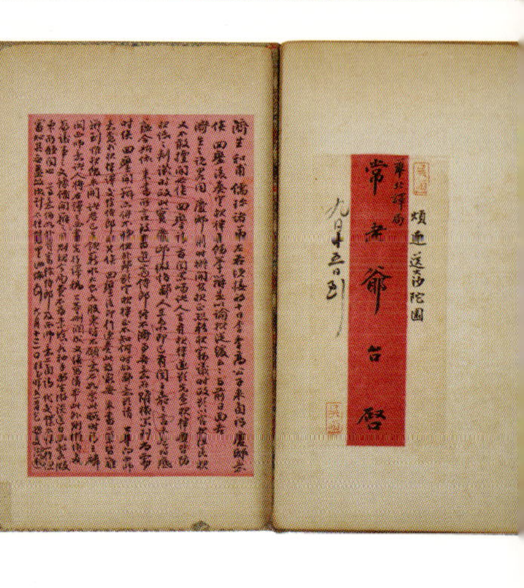

吴汝纶 致常堉璋信札册

一册二十六通
尺寸｜尺寸不一
材质｜水墨写本

此册为吴汝纶致其学生常堉璋信札合辑，为常堉璋自藏之物，其上并有常氏亲笔批注。从批注中可以得知，这批信札大多作于光绪十八年（1892）至二十八年（1902）间，此中涉及吴汝纶之女嫁于柯劭忞、筹划开办华北书局、与同道考订书籍等事，并谈及陈启泰、王文勤、刘润琴等时人；而在光绪二十六年庚子（1900）的信札中，我们从常堉璋的批注中得知义和团运动时「红巾遍地，兵尘倾洞」，当八月八国联军进入北京，义和团被镇压，慈禧西逃，吴汝纶在深州避难。后来兵火烧至深州，常堉璋于是从深州护送吴汝纶一家逃至其家乡。这批信件从未被公开过，其第一手的信息生动而丰富，对于研究吴汝纶的生平及当时历史具有十分宝贵的价值。

常堉璋，字稷笙，号寄斋，清末民初直隶饶阳人。光绪二十年（1894）举人，后在北京大学任教，曾任中华民国第一届国会众议会直隶省议员。与刘乃晟合编有《中国历史刻本》。

鉴藏印：饶阳常堉璋稷笙父

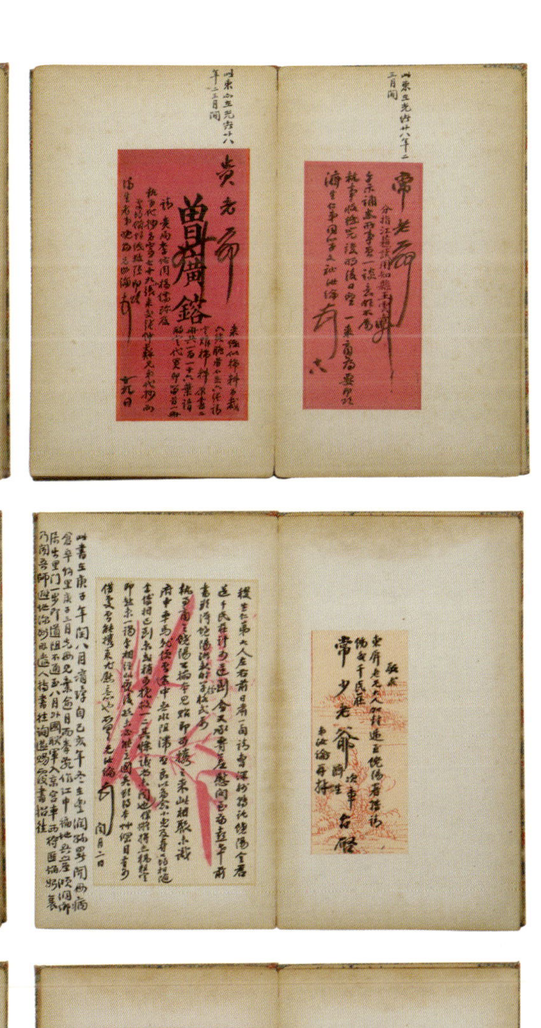

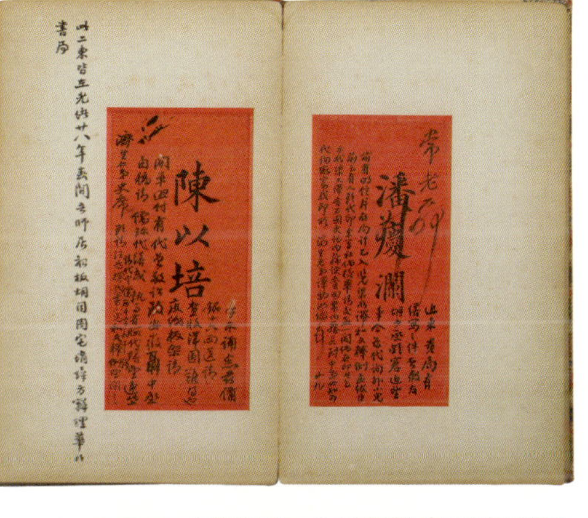

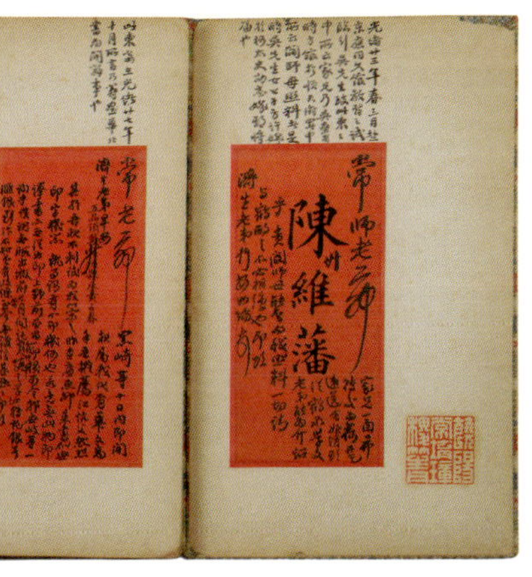

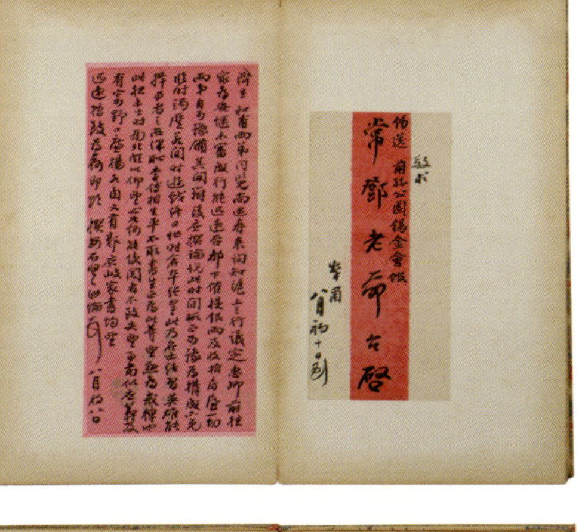

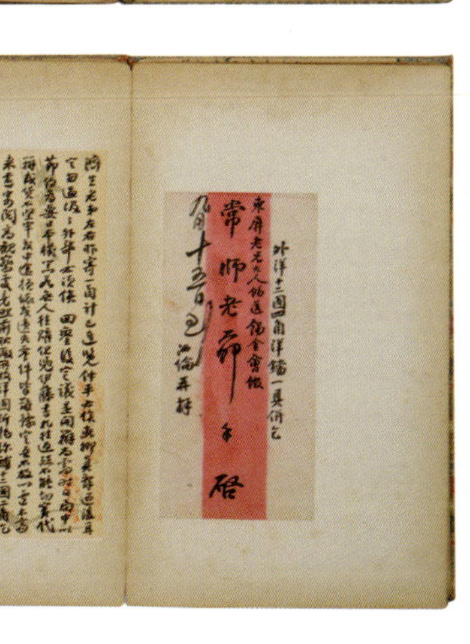

敬求 [illegible]寄
蓮池緘託
豐潤縣正堂幕中
常师老爺台啓
信到給酒資京錢陸百文

光緒廿三年春三月赴
京應同文館教習之試
臨行吳先生跋此柬之
中所云家兄乃吳榮甫
時方館於順天府署中
所云閣師母照料者是
時吳先生女公子方許嫁
於楊太史恐嫁期將
屆也

常師老夫子

陳維藩 廿

家兄一函希
轉交為荷並乞
速送舍姪婿處
從鶴求學文
老夫子能為介紹
乎 貴閣師母能費心代我照料一切諸
與鶴酌之不必相強也即頌
濟生老夫子行安 內纖寄

稷生仁弟大人左右前日肅一函請曹深甫轉托饒陽令君
遞千戌莊計可達到今又承寄差慰問至為喜幸前
書非得饒陽洪教時學校武庫
執可商之饒陽可攜本兒照即可攜之來此相聚未識
府中車馬能便否途中無水阻滯否至以為念小兒及眷口均相隨
李傅相已到京或稍可挽救一二其條議尚未聞也僕擬將志稿粗定
即赴京一謁李相經此變後恐未必能立國矣非此本州經目者可
借否能攜來尤慰之至也手覆光汝綸頓
閏月二日

此書在庚子年閏八月墉孫自己亥年冬在冀闈孫畢聞母病
倉卒歸里庚子三月先母見棄逾月而拳匪作紅巾遍地兵亦四起須洄鄉
居出里門一步即道阻不通至八月外國聯軍入京宮車西狩匪焰始衰
乃聞吾師避地深州因遣人持書往詢遂賜覆書招往

濟生仁弟左右：前由州遞寄一函，計已達覽。昨已向南莊借車接眷，直深州又有虛驚，南莊昨留車自備，南請緩行。今已知西兵決未南渡，南莊須空，擬再往商，三二日間必可遣車前往，望轉告敘眷預備執道回深也。省城專差來云，西兵已由博蠡轉至高陽，大約是游弋保屬，未必入深境，且其來者專剿拳匪，無擾各村，不必驚擾也。昨聞有信來云洋兵必能與深州為難，此恐未確。即頌侍安并候

尊甫先生不另。汝綸頓首

九月十日

墻璋兄既知吾師在深州，遂往從游。既而外兵四出剿拳匪，將至深州，墻璋乃護師眷至吾家暫避，旬餘乃復返深。以上二書則藏寓返眷後先以書見示也。

在京即已有聞子嘉之言未免的底
終不濟事吾意所謂隨機逐到為需
律臣不知何時故鄙意非請　至尊西帥
即行速奏此為最要　來書二策皆難
收束請不顧意不知此賊時詰臣麟
才冊潤成文議寫清本此外則揣作爲
為素悠義袖手安坐好談道白恐無益假
兵西帥意二圖請代及僕不忺一行但

常老

潘灝瀾

山來

繕寫

胡九

事

前有明信片存局計已入覽渠所譯

前云有人欲代印東華社尚校畢請交孟

示我渠又譯有萬國史論內藤便當面囑內藤

代詢版權我即取

弟生老弟譯撰幼編

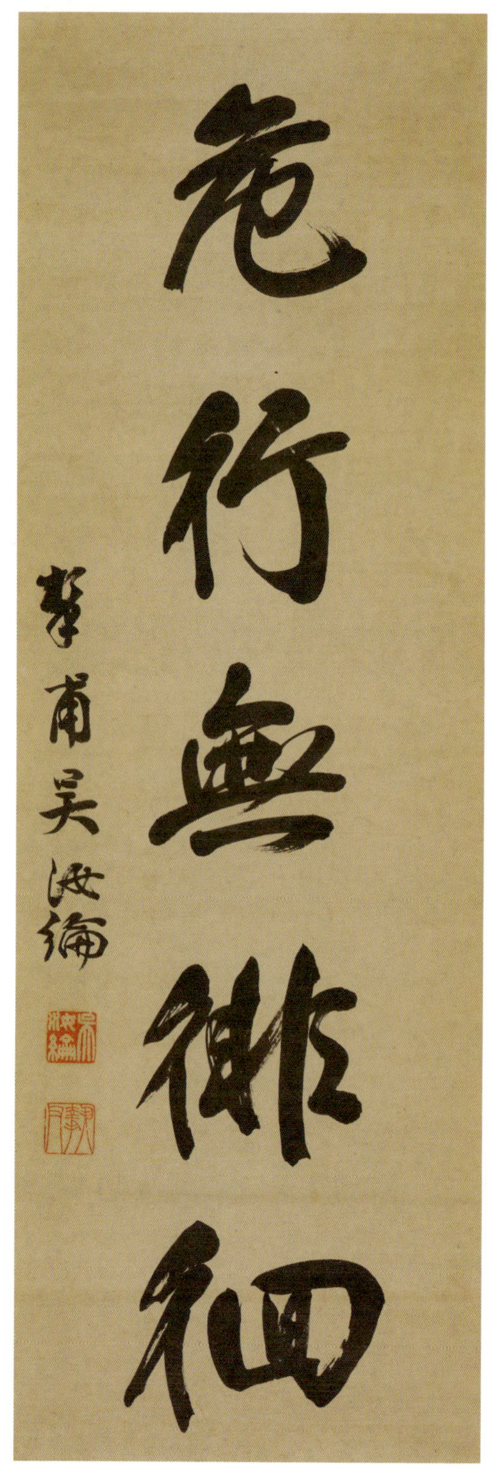

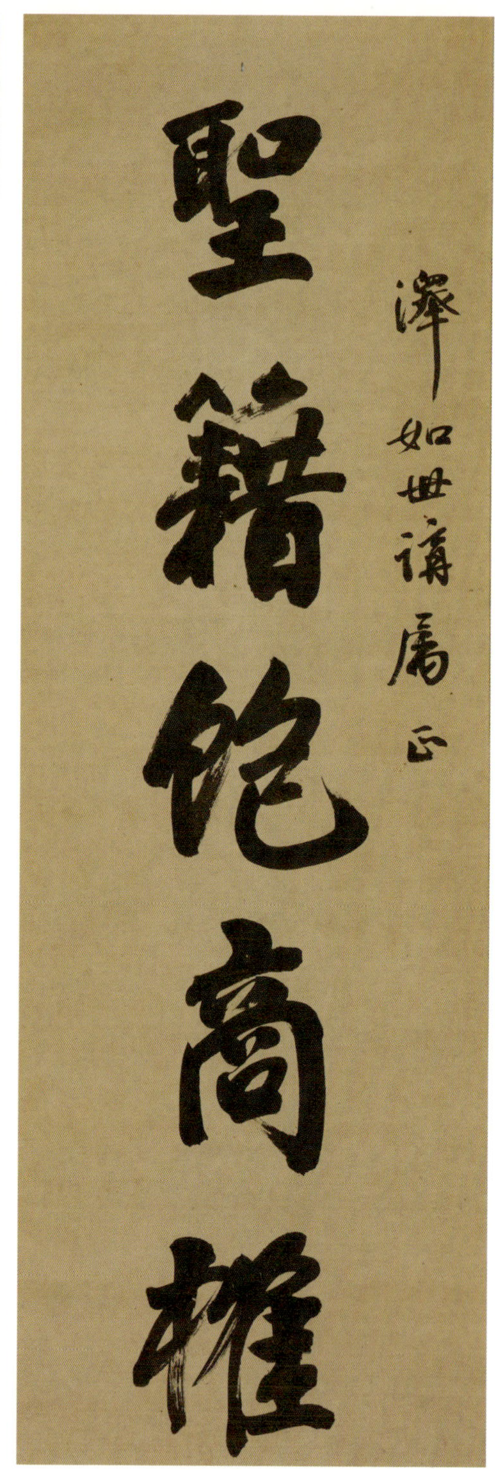

吴汝纶 圣籍、危行行书五言联

尺寸｜65×22 厘米（每条）

材质｜水墨纸本

释文： 圣籍饱商榷，危行无徘徊。

落款： 泽如世讲属正 挚甫吴汝纶

钤印： 吴汝纶 挚父

徘

吴汝纶《桐城吴先生诗集》两种

光绪三十年（1904）吴氏家刻本

一册

尺寸一尺寸不一

此书为吴氏家刻本，写刻上板，字体本于魏碑，古朴典雅，在诸刻本中少见，较初印。

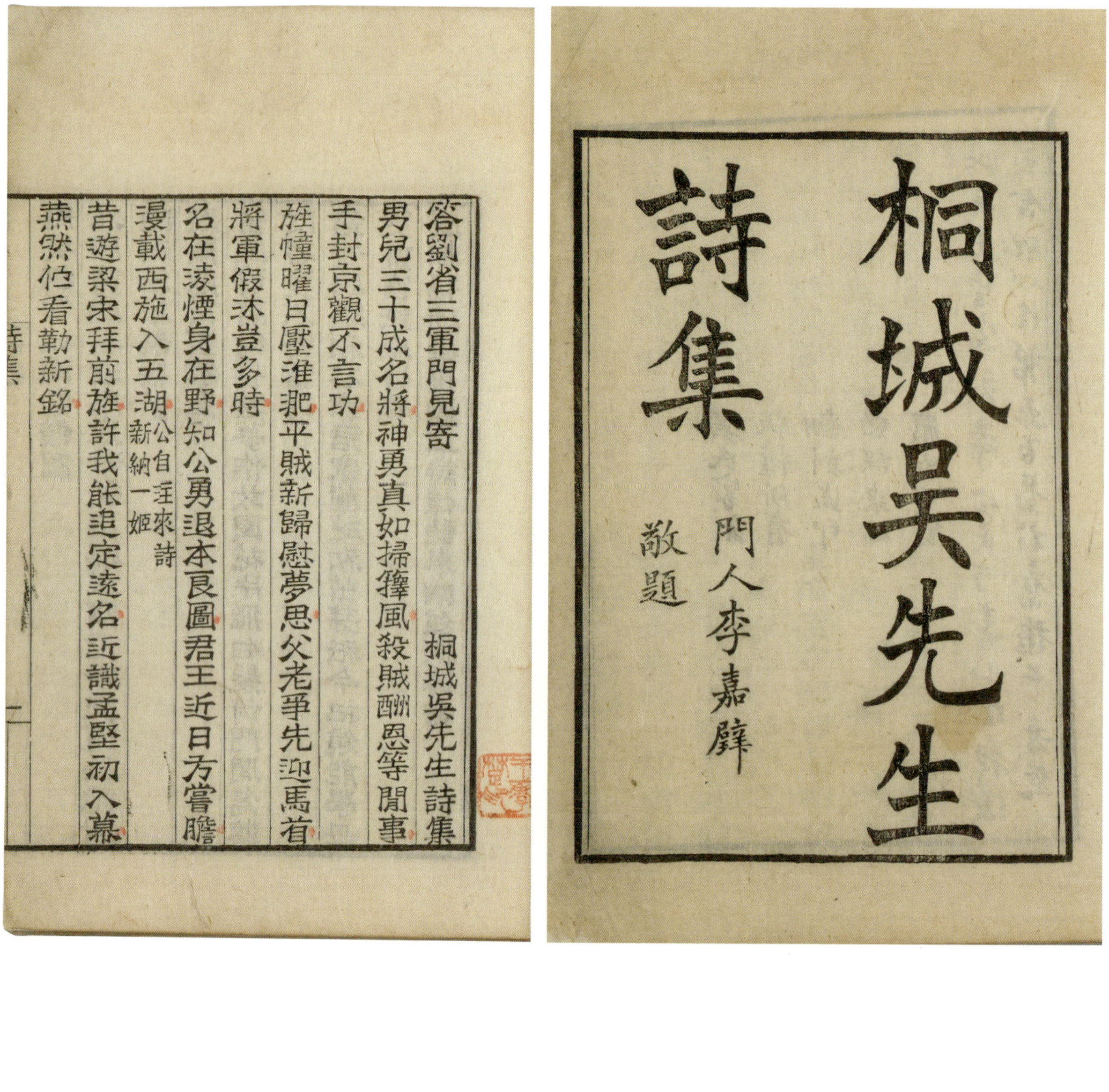
桐城吳先生詩集

門人李嘉辟敬題

答劉省三軍門見寄　　桐城吳先生詩集

男兒三十成名將神勇真如掃籜風殺賊酬恩等閒事

手封京觀不言功

旌幢曜日壓淮淝平賊新歸慰夢思父老爭先迎馬首

將軍假沐豈多時

名在淩煙身在野知公勇退本良圖君王近日方嘗膽

漫載西施入五湖公自注來詩新納一姬

昔遊梁宋拜前旌許我能追定遠名近識孟堅初入幕

燕然仍看勒新銘

詩集　一

次韻李佛生

投紱飄然遠世情當年三十已專城無端雲雨手翻覆
坐使滄浪歌濁清天上黃河猶可塞胸前五岳豈能平
新詩和罷才難繼侯喜於今頗有聲
我友三數冥飛鴻彈射狙伺更霜風黎侯萬里方畫虎
張子千金成屠龍眼中吾子豈易得世上浮榮今已空
英雄可憐亦黃土把酒一酹湘鄉公

次韻李佛生

前日秋江涉駭濤行逢沮溺問滔滔即今海運太將息

吴汝纶《桐城先生评点唐诗鼓吹》

民国十四年（1925）南宫邢氏刻本

二册

尺寸｜29.3×17.4厘米

是书为唐代七言律诗选集，经由桐城派名家吴汝纶评点，评语精辟，见解独到，此由其门人邢之襄校刊，其子凯生敬录。此本内多朱墨蓝三色圈点批校，卷十六末蓝笔过录纪晓岚跋文，又朱笔题记：「乙亥秋，向常襄师借钞赵秋谷与纪文达之评点，至丙子闰三月暮誊完，汝鼎附记。」款署「汝鼎」者未考。此书为桐城吴汝纶点评，又录赵执信、纪晓岚二家评，三家精言汇集于斯。

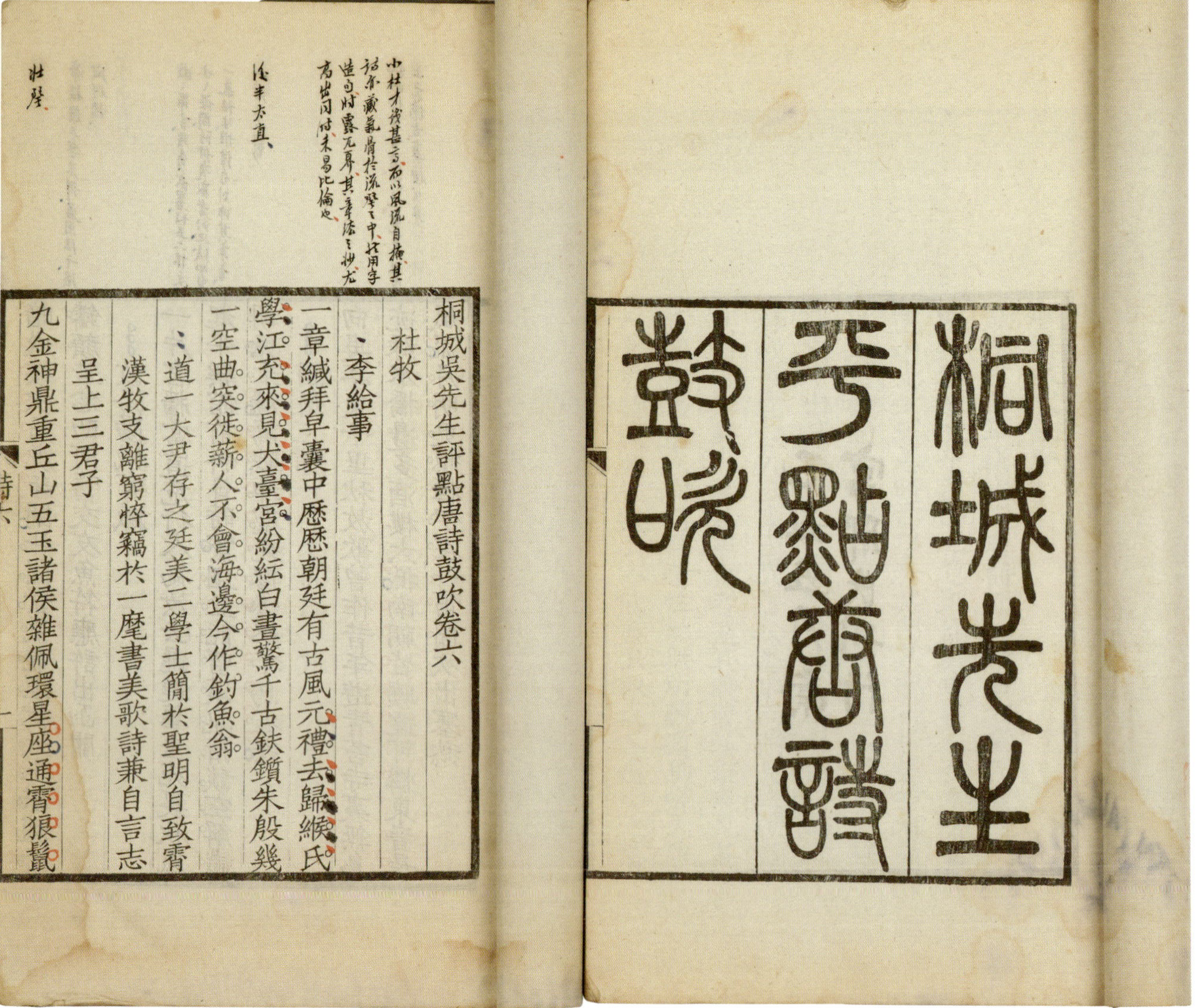

吴汝纶父子照

尺寸｜10×14 厘米

材质｜银盐纸基

何维朴（1844—1925）

字诗孙，晚号盘止，室名颐素斋、盘梓山房，湖南道县人。晚清著名书法大家何绍基之孙。以山水画著称，书与其祖何绍基一脉相承，为近代颜体名家。宣统二年（1910）上海商务印书馆曾将何氏行书、严复草书合编为《初等小学堂习字帖》，以作为当时学生课堂习字范本，可见二人书法在当时的社会影响。

何维朴 茂竹、寄怀行书七言联

尺寸｜ 169×36 厘米

材质｜水墨笺本 立轴

释文：茂竹亭虚崇兰室静，寄怀山峻流咏水长。

落款：丙辰仲春 诗孙何维朴

钤印：诗孙 何维朴印

茂竹亭虛崇蘭室靜

丙辰仲春

寄懷山峻流咏水長

甥孫何維樸

崇蘭

何维朴、严复《初等小学堂习字帖》

宣统二年（1910）上海商务印书馆石印本一册

尺寸｜ 12×18.5 厘米

《初等小学堂习字帖》为上海商务印书馆于宣统二年（1910）四月所印行，现存世已极少。按凡例介绍，为当时小学第五年前学期所用，此第九册和何维朴行书及严复草书为一册，足见当时严复书法有着相当广泛的社会影响。

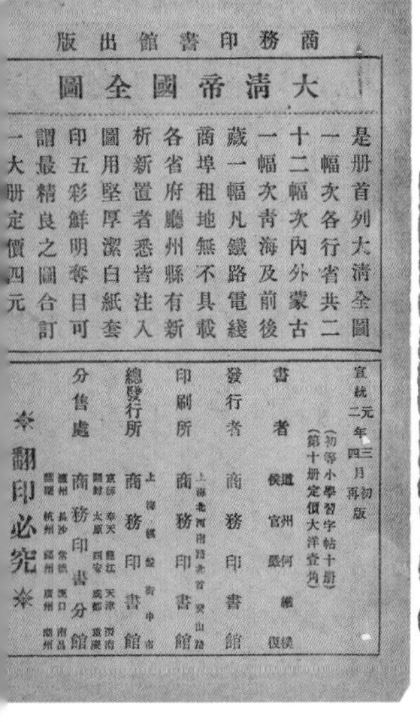

商務印書館出版

大清帝國全圖

是册首列大清全圖一幅次各行省共二十二幅次内外蒙古一幅次青海及前後藏一幅凡鐵路電綫商埠租地無不具載各省府廳州縣有新析新置者悉皆注入圖用堅厚潔白紙套印五彩鮮明奪目可謂最精良之圖合訂一大册定價四元

宣統二元年四三月再初版

（初等小學習字帖十册）
（第十册定價大洋壹角）

書者　道州何維樸　侯官嚴復
發行者　商務印書館
印刷所　上海北河南路北首寶山路　商務印書館
總發行所　上海棋盤街中市　商務印書館
分售處　京師　奉天　龍江　天津　濟南　開封　太原　西安　成都　重慶　漢州　長沙　常德　漢口　南昌　杭州　福州　廣州　潮州　商務印書分館

※翻印必究※

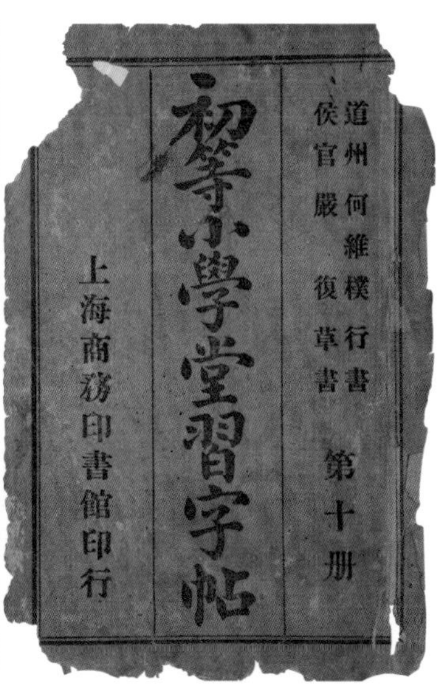

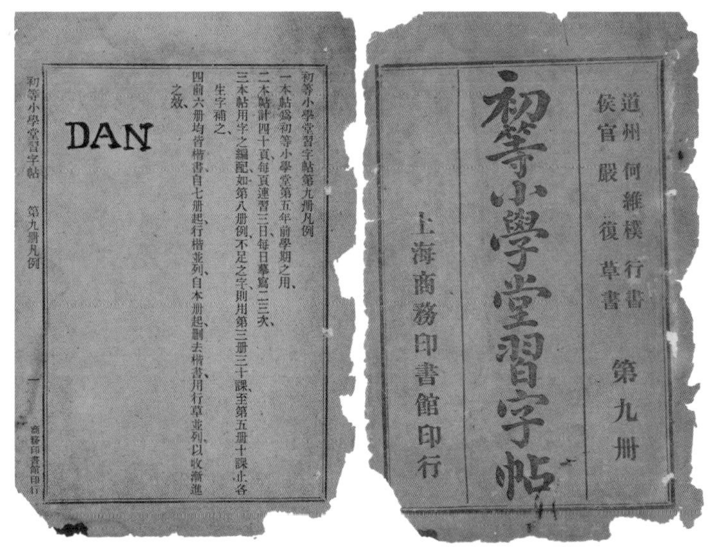

初等小學堂習字帖第九册凡例

一本帖爲初等小學堂第五年前學期之用、

二本帖計四十頁、每頁連習三日、每日摹寫二三次、

三本帖用字之編配、如第八册例、不足之字、則用第三册三十課、至第五册十課止各生字補之、

四前六册均皆楷書、自七册起、行楷並列、自本册起、删去楷書、用行草並列、以收漸進之效、

初等小學堂習字帖　第九册凡例　一　商務印書館印行

DAN

秤釐錘桿程值

秤釐錘桿程值

售柯孺柑擔敬

售柯孺柑擔敬

謗瞽捫碑鍼藐

謗瞽捫碑鍼藐

舵逮祭社均仕

舵逮祭社均仕

马相伯（1840—1939）

名良，字相伯，晚年自号华封老人，江苏丹阳人。近代中国天主教耶稣会神父，光绪二年（1876）从事外交和洋务活动，曾先后游历日本、朝鲜、美国、法国和意大利等国。后创办震旦学院、复旦公学、辅仁大学等著名学府，蔡元培、于右任、邵力子等均为其弟子。是中国近代历史上在政治、宗教、教育等领域具有重要影响的人物。

1905年严复与马相伯一同筹建复旦公学新校舍，并共同制定《复旦公学章程》。1906年底严复接任马相伯为复旦公学校长。

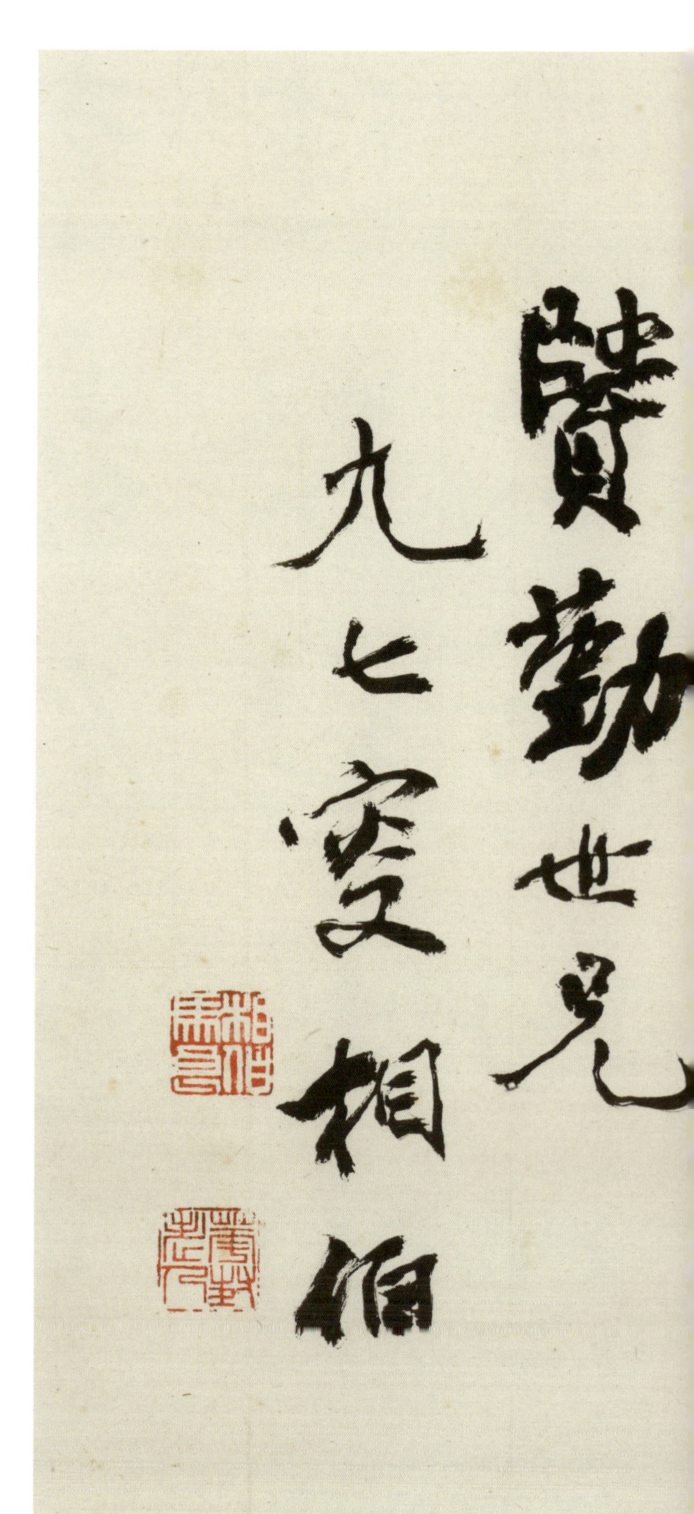

马相伯 立堂横额

尺寸｜36.5×64厘米

材质｜水墨纸本 镜心

释文：立堂。

落款：贤勤世兄 九七叟相伯

钤印：相伯马良 华封老人

马相伯 手抄诗文册

一册

尺寸｜20×11厘米

材质｜水墨写本

钤印：相伯长寿、马良之印

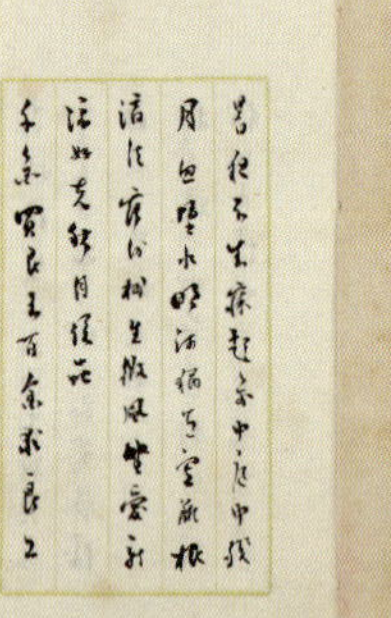

以酒浮苔把釣綸乾坤草莽一閑
身南陽高臥真名士東漢偷生
舊黨人千載蒼衡入夢三冬水
雪獨留神為[illegible]歸去田廬閑
莫向人間學問津

今知經不共昔人持高調能刪扁
有是何色湖田陳之言折楚江訊

柯劭忞（1848—1933）

字凤荪，晚号蓼园，室名岁寒阁，胶州人。光绪十二年（1886）进士，历任翰林院编修、侍读、侍讲等职，官至典礼院学士，民国后曾任资政院议员。宣统二年（1910）至三年（1911）任京师大学堂总监督。清朝灭亡后以遗老自居，曾独力撰著《新元史》，被日本东京帝国大学赠文学博士学位。民国三年（1914）后参与《清史稿》的编撰工作，在清史馆馆长赵尔巽死后担任代馆长、总纂，民国十四年（1925）任东方文化事业总委员会委员长，参与续修《四库全书提要》。

柯劭忞博闻强记，治学广博，于经史、诗文、金石、历算等方面均有精深的造诣，后人誉为「钱大昕后第一人」。尤擅史学，所撰《新元史》被认为集五百余年之间各家研究之大成，北洋政府将该书列为「二十五史」之一。此外还著有《译史补》《春秋谷梁传注》《文献通考注》等书。

劭忞

柯劭忞等《先德镜影图》题跋册

尺寸｜29.8×21.3厘米（单页）

材质｜水墨纸本

此为陈宝琛、陈衍、吴汝纶、易顺鼎、文悌、袁昶等近代名人为柯劭忞先祖画像《先德镜影图》所作题诗册，可见当时顶级文人圈层的交往关系。从题跋中可知柯氏先人画像乃失而复得，所以柯劭忞才郑重其事邀请友人题咏，其中柯劭忞题诗作于光绪甲辰（1904），陈宝琛题诗作于宣统二年（1910），可见此册题跋的完成历经多年。

明王寺裏尋高僧齋心直與寒潭
澄鏡中有我本無我拂拭肯卷纖
塵根同時劉李出東武金石文字
稱得朋王泉可飲棗可食篆刻吉
語徒相仍豈如此鏡鑒真相該於
滿月瑩於冰運窮百六世變劇刹
那歲月猶風燈五琴六硯亦何有
雲溪廢墅埋榛莽人天所寶有呵
護劫灰不使相侵凌述德難追謝
康樂傳家彌愧霣永與楚弓再失
幸再得勉旃慎守詒孫曾

光緒甲辰仲春　第四孫勉忞敬題

那歲月猶風燈五琴六硯亦何有雲溪廢墅埋榛莽人天所寶有呵護劫灰不使相侵淩述德難追謝康樂傳家彌愧稟永興楚弓再失幸再得勉旃慎守詒孫曾

光緒甲辰仲春 第四孫幼忞敬題

朙王寺裏尋高僧齋心直與寒潭澄鏡中有我本無我拂拭肯惹纖塵凝同時劉李出東武金石文字稱得朙玉泉可飲隶可食篆刻吉語徒相仍豈如此鏡鑒真相證於滿月瑩於冰運窮百六世變剝刹

吕增祥（1848—1901）

字秋樵，号君止，安徽滁州人，光绪五年（1879）举人。1880年入北洋水师，于李鸿章幕府任文案、海军会所会办，后任驻日使馆参赞，历任天津、临城、南宫、献县知县。吕增祥是严复的亲家、挚友，吕增祥的大女儿蕴玉嫁给严复的学生伍光建，二女儿蕴清则嫁给严复的长子严璩（字伯玉）。光绪十六年（1890）吕增祥于李鸿章麾下任职时同时辅助严复翻译西方著作，严复经常与吕增祥商榷文字，《天演论》初稿完成之后，严复亦曾请吕增祥修改。严复称其是「生死之交」，并誉其为「三绝诗文字，一官清慎勤」。

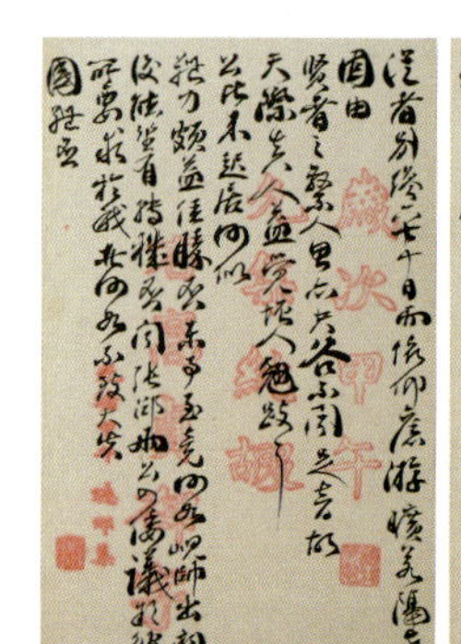

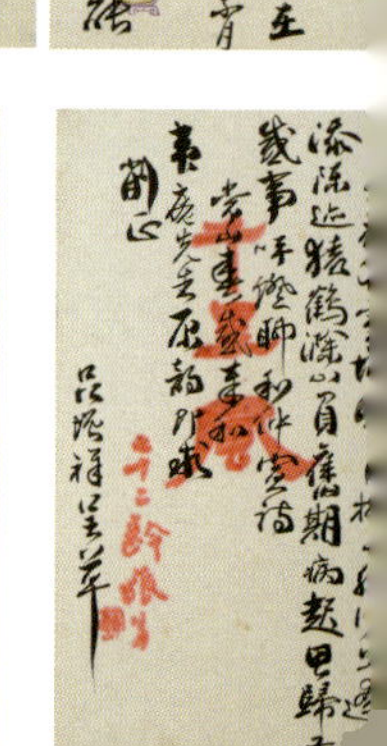

吕增祥 致严复有关《天演论》信札册

尺寸｜29.8×21.3厘米（单页）

材质｜水墨写本

此件为吕增祥致严复书札一组，包含书信六通四十四页、诗稿三页，其中一通据内容当作于光绪二十七年（1901）四月初七，或为吕增祥绝笔。信中吕增祥多次提及严复的翻译事业及《天演论》，言“审先生近以译书遣日，益用庆慰。去年之变政以我中国闭塞不通，故造物者用动心以震荡之顾，震荡之力能通其势而不能通其情，则多译佳书以开士夫之智，为此时绝大事业”，“大著《天演论》，奇文至理久悬心目，何不录示一一，首令先睹为快耶”，“兼闻闻望日隆，实至名归，知世间犹有公道，顾人才如执事，当今以上下数百年、中外数万里，论之区区”，“然若由此得膺荐达俾之有所树立，并令天下真收西学之效，亦今日中国之本也”。同时吕增祥也谈及次女吕蕴清与严复长子严璩的婚事，道“仆门祚衰薄，只余二女，次者尤差解人意”“小家碧玉，不知许事，亦尚须暂待指导。拟从公及嫂暂乞此女一年，至明年此时或仆乞假送之于归，或伯玉至东方招赘均无不可”。此外，此组书信作于1885年至1901年间，正值清朝内忧外患之际，涉及义和团运动以及八国联军侵华战争等，是研究晚清历史的珍贵一手资料。

清朝末年，甲午战争的惨败，再次将中华民族推到了危亡的关头。光绪二十三年（1897），严复将自己翻译的《天演论》在《国闻报》上连续发表，提出“物竞天择，适者生存”的观点，引起巨大的社会反响。维新派领袖康有为见此译稿后，发出“眼中未见有此等人”的赞叹，称严复“译《天演论》为中国西学第一者也”。

《天演论》的成就并非一蹴即得，而是多次修改的成果。在1901年南京富文书局版的《天演论》中，书名由吕增祥题字，内文则有吴汝纶的序言，由此可以显示严复与吕、吴之深厚关系。事实上，吕增祥与吴汝纶都对《天演论》翻译文字的修改、润饰有重要的贡献，可谓该书的幕后功臣。

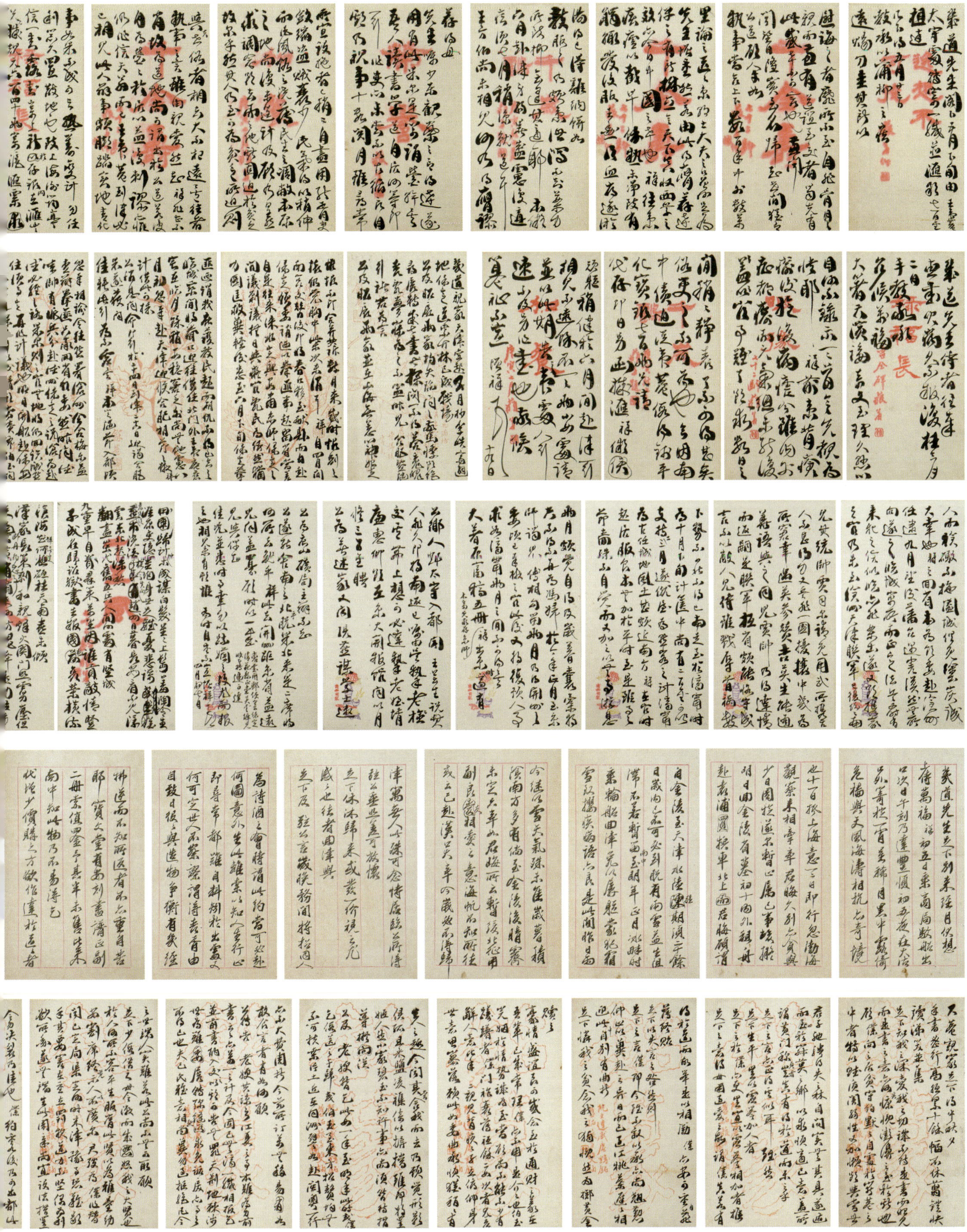

遠近計來

吟成察聞好看以迎往俱往北門外未取庶意

宜在此月餘稍安穩篡之尚書他處

目視忽年赴天津迎候公舡相之极祥

計後此之稼

公消息俗命以行於二十四日到津二十七日迎謁冥

采處遠發向

徑輕出行為不會云祥本些涵前入都次

忽年相論今往賢家偷暇往含梅東益

素辭羣遷其象回看朝毒安

時歸有假其公赴住此保之說含為

住必經之論果系則之賢地那回誌賊

住須與之再此計議也明日開船赴保安

之途中且探且行以慰情形當遺佈伯玉同

來有報館主筆久别振不會面乃

且近狀如何盼有以教我此彼赴辰之益祥

四月七日

義道視家天津寓邸遞
五月杪李姓寓函
地保之遣患丹林已成戰場
并及眠底兩家均失聯絡閱之焦慮情形
尋屢轉來七書七探問一不得荅處境
素究竟若何為之不盜然見公眠證隨
引詠君為之
五及眠底兩家並在上海無恙以稍慰之

懷抱不可容再與談數月來幾時振別之
振偶覺腦中崇次未得不祥自四月間
南北交通後即將春日移至獻縣而自赴
保之眠處請函以奉邀事赴[illegible]省營養
自是往來淶水之興安甫參師保之之
聞議劉議程日與救國民為緣然猶
力圖這救翼輕後恙至六月下旬保之拜

自金陵至天津水陸程期須二千餘
日歲內已不可必到設有雨雪益生阻
滯不若暫留南中至明年正月冰泮時
乘輪船由津免以塵軺蒙犯霜
雪致攖疾病語亦良是此間昨日雨
今續以雪天氣殊未佳歲暮積
陰南方多有備至金陵後晴霽
未定兵事如君晦所云暫緩北征用
副良友相愛之意海帆不知所往
或云已赴漢口兵事今歲殆不得歸

燮道先生足下：别来经月，伏想侍萬福。祥初五日乘商局輪船出口，次日午刻乃達豐順。初五夜在大沽口外寄椗丁宵，星稀月黑，中霧倚危檣與天風海濤相抗，亦奇境也。十一日抵上海，意三日即行，忽渤海觀察來相聚，章君梅久別，亦欲與少日周旋，遂尔暫留。已事旋擬明日開金陵省墓，初十内外租舟赴袁浦換車北上。君梅頓謂

黄遵宪（1848—1905）

字公度，别号人境庐主人，广东嘉应州人。光绪二年（1876）举人，先后任清政府派驻日本使馆参赞、美国旧金山总领事、驻英使馆参赞、新加坡总领事等，光绪二十三年（1897）授湖南长宝盐法道，署湖南按察使，协助巡抚陈宝箴推行新政。次年六月，诏以三品京堂充任出使日本大臣。戊戌变法后被免职归里，晚年致力于发展地方教育事业。

黄遵宪为近代维新派代表之一，被誉为「近代中国走向世界第一人」；同时他还是近代著名诗人，有「诗界革新导师」「近世诗界三杰」之冠之称。黄遵宪与严复堪称知交，二人在时局、诗文、学术、翻译方面多有探讨。《原富》刚一出版，严复即赠书黄遵宪，黄氏认为严复的译文「隽永渊雅，疑出北魏人手」。

黄遵宪 自作诗行草立轴

尺寸｜ 112×31 厘米

材质｜ 水墨纸本

释文：邂逅钦无限，留连日暮天。传杯因乐圣，忘世不希仙。花与残霞映，人凭半醉眠。忽看林际火，点点破苍烟。

落款：餐英堂集次，峰南兄醒高韵，时客北铁壁初稿 黄遵宪

钤印：黄遵宪印 云海阁珍藏印

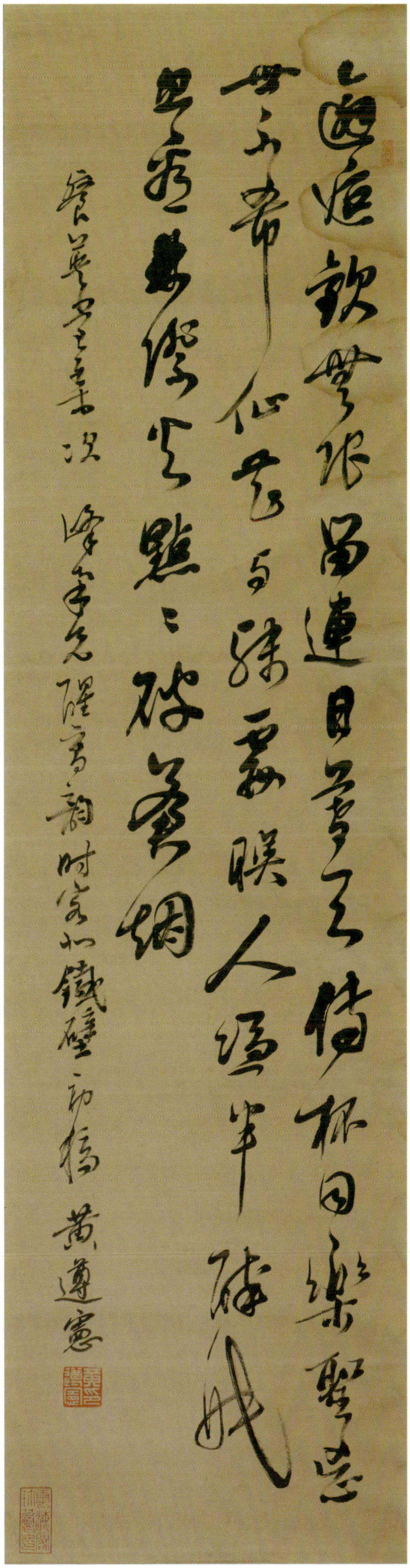

康有为（1858—1927）

原名祖诒，字广厦，号长素，又号明夷、更甡、天游化人，广州南海县人。光绪年进士，官工部主事。光绪十七年（1891）后在广州设立万木草堂，收徒讲学。先后领导「公车上书」「戊戌变法」，为近代重要的政治家、思想家、教育家，资产阶级改良主义的代表人物。康有为还是清末著名书家，倡法北碑，书学包世臣、张裕钊，著有《广艺舟双楫》。

康有为曾有「译才并世数严林」的诗，对严复译著做出积极评价。然二人于学术上似有分歧，严复曾专门发表《有如三保》《保种余义》等文章，针对康有为保国、保种、保教的倡议展开学术争论。

康有为

康有为 行书轴

尺寸｜107.3×50.2 厘米
材质｜水墨纸本
（福建博物院藏品）

释文：韩亡子房愤，秦帝鲁连耻；平生江海人，忠义动君子。

落款：几士仁世兄 康有为

钤印：康有为印 维新百日出亡十四年三周大地游遍四洲经三十一国行四十万里

韩七子房慎泰帝,鲁连和平生江海,人也义彩天子

盛士仁世兄

康有为

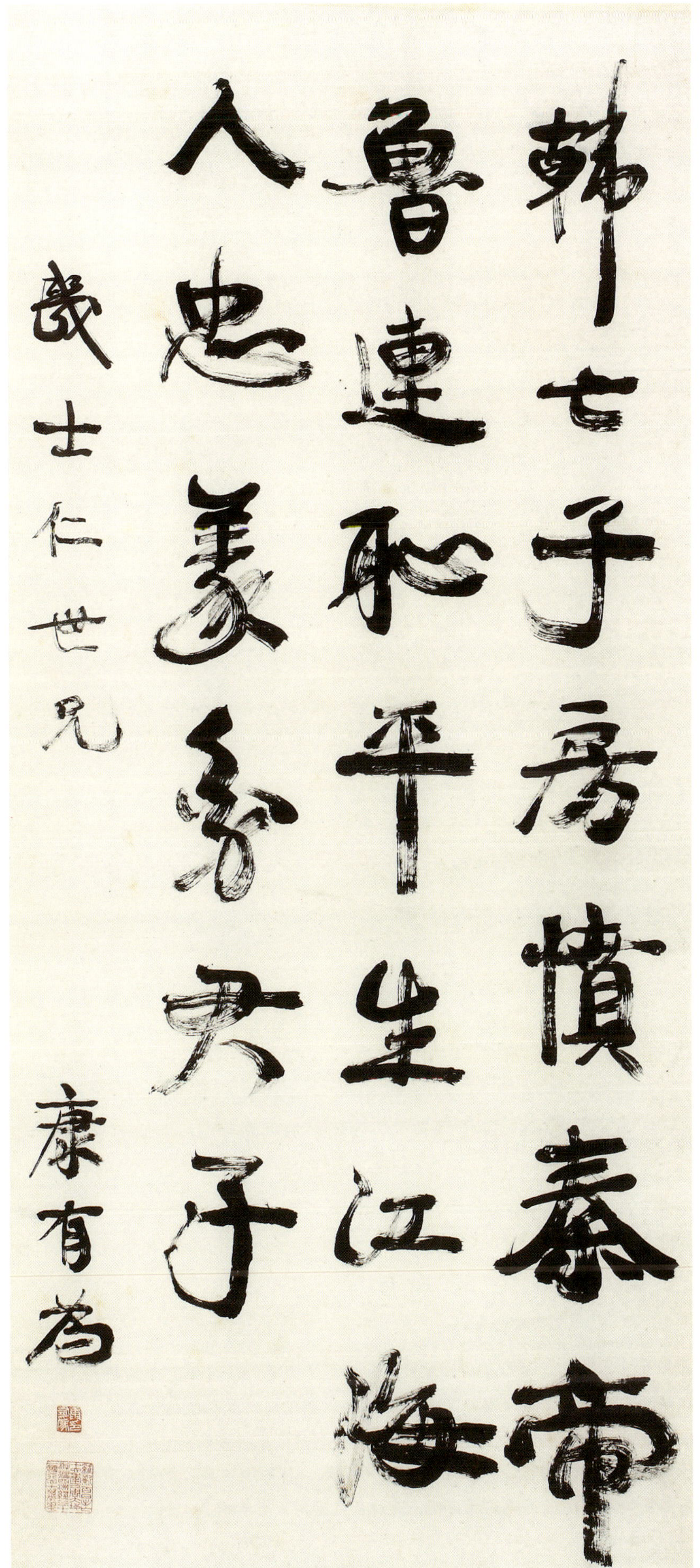

端方（1861—1911）

托忒克·端方，字午桥，号陶斋，满洲正白旗人。官至直隶总督、北洋大臣，同时也是晚清最重要的金石学家与收藏家之一。1898年在翁同龢的保荐之下被光绪帝召见，戊戌变法中被任命为督办农工商总局，戊戌变法失败后被革职。宣统三年（1911）委任为川汉铁路、粤汉铁路督办，入川镇压保路运动，为起义新军所杀，谥忠敏。著有《陶斋吉金录》《端忠敏公奏稿》等。

端方对严复「亦宾师之礼相推挹」，并让其次子拜严复为师。1906年严复接任复旦公学校长，时任两江总督的端方曾给予大力支持。

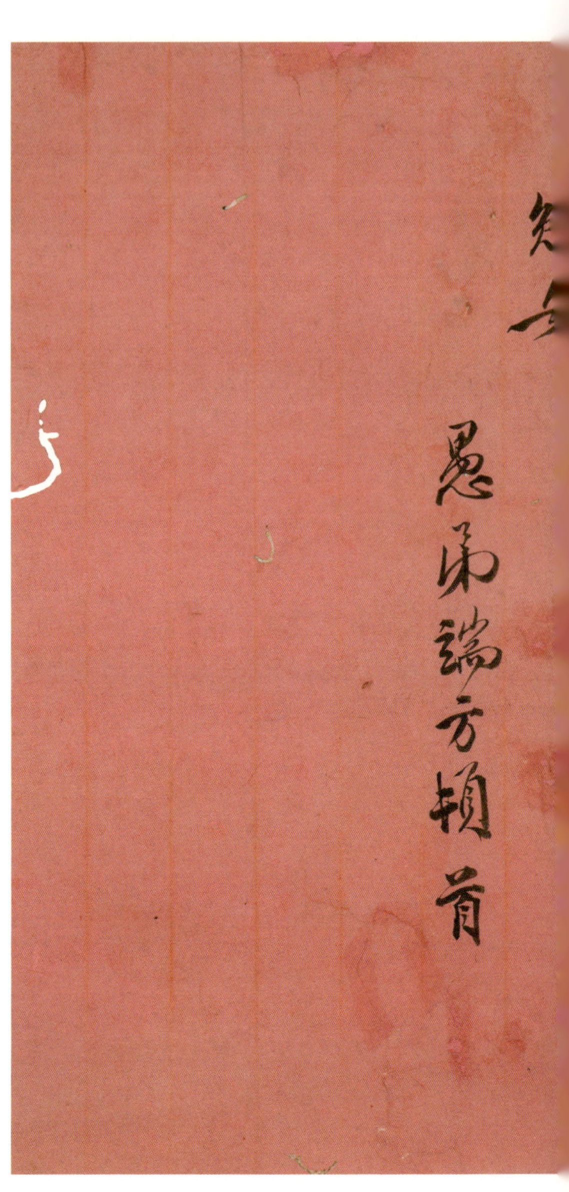

愚弟端方顿首

端方 致沈瑜庆信札

一通三页

尺寸｜ 26.3×16.5 厘米

材质｜ 水墨写本

上款人沈瑜庆（1858—1918）为沈葆桢子，历任湖南按察使，顺天府尹，赣、黔、豫布政使及贵州巡抚。工诗古文。据信中“幸玉帅旋节早来，得以藉释重负”，当指周馥接替署理两江总督的端方正式出任该职，则信件当作于1904年。信中并谈到陈宗雍、林黻贞（桢）。林黻桢（？—1921），字肖蝓、霜杰，侯官人，林则徐曾孙。曾官江苏嘉定县知事，1921年病逝于苏州，有诗集《感秋》《北征集》等。

夔蒼仁兄大人閣下頃奉
手敎具承
獎飾無任感愧敬維
碩畫崇閎
履綦綏福爲頌江南通轄三省政
務賾繁鄉慕之林無所建立
李玉卿旌節早來得以藉
轄重負爲臣自感耳陳令
宗雍林戴尹巖負重荷
品題自非凡士敬嘗儲之夾袋
識以所長俾副
雅誨江右爲我
以舊遊之誼所存必每
栝攘
政暇尚希時
惠教言不勝翹祝年安復頓首

端方 行书诗轴

尺寸｜ 83×42 厘米
材质｜ 水墨纸本
（福建博物院藏品）

释文： 尚友无古今，吾心醉两髯；在今为老节，在古为子瞻。瞻名慑夷虏，文字重金缣；不能自韬戢，所履多危阽。节也略与媲，色色均相兼；门多将相才，视瞻尤不廉。友葬远来会，不避风雪严；友病就相问，不辞日月淹。珍重古风义，愧怍今凉炎。会遇瞻生朝，相约致礼谦；胜流集裙屐，酣嬉语炎詹。赋诗刻檐竹烛，尽醉忘更签；感时忽相默，天意庸可占。誓践青山盟，勿伤白发添；节今归南海，地近惠与儋。方外寻昙秀，诗意拟陶潜；追踪白鹤观，结舍白云尖。（节丙舍在白云山）庚戌腊月梁节盦自粤往南皮，会张文襄葬，并入都就视余病。十九日集同人于宝华盦为东坡先生寿，赋此赠节盦，并示同座诸公，即求弢盦我兄先生吟定。

落款： 辛亥二月花朝 浭阳弟端方初稿

钤印： 端方私印 陶斋

尚友無古今吾心醉兩髯在今為老節在古為子瞻瞻名懾夷虜文字重金縑
不能自韜戢所履多危阽節也畧與媲色·均相兼門多將相才視瞻尤不廉
友其遠來會不避風雪嚴友病·就相問不辭日月淹珍重古風義媿怍今涼炎
會遇臘生朝相約致禮謙勝流集豪殷酣嬉語炎詹賦詩刻蒼竹燭盡醉忘更
籤感時忽相默天意庸可占擕賤青山盟勿傷白髮添節今歸南海地近惠與
儋方外尋曇秀詩意擬陶潛追蹤白鶴觀結舍白雲尖
節丙舍在白雲山
庚戌臘月梁節盦自粵往南皮會張文襄葬並入都就視余病十九日集同
人於寶華盦為東坡先生壽賦此贈節盦並示同座諸公即求
弢盦我兄先生吟定
辛亥二月花朝
浭陽弟端方初藁

肃亲王（1866—1922）

肃亲王善耆，字艾堂，曾任奕劻内阁民政大臣、理藩大臣，兼职筹办海军事务。严复曾于1902年间致信善耆，言及中国道路修缮及社会变革事项。

肅親王

肃亲王 晋陶渊明《饮酒》诗序行书立轴

尺寸｜ 153×39.5 厘米

材质｜ 水墨绫本

释文：五柳先生云既醉之后，辄题数纸，纸墨遂多，词无诠次，今观其诗皆落落自寄，诚有天真自全之妙。

落款：肃亲王

钤印：肃亲王

玉柳先生之既醉之後振題數帋
纖墨遂多詞無詮次今觀其詩皆落落
自寄誠有天真自全之妙

肅親王

张元济（1867—1959）

字筱斋，浙江海盐人，清末进士。1902年入商务印书馆任编译所所长、经理等职，1949年后任上海文史馆馆长、商务印书馆董事长。严复与张元济私交甚好，在诸多社会事务上都有交集，两人信件来往不断，其中不少均是关于译书出版等事项。严复去世前一个月，还曾致信张元济，请他照顾在上海交大读书的四子严璿。

张元济 独上、还将行书七言联

尺寸｜131×31厘米

材质｜水墨纸本

释文：独上高楼望吴越，还将大笔注春秋。

落款：春炎仁兄雅正，集李白、刘禹锡 张元济年八十一

钤印：张元济印 壬辰翰林

春炎仁兄雅正

獨上高樓望吳越

集李白劉禹錫

還將大筆注春秋

張元濟年八十

春

秋

吴

越

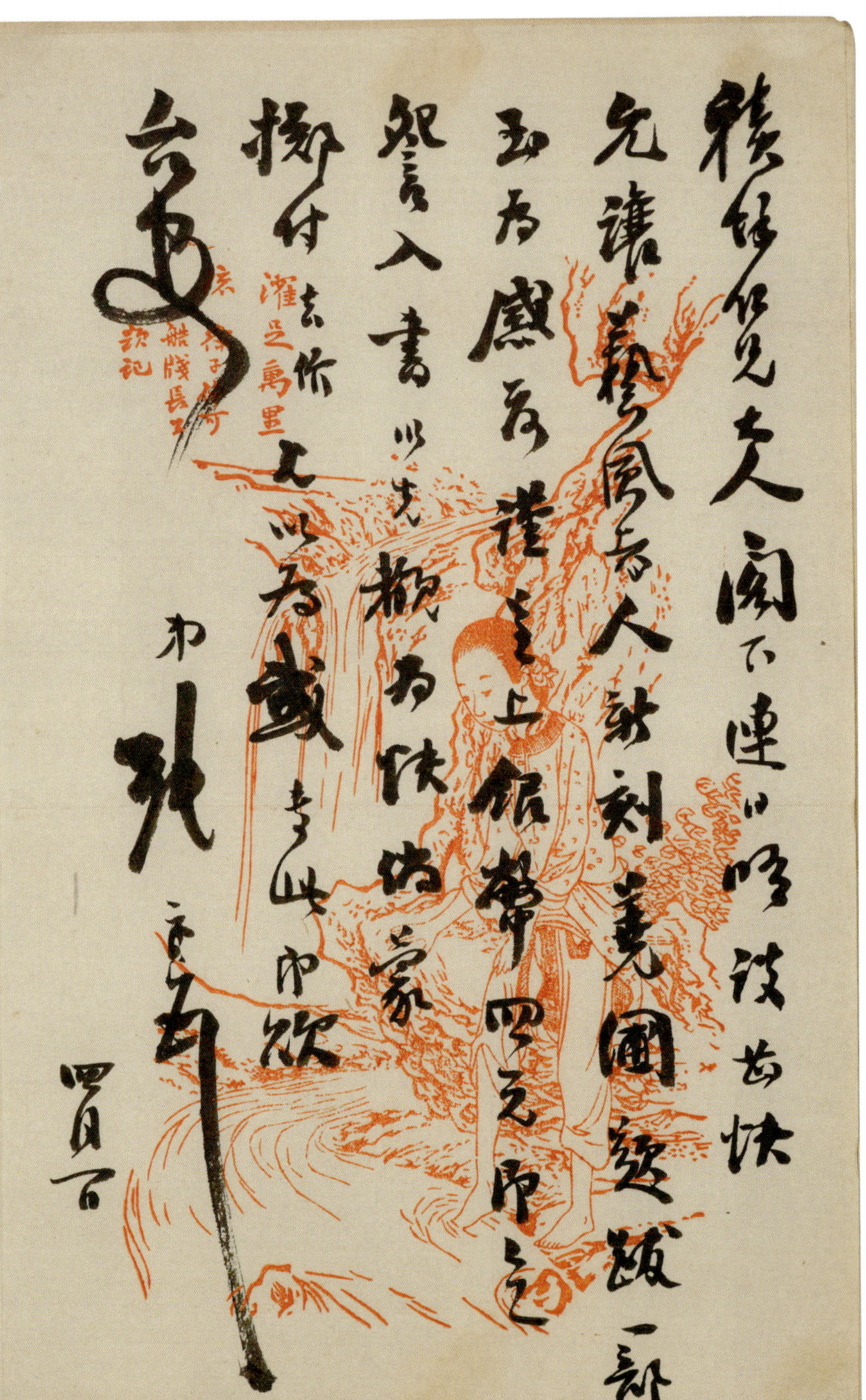

张元济 致积余信札

一通一页

尺寸｜25.5×15.8厘米

材质｜水墨写本

此信乃张元济因朋友转让其缪荃孙所刻黄丕烈《荛圃题跋》一部，寄去银币四元以当贵用。

大跡刻美圖題跋一部
を上仮帯四爻卯乞
観為快肉家
盛
や き此や欲
㐂
え
馬
買石

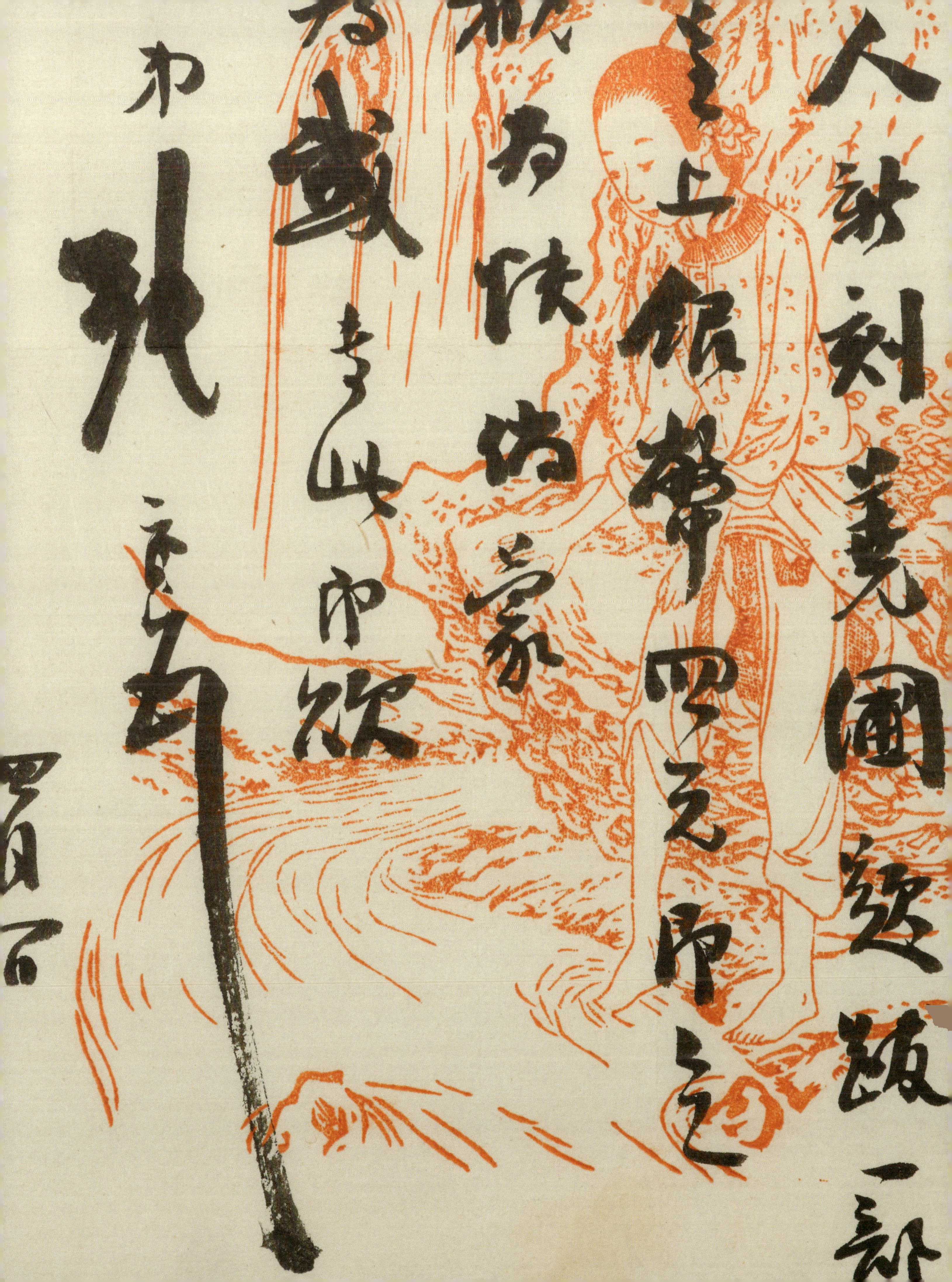

蔡元培（1868—1940）

字鹤卿，又字仲申、民友、孑民，浙江绍兴人。进士，授翰林院庶吉士、编修，先后担任过中华民国首任教育总长、国民党中央执委、中华民国国民政府委员兼监察院院长、中央研究院院长等职，还是南京博物院的创办者之一。1916年至1927年任北京大学校长，革新北大，开「学术」与「自由」之风。是近代著名教育家、革命家、政治家，民主进步人士。

蔡元培曾深受严复思想影响，在日记中留下了他读《天演论》《支那教案论》《国闻报》与严复杂著的记录。1912年严复出任北大首任校长时，蔡元培为教育总长，开学仪式上两人都发表了讲话。蔡元培对严复译著评价甚高，他认为「五十年来，介绍西洋哲学的，要推侯官严复为第一」。

蔡元培 行书轴

尺寸｜ 108.5×42 厘米

材质｜ 水墨纸本

（福建博物院藏品）

释文：王僧虔书如王谢家子弟，奕奕皆有一种风气。

落款：寄尘先生雅属 蔡元培

钤印：孑民 蔡元培印

收藏印：积翠园珍存 陈英

王僧虔書為王謝家子弟奕奕皆有一種風氣

崧厓先生雅屬 蔡元培

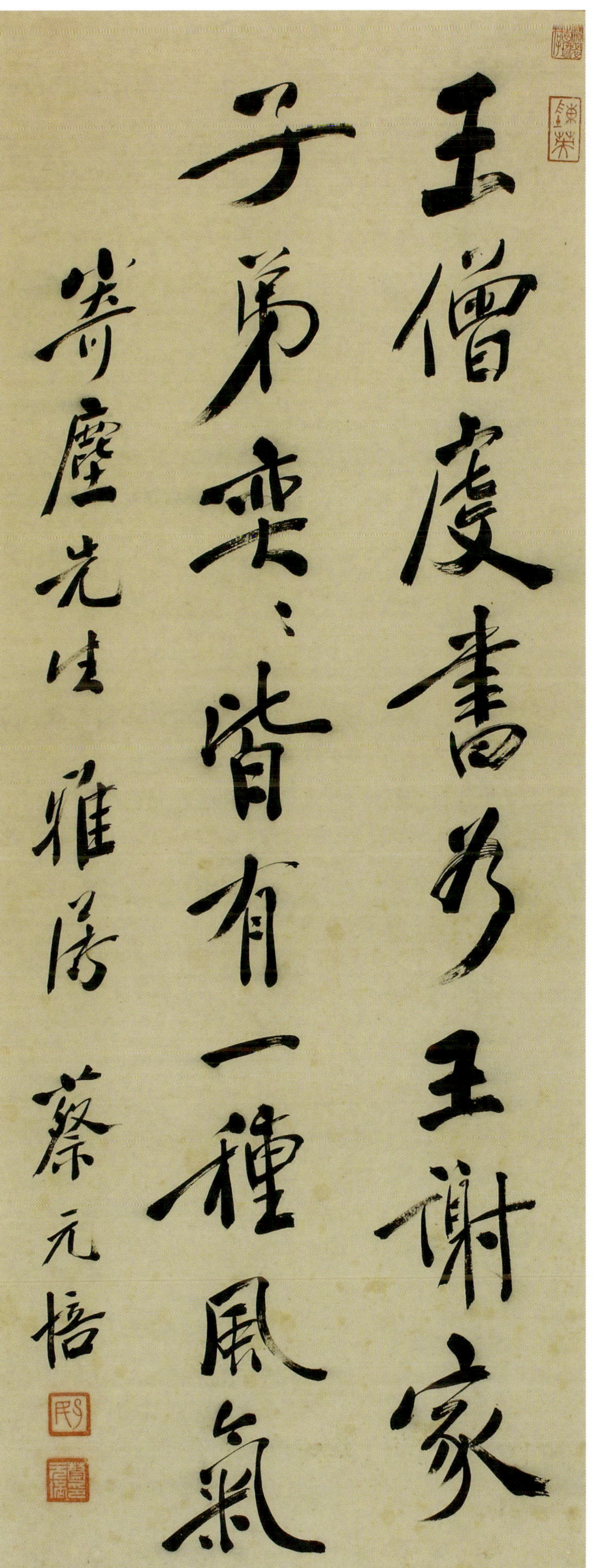

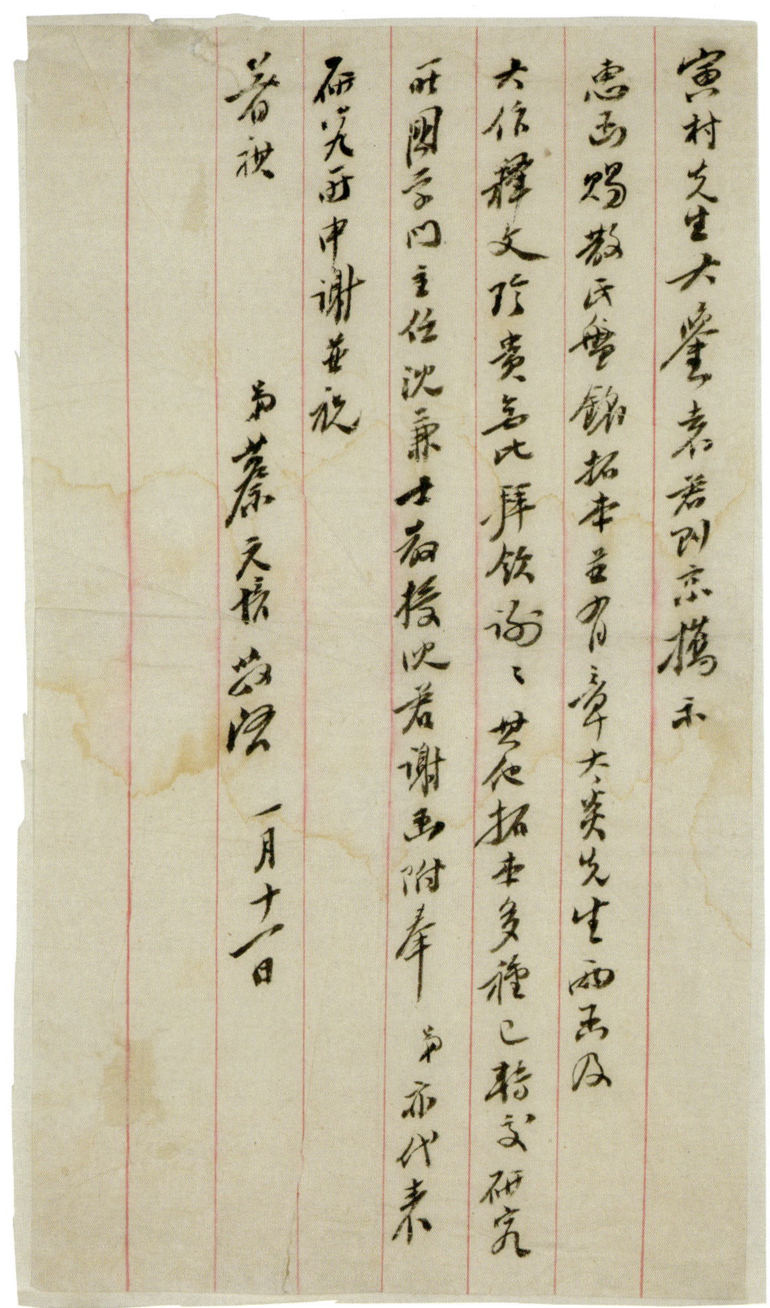

寅村先生大鉴：袁君到京，携示
惠函，赐散氏盘铭拓本并章太炎先生函，及
大作释文，珍贵无比，拜领谢谢。此拓本多种，已转交研究
所国学门主任沈兼士君，嘱沈君谢函附奉，弟亦代表
研究所申谢，并祝
著祺
弟蔡元培敬启　一月十一日

蔡元培 致寅村信札

一通一页

尺寸丨 24×14 厘米

材质丨 水墨写本

信中提及易氏赠蔡元培散氏盘铭文等拓本及章太炎信札，蔡将部分拓本转交沈兼士。

易培基（1880—1937），中国教育家，故宫博物院创建人之一。

沈兼士（1887-1947），沈尹默之弟，中国语言文字学家、文献档案学家、教育学家。曾与其兄沈士远、沈尹默同在北大任教，有“北大三沈”之称，为中国新诗倡导者之一。

學嘉君到京携示

鐘銘拓本並有題字

貴名比拜欽謝〻無

任沈兼士君接沈君

章炳麟（1869—1936）

原名学乘，字枚叔，后易名为炳麟，因仰慕顾炎武之气节文章而自号太炎，世称「太炎先生」。浙江余杭人，清末民初革命家、思想家、著名学者。1897年，因参加维新运动被通缉流亡日本，1904年与蔡元培等合作发起光复会，1911年担任孙中山总统府枢密顾问。晚年愤日本侵略中国，曾赞助抗日救亡运动。

严复与章太炎于1900年结识于上海，两人互相推崇，多有诗文探讨及书信往来。章太炎评价严复诗「托体非常，有刘越石气体，于公（指夏曾佑）诚若常枞、老聃矣」。二人还曾都是「中国国会」成员，但后来由于严复所译《社会通诠》的面世，章太炎曾就此撰文抨击严复，在社会思想上多有争论之处。

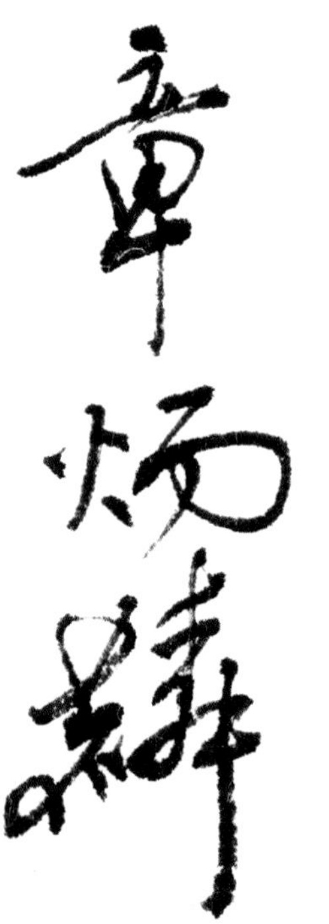

章炳麟 《庐山志》题词行书镜心

尺寸丨 26.3×16.5 厘米

材质丨水墨纸本

此为章炳麟民国二十二年（1933）为《庐山志》所作题词稿，为马宗霍霎岳楼旧物。

马宗霍 (1897—1976)，湖南衡阳人。湖南南路师范学堂毕业，致力于经学、古文字学和史学方面，著述甚丰。历任暨南大学、金陵女子大学、中央大学、湖南大学等校教授，中央文史馆馆员、中华书局编审，主持廿四史点校工作。亦工书法，集众家之长，自成一体，其信札和手稿亦为人所珍重。所编撰《书林藻鉴》是一部对各朝书法发展进行综合性分析与评论的专著。

廬山志題辭

余友吳宗慈藹林為廬山志十二卷義寧陳翁序之舉目錄詳
矣復出序於余余曰內則棲逸之民外則寄桑門者古之巖
穴處與儈以灌莽起華屋者今之廬山也中國名山數十自五嶽及
終南青城點蒼峨眉近首黃山括蒼其地或僻左或當孔道而船
舫不得至獨廬山枕大江舊客俗士所易窺其變遷乃如是固地
勢然也雖然自今而往山日樸市日鄙欲隱於其地者非高貴則不能已人之情求
仕不獲無足怨而隱而不得其地以自竄者毋乃天下之至哀歟藹林
負俗之士也業以議員走南北幾十年不得意而去其後未嘗為不義
屈常居其山期與香狂相違其自重若斯之篤也所為志簡嚴去華
於昔之勝迹今之變故詳矣山政一卷尤質實足以備故事其情之肆非
不可知要之今之廬山必與藹林所期者稍遠矣吾乃知天之鼓物果
不與聖人同憂樂也題其端亦爾 民國二十二年九月章炳麟

以議員走向北

與昏狂相舞、其

讀設詳矣也改

峨眉近蜀有黄

山枕大江萧

山日樣市日二鄧

今句往前隐於

傅增湘

（1872—1949）

字叔和、沅叔，号润元，自署藏园居士、双鉴楼主人，四川江安人。光绪二十四年（1898）进士，选入翰林院为庶吉士。五四运动前曾入内阁任北洋政府教育总长，1927年任故宫博物院图书馆馆长。傅增湘是近代著名藏书大家，在藏书、校书、目录学、版本学方面均有杰出成就，著有《藏园群书经眼录》《藏园群书题记》《双鉴楼善本书目》等。

1911年成立的中央教育会，张謇为会长，张元济、傅增湘为副会长，严复以教育名流身份被提名为委员。后严复与傅增湘等人还曾联名在《大公报》发表《中国教育会章程草案》。

傅增湘

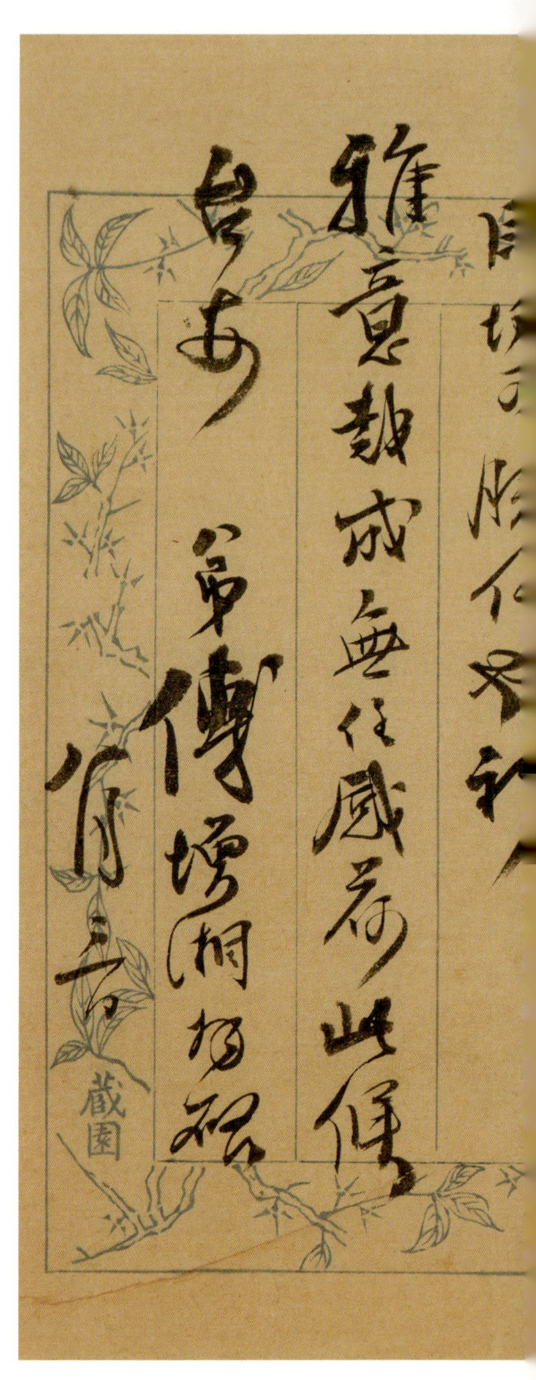

傅增湘 致沈兼士信札

一通一页

尺寸｜33×19厘米

材质｜水墨写本

此为傅增湘致沈兼士信札，所及乃为刚从美国回来的杨承祚在辅仁大学谋得教职之事；信中傅氏称赞杨氏“志向坚卓”，并附上其简历，认为其完全可胜任经济科目之教务。杨承祚先后在辅仁大学、中国人民大学任职，为王光美之师。

兼士先生閣下：睽
教至念。兹懇者：楊生承祚
新自美國畢業回國，成
績頗優，又為故人之子，篤嗜
其志向極卓，特為介紹於
本校下學期開始教課，必有
增加我政動效點
執事告本科之任，能否留配
錄之，俾得用其所長。附上證
書，懇其一閱，即希查核[illegible]

硜硜情無虛飾於長，今虛懸此名於公司，無絲毫之益，而鄙人深負無窮之咎歉，不如遂已，免得兩安。素志早決，幸勿強留。此致

董事會諸君公鑒

傅增湘拜啓

七月廿七日

雙鑑樓

閱

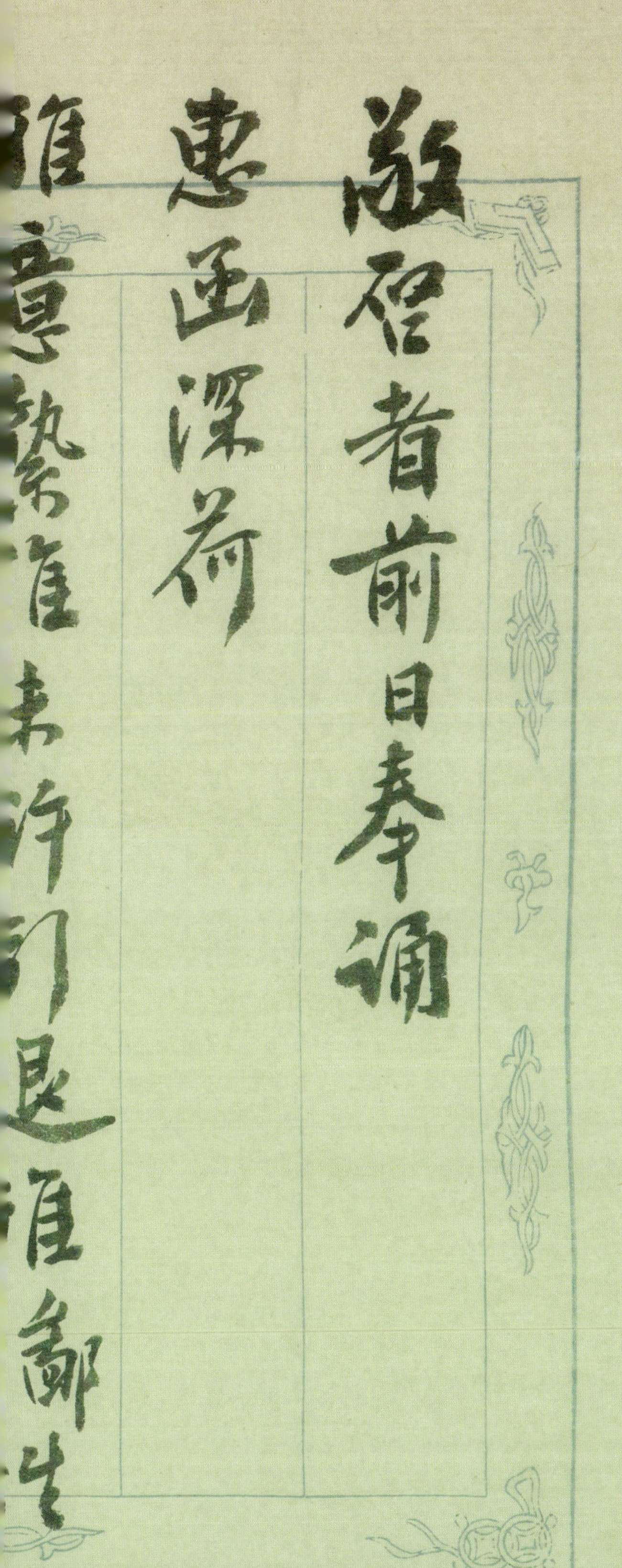
敬启者前日奉诵
惠函深荷

傅增湘 致某董事会信札

一通一页

尺寸 | 33×19厘米

材质 | 水墨写本

此札作于1936年，从内容可知此为傅增湘向某个董事会表达辞职之意，但因其担任社会身份众多，尚未知具体哪个公司董事会。

傅增湘、严复等 致绍鲁题词册

尺寸｜25×14.5厘米

材质｜水墨纸本

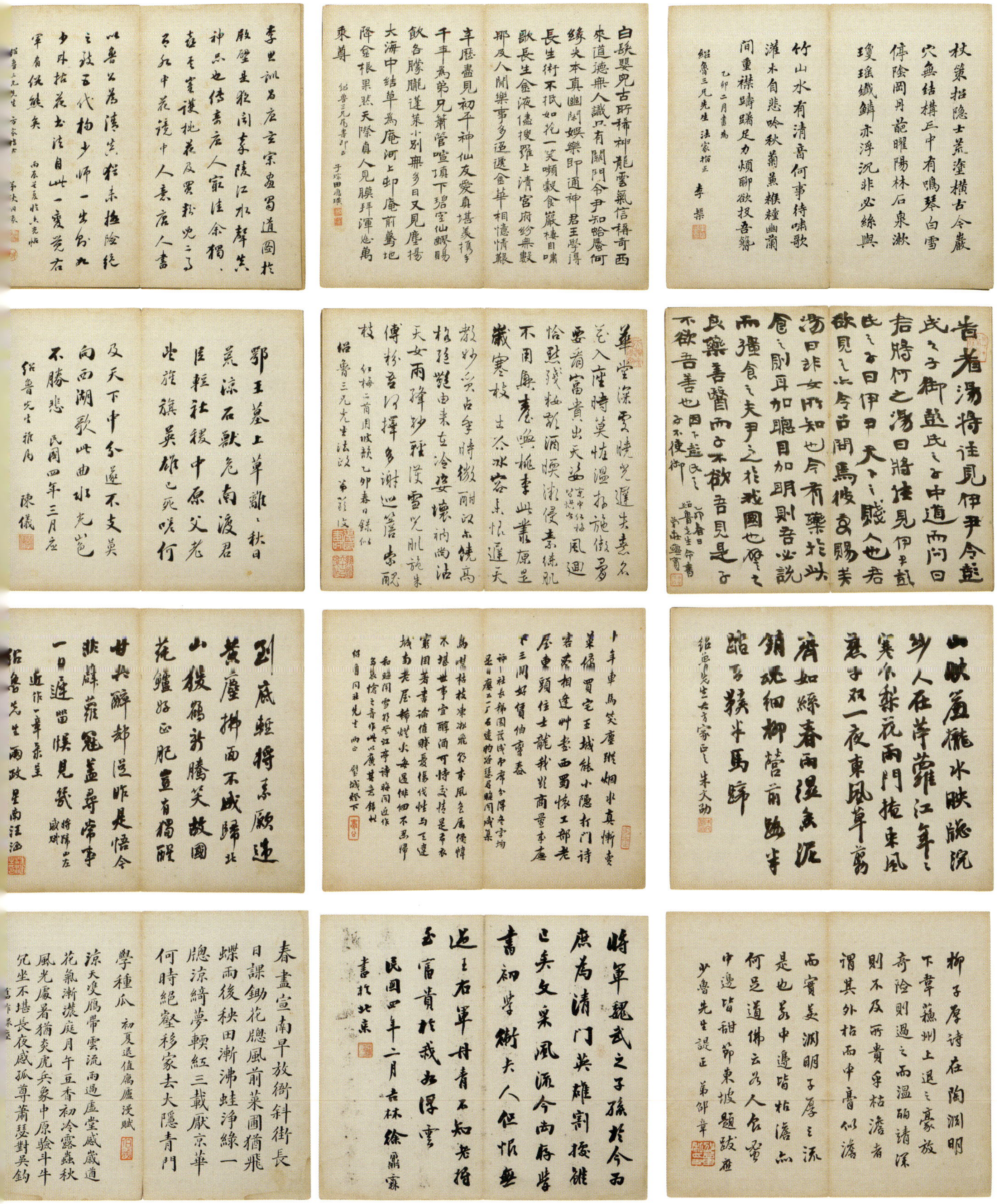

此册为傅增湘、严复、马相伯、赵惟熙、王揖唐、陈仪、夏寿田、邵章、李桀、田应璜、秋桐豫、袁金凯、冯麟霈、秦望澜、朱文劭、汪涵、严天骏、王祖同、徐鼐霖、黎渊、钱桐、阿旺根敦等二十余位民国名人为绍鲁所作题词册，其内容多为各人自作诗词，册页完成时间在民国四年至五年中。惜绍鲁其人暂不可考，然从此册页阵容完全可以推想其身份的不一般。

東吳僧道潛有標致嘗自姑蘇歸湖上經臨平作詩云風蒲獵獵弄輕柔欲立蜻蜓不自由五月臨平山下路藕花無數滿汀洲東坡赴官錢唐過而見之大稱賞已而相尋於西湖一見如舊及坡移守東徐潛往訪之館於逍遙堂士大夫爭欲識面東坡饌客罷與俱來而紅粧擁隨之東坡遣一妓前乞詩潛援筆而成曰寄語巫山窈窕娘好將魂夢惱襄王禪心已作沾泥絮不逐春風上下狂一座大驚由是名聞海內然性褊尚氣憎凡子如仇士論以此少之

紹魯先生教正 弟傅增湘

華堂深處曉光遲失意名花入座時莫惜溫存施傲骨要看富貴出天姿（京中紅梅皆烘者）風迴恰趁殘妝酒暈濃侵素練肌不用無言嫌桃李此叢原是歲寒枝

其二

冰容未悵遲天教妙質占年時微酣以亦饒高格孤艷由來在冷姿壞衲尚沾天女雨縫紗難從雪似肌旋朱傅粉吾何擇多謝巡簷索酛枝

紅梅二首用坡韻乙卯春日錄似

紹魯三兄先生法政 弟嚴復

君子慎擇之而得務擬固恒守之勤脩之士豈惟定心于一業亦宜定身于一所也身不定于一所心難定于一念一顛矣怠者不能奮然克己以致心安而易處求心安正猶身疾者易處而求愈祗益疾耳亦求安在易心豈在易所木數移不茂方石自安誠德自靜定身于一所正寔德滋心之印證矣 乙卯春分前晉錄七克似紹曾社兄指正 馬良時年七十

清溪流過碧山頭
空水澄鮮一色秋
隔斷紅塵三十里
白雲紅葉兩悠悠
紹曾兄存 弟王揖唐

梁启超（1873—1929）

字卓如，一字任甫，号任公，又号饮冰室主人，广州府新会人。近代思想家、政治家和著名学者，「戊戌维新」运动领袖之一。梁启超12岁中秀才，17岁中举，后从康有为学习，力图维新。戊戌政变后出亡日本。其于学术研究涉猎广泛，在哲学、文学、史学、经学、法学、伦理学、宗教学等领域均有建树，可谓「学贯中西，囊括古今」。有多种作品集行世，以《饮冰室合集》较称完备。梁启超还是康有为碑学书法的积极实践者，并率先以现代西方的美学视角来审度中国传统书法艺术。

严复与梁启超多有书信往来，并且给梁寄过《天演论》手稿，还曾捐款赞助梁所创办之《时务报》。1913年，二人与林纾等人共同发起成立北京孔教公会。梁启超曾在其主办的《新民丛报》中称赞严复「于中学西学皆为我国第一流人物」，推许他为「译界之宗师」。

梁启超 行书诗轴

尺寸｜74.5×41.7厘米

材质｜水墨纸本

（福建博物院藏品）

释文：癸丑上巳，招同人修禊京师万生园，分韵得“激”字。时运代谢不可留，有生足己欣所适。永和以还几癸丑，万古相望此春色。大好江山供抢攘，尚有林园葆真寂。西山照眼无限青，新柳拂头可怜碧。群贤各有出尘想，好我翩然履綦集。清谭遂穷郭向奕，吟笔纷摩鲍谢壁。略无拘检出襟抱，相与觞咏殚晡夕。自我去国为僇人，娄辜佳辰坠绝域。哀时每续梁五噫，连俗空传傅七激。秋虫声繁亦自厌，春明梦碎何当觅。揭来京国俨在眼，起视山川翻沾臆。正恐沧田会成海，岂直长安嗟如奕。即兹名园问银榜，已付酸泪话铜狄。江湖风波况未已，龙蛇玄黄知何极。因想兰亭高会时，正值典午阳九厄。雅废夷侵难手援，井渫王明只心恻。余子猜意争腐鼠，达士逃虚谢鞿勒。即今茧纸世共宝，当年苦心解谁索。吾党夙昔天所囚，今日不乐景既迫。潋潋酒光渐泛瓮，的的花枝更照席。虎头尺缣能驻颜，贺老四弦解劝客。侵驰忍放日月逝，蹉跎应为芳菲惜。它年谁更感斯文，趋舍恐殊今视昔。

落款：几士大兄属书即希两正，乙卯十一月 梁启超

钤印：任公

癸丑上巳招同人修禊京師萬生園分韻得激字

時運代謝不可留，有生足已欣所適。永和以還幾癸丑，
萬古相望此春色。大好江山供搶攘，尚有林園葆真寂。西
山照眼無限青，新柳拂頭可憐碧。羣賢各有出塵想，好
我翩然履綦集。清譚遂窮郭向窔，吟筆欲摩鮑謝壁。
眇無拘檢出襟抱，相與觴詠殫晡夕。自我去國為僇人，屢
辜佳辰墮絕域。哀時每續梁五噫，近俗空傳傅七激。秋蟲聲
餘只自歎，春明夢碎何當覓。碣求京國儀表眼，越視山川蕭
治縣政以滄田貨成海，豈直長安嗟如奕。即茲名園尚銀牓，已付酸淚話銅
駝。江湖風波況未已，龍蛇之歲知何極。因懷蘭亭高會時，正值典午陽九厄。雅
度夷侵猶手援，桂漾王朝只心惻。僅子精意爭腐鼠，達士逃虛謝轘勒。即今蒨
紙苦於寶帖，年若以解誰實尚，鄰風驕天所因。今日不樂景既迫，激激酒先漸
汎羅的，花枝更照席席馭，尺縑猶驗類貨之，四緒解勒紛侵馳。思放日月
逝蹉跎，無為芳菲惜往年。詠更成斯文，趣舍以殊今視昔。

奚士大兄屬書，即希兩正。乙卯十一月 梁啓超

梁启超《饮冰室全集》

民国五年（1916）中华书局排印本
四函四十八册
尺寸｜19.6×13厘米

是书为梁氏亲自重订旧日版，又增补未刊之作而成，故冠以全集之名，内分论文、杂文、骈文等类，白纸精印。

梁启超《饮冰室诗话》

人民文学出版社 1959 年版

一册

尺寸｜20×14厘米

「戊戌政变」后梁启超流亡日本，于此际创办《新民丛报》半月刊于横滨，《饮冰室诗话》即连载于该刊第4—95期。主要内容就是评介作者师友的名篇名句，从改良主义立场出发总结「诗界革命」，发表著者注重「新意境」的诗歌理论和见解。而所谓师友「昵者」，主要指康有为、黄遵宪、谭嗣同、夏曾佑、蒋观云等人，他们都是「诗界革命」的主将。

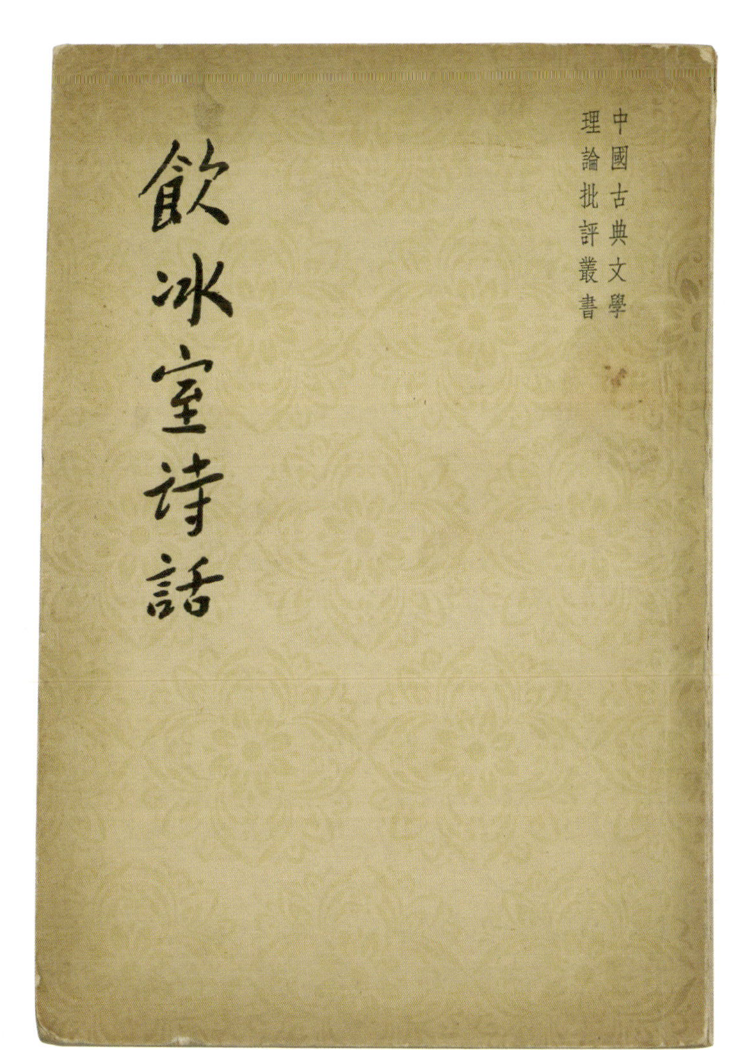

杨度（1875—1931）

字皙子，别号虎公、虎禅，湖南湘潭人。光绪十九年（1893）举人，曾参与「公车上书」，并认识了梁启超、袁世凯、徐世昌等人，还乡后师从一代名儒王闿运，后留学日本。民国初主张君主立宪，戊戌变法期间接受康有为、梁启超等改良派的维新思想，晚年加入中国共产党。

杨度与严复多有来往，曾与严复、张元济等人联名发表《中国教育会章程草案》，后强署严复之名发起「筹安会」。

杨度 荷锄、移石隶书五言联

尺寸｜ 123×29 厘米

材质｜水墨纸本

释文： 荷锄占泉脉，移石动云根。

落款： 述臣仁兄正 杨度

钤印： 湘潭杨度

逑臣仁兄正

荷鋤占泉脈

移石動雲根

楊度

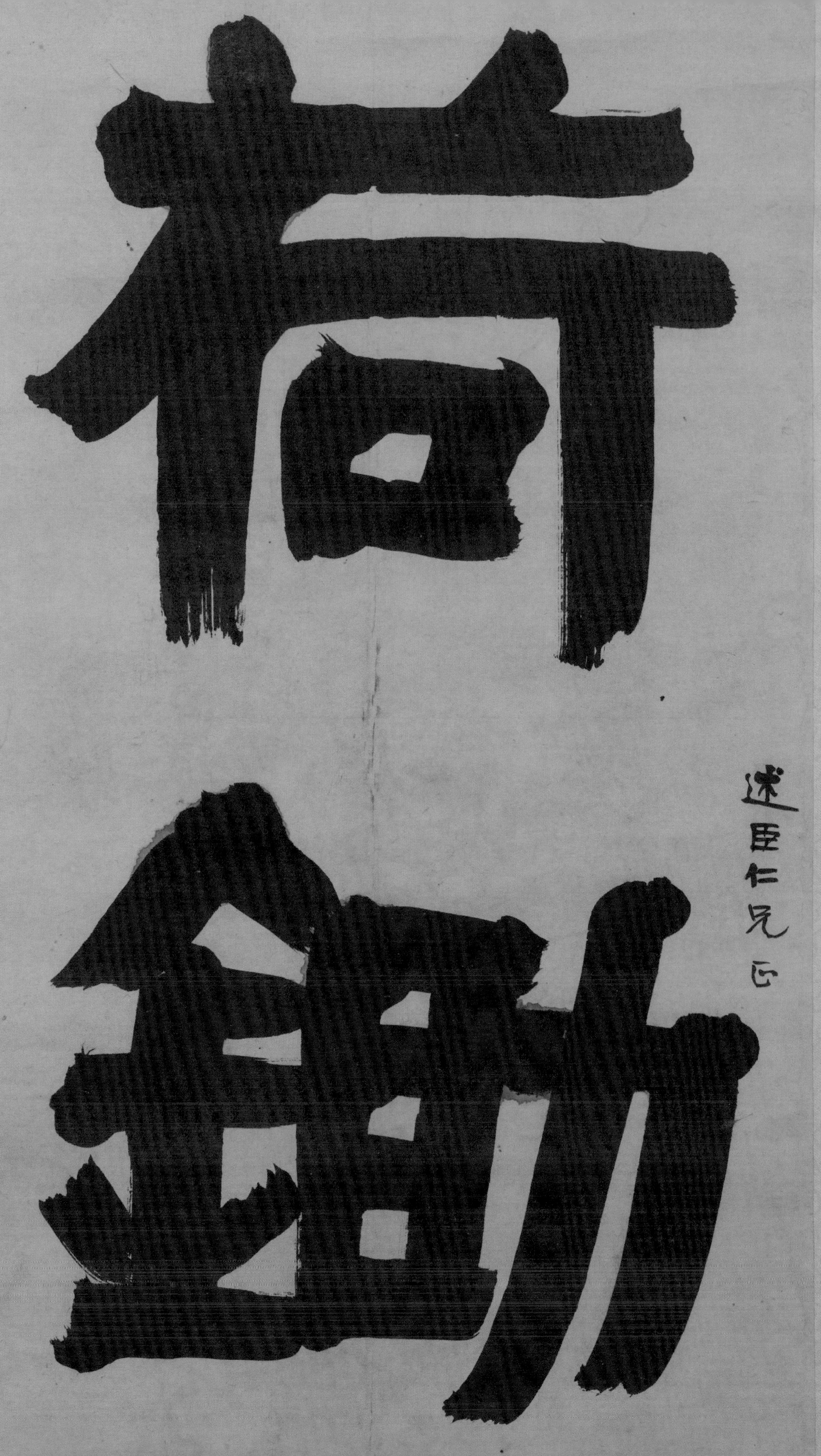
荷鋤
述臣仁兄正

移石

张伯苓（1876—1951）

原名寿春，字伯苓，后以其字行世，天津人。中国近代著名爱国教育家，南开系列学校创办者，也是西方戏剧以及奥运会的最早倡导者。1891年考入天津北洋水师学堂，受教于严复，颇受其「物竞天择适者生存」思想的影响；后获得上海圣约翰大学、美国哥伦比亚大学名誉博士，受教于美国杜威、桑代克等人。

张伯苓把教育救国作为毕生信念，先后创办南开中学、南开大学、南开女中（今天津市第二南开学校）、南开小学和重庆南开中学，接办四川自贡蜀光中学，形成了著名的南开教育体系，为国家培养了包括周恩来在内的大批人才，被尊为「中国现代教育的一位创造者」。

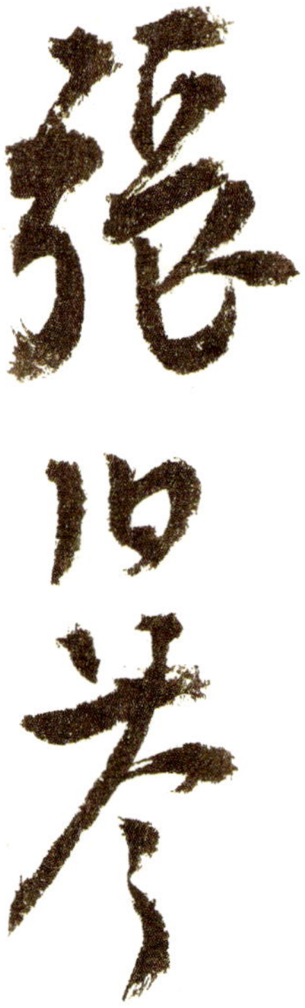

张伯苓 为菊丈题《涵芬楼图》诗行书镜心

尺寸｜27×22厘米

材质｜水墨纸本

释文：高楼万丈起海上，睿光千里照天涯。遗编残丛收罗尽，却是孤心独一家。公车曾载报国志，忧志未尝忘晓霞。画图尽堪传颜色，凭谁（谁能）写出颂菊侠。

落款：菊丈北来，迎宴以涵芬楼图嘱题，即以俚句奉教，惜未携印鉴为恨也 张伯苓草草

钤印：张伯苓

高樓萬丈起海上看光千里
照天涯遺編殘叢收羅盡
卻是打心獨一家公車百載
郭園無優無來賞無晚霞
畫圖豈堪傳新色誰能
寫出頌菊便賢雄

菊丈北來遊宴以涵芬樓篇
屬題即以俚句奉 教惜未拘韻
聊以筆為紀也 張心岑草

吕碧城（1883—1943）

原名吕贤锡，又名兰清，字遁夫，号明因，晚年自号宝莲居士，安徽旌德人。诗人、政论家、社会活动家，女权运动的首倡者之一，中国新闻史上第一位女编辑，中国第一位女性撰稿人。22岁时筹办北洋女子公学并出任校长，开创了近代教育史上女子执掌校政的先例，在当时与秋瑾并称为「女子双侠」。

吕碧城为严复女弟子，两人在兴办女子教育方面多有探讨，严复对其评价颇高，称其「高雅率真，明达可爱」。

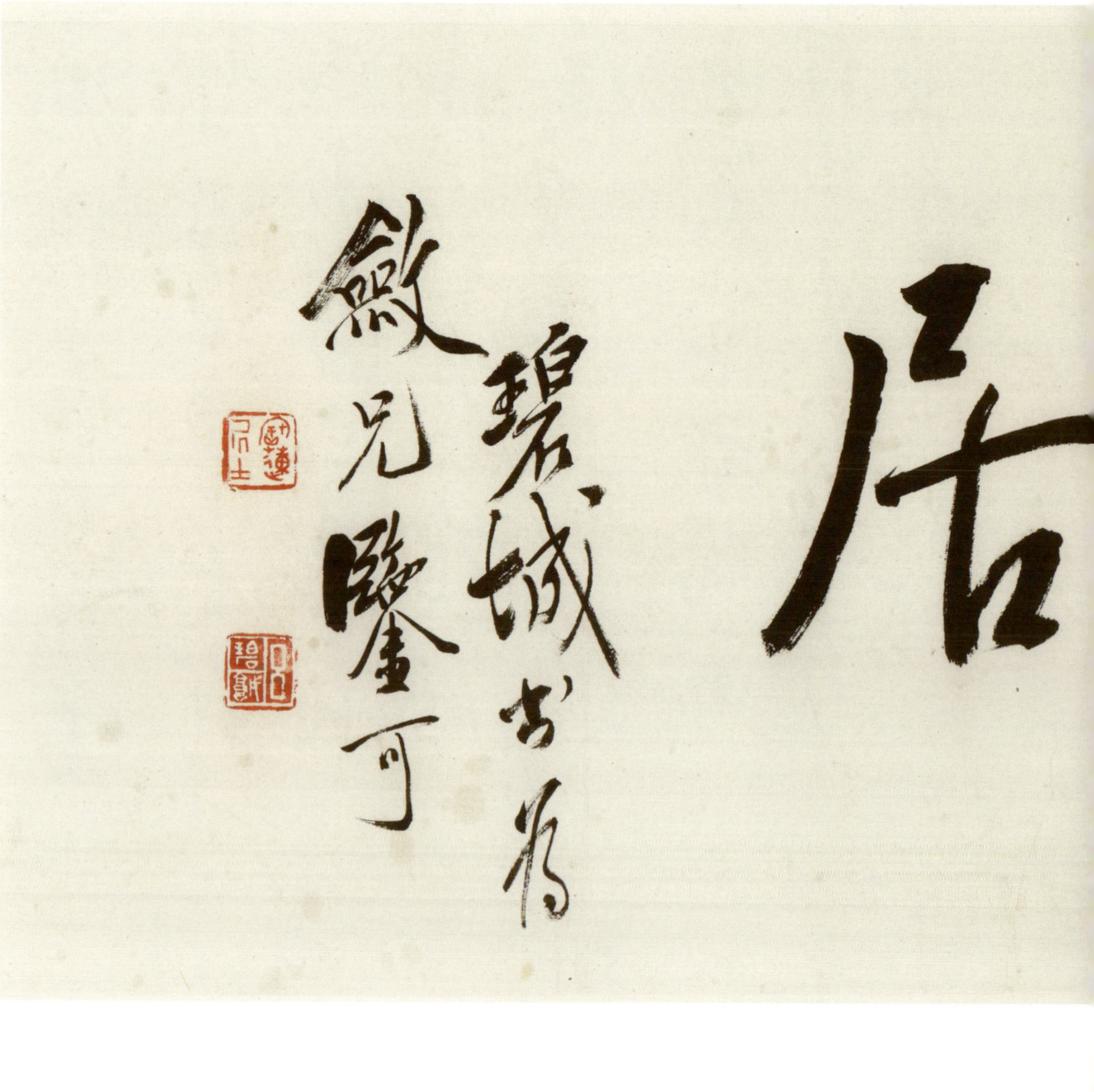

吕碧城 观龙旧居横额

尺寸｜74×25.5厘米

材质｜水墨纸本

释文：观龙旧居。

落款：碧城书为敛兄鉴可

钤印：宝莲居士 吕碧城

吕碧城《吕碧城集》

民国十八年（1929）中华书局排印本

一函两册

尺寸｜19.5×13.5厘米

是书为民国奇女子吕碧城文集，前收珂罗版倩影九帧。原装品佳，甚是难得。

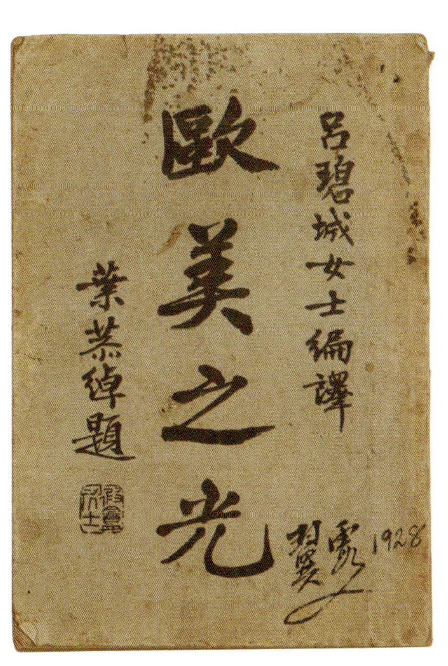

吕碧城译《欧美之光》

民国二十一年（1932）上海佛学书局出版

一册

尺寸 | 19.5×13.8厘米

1928年起，吕碧城致力于「护生」思想的传播和动物保护运动，通过在《大公报》上撰文传播其保护动物理念，而《欧美之光》一书正是这种理念的集中呈现。此书由叶恭绰题书名，凌楫民作序，书中配有多幅精美照片插图。

歐美之光　各國保護動物近訊　三六

知由何處來者。晝則成羣結隊。擕犬覓食苟延殘喘。夜則擁犬臥於街角路隅。迨嘉禮士（Calles）氏執政之第三年。始建築習藝所。收養野孩。而野犬亦得量力收容。街市之犬漸少。衛生部收犬數星期後。若無人認領。即以善法處置之。因教育漸興。公衆對動物之觀念。亦漸有改良之希望。如鬭牛之風。即已銳減。普通之墨人。每於星期假日以踢球爲戲。以代其往觀鬭牛之嗜好。如近來古巴（Cuba）等處所開之拉丁族亞美利加人運動會。發現墨西哥之團體爲翹見也。

日本國

編者按日本屬亞洲。與歐美保護動物之事無涉。但其始爲此運動者。屬美國人。故附錄於此。

日本自一九零一年以至一九一九年迭有此項法律之成立。但實效不甚顯著。僅限於較大之城市而已。東京有私立之會名『人道會』。頗多著名政治家及貴族贊助之。其中如德川親王且列名焉。辦有出版部。諸刊品爲宣傳。其先多外國人贊助。後則日本人亦紛紛加入矣。城市徧設有飲馬之水槽。且設有一棄犬收容所。每年四月間擇定一星期爲保護動物節。預先苦心籌辦。公衆興致不淺云。

編者按以上各國近訊。除英荷瑞等國。有編者直接所得消息外。餘均譯自The Christian Science Monitor 報。

印度因果輪迴社（Karma and Reincarnation Mission, Junagad, India）來稿

（1）可怖之死　據澳洲錫德奈（Sydney）皇家禁止虐待動物會（R. S.

人類欲躋天國。其所行者。乃地獄之路。

歐美之光、印度因果輪迴社來稿　三七

侯毅（1885—1951）

字疑始，江苏无锡人，严复门生。工于诗文，与严复、赵元礼等人唱和颇多，辑有《瘉野诗》。曾作《筹安盗名记》为严复辩诬，严复阅读后「颇许其翔实」。其又擅长书法篆刻，严复有「雕镌谁似侯疑始，刀笔中无一点尘」的诗句称赞，其书法则颇可见严复影响，运笔潇洒俊俏，亦是正宗帖学风采。

侯毅 苏轼《次韵刘贡父所和韩康公忆持国》诗行书中堂

尺寸｜131×64 厘米

材质｜水墨纸本

释文：梦觉真同鹿覆蕉，相君脱屣自参寥。红颜底事发先白，宦迹何妨人白遥。狂似次公应未怪，醉推东阁不须招。援毫欲作衣冠表，盛事终当继八萧。

落款：钦允先生属书苏诗 侯毅

钤印：无锡侯毅 疑始长寿

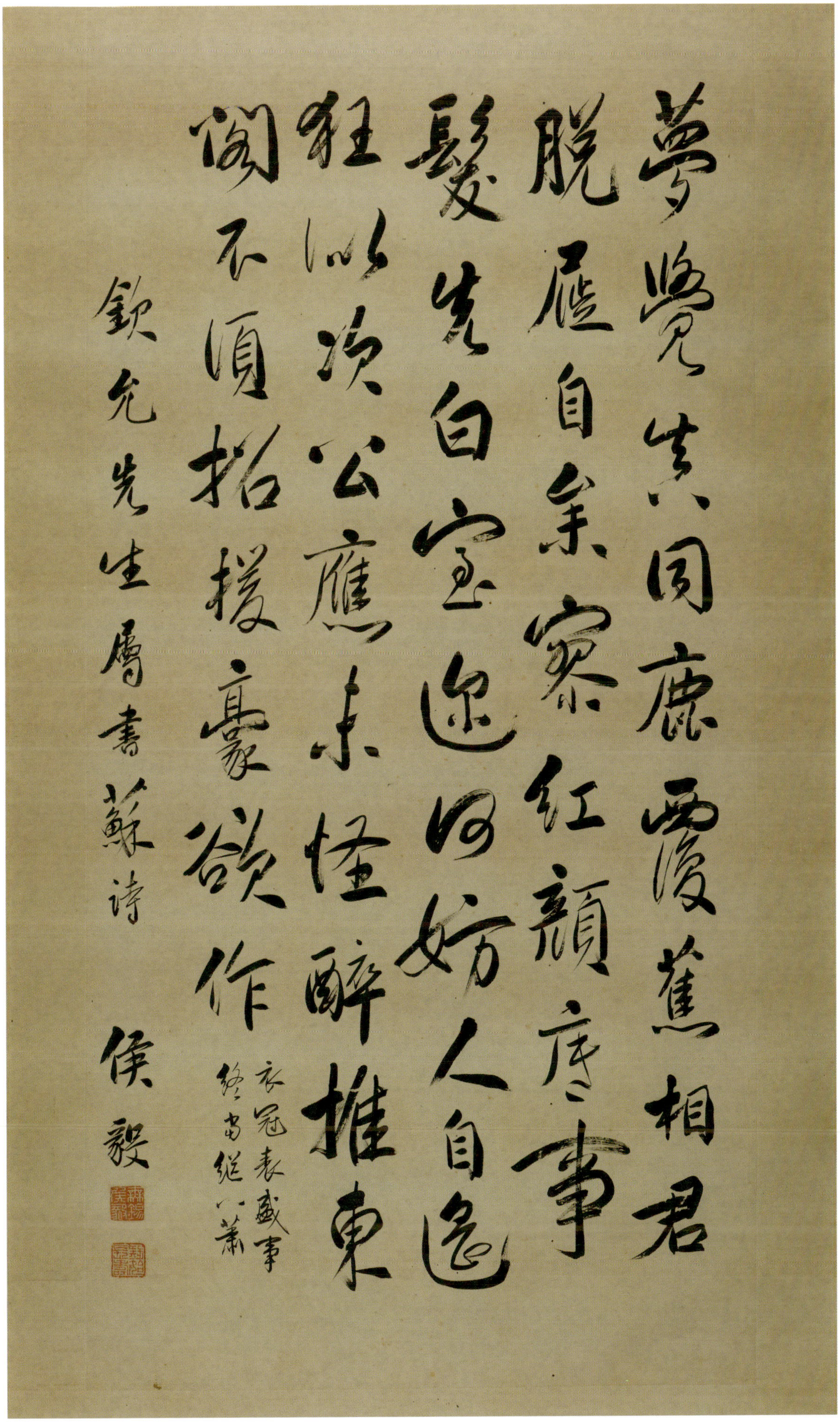
夢覺真同鹿覆蕉相君
脫屣自參寥紅顏底事
髮先白室邇何妨人自遙
狂似次公應未怪醉推東
閤不須招撥豪欲作
衣冠表盛事
終當繼八蕭
欽允先生屬書蘇詩
侯毅

醉推東

人作

衣冠春盛事

終尚繼八葉

詩

侯毅

收蕉相君
顏庶事
好人自逸

附录

严复的「学」与「译」——从求学历程探其翻译思路双重性

文 | 李坤 |

每一个时代都有自己的主旋律，一段接着一段共同谱写起历史脉络。或是雄奇宏伟，或是跌宕起伏，十九世纪对于中华民族来说，就是这样的一幅风起云涌画卷。你方唱罢我登场，各派人物的韬略济世，政治角逐千层浪涌，危亡之际，一边是时代在低吟浅唱的王朝末路，另一边也有无数救亡图存的剪影纸画，无数人的登台演绎，共同描绘那样的沧桑岁月。鸦片战争的一声炮响打开了闭关的大门，天朝上国的美梦轰然倒塌，工业文明的到来冲击着中国几千年的立国之本，在屈辱与救亡中，一个时代盛大地宣告着自己的到来。

严复，就在这个时期登上了历史舞台。

一、人生转场："旧"与"新"

1854 年，严复出生于福建省城附近的一个乡间中医世家，父亲熟悉儒道经典与医术却并无功名，家族属于中下层的地方精英阶层。对于出身，严复也曾骄傲地展示道:"我家累世为医，积德累功由来日久。"可以看到，他的童年生活是美好安宁的。因为福建特殊的地理原因，严复也在幼年时代目睹了海港贸易发展的繁荣景象，对与西方的开放交流有了最初的理解和认识。在传统家庭文化背景下，他同那个时代的很多人一样走上了学堂科举之路，家族中虽然儒学氛围浓厚，但几辈没有科举人才。因此，父亲把希望寄托在了早慧的严复身上，从小就教授他儒家文学理论知识，对待课业检查严格。在这样的目光注视下，严复自然而然地感受到了家族的期望，在潜移默化里以角色期待去选择社会行为，将功名视为自己的最大追求。他先师从叔父学习八股文，表现出了对旧体诗的极大兴趣，后跟随家庭教师黄宗彝学习。

黄宗彝，初名熥，字圣谟，又字肖岩，自号左鼓右旗山人……幼聪颖……然屡试不售……治古文有义法，尤精小学，遗诗一卷、婆娑词二卷、方言古音考八卷、杂文若干篇。

黄宗彝学术上受到经学考据、古文义法之影响，他既满腹经纶，却并无科举功名，时常吞云吐雾。他并不是一个传统意义上成功的儒家学者，但对严复教学严格，传授给严复大量的汉学治学方法。在这样的情况下，严复形成了以儒家中庸为人生哲学的观念，培养起谨慎行事的君子作风。

从社会心理学来看，青少年时期的经验和记忆，很大程度上会影响其后续的人生走向。早期的儒学氛围，为严复的旧学功底奠定了坚实基础，也对他自我定位铺垫好了道路，自我意识具有保持内在一致性的功能，个人对自己的理解影响着他的行动，严复就这样地成长着。

1866 年，父亲的病逝中断了他原本的考取功名的人生道路，面对突如其来的变故，严复举家迁回阳岐祖宅，靠母亲与妹妹以绣花缝补来维持生活。

我生十四龄（按阴历，以虚岁计算），阿父即见背。家贫有质券，赙钱不充债。陟冈则无兄，同谷歌有妹。慈母于此时，十指作耕耒。上掩先人骸，下养儿女大。富贵生死间，饱阅亲知态。门户支已难，往往遭无赖。五更寡妇哭，闻者隳心肺。

家庭的经济状况让严复的学业被迫中止，迫于压力，1867 年严复考取福州马尾船厂附属的船政学堂。这是近代中国最早的一所海军学校，是洋务运动中闽浙总督左宗棠为效仿西法坚船利炮而设立开办的学堂。在社会普遍轻视和排挤西学的窘况下，船政学堂为吸引人才，除了供应学生衣、食、住，每月还发四两白银的津贴，这也正是吸引严复的原因，他希望可以一边读书一边养家，船政学堂刚好给了他这样的一个机会。同时，严复把这个阶段当作了一个跳板，他希望在这里缓解自己面对生活的尴尬，尔后寻求新的机会去参加科举。从他特地更名为“宗光”来看，他的内心并没有完全放弃科举功名，他依然认为自己应该以功名走向为人生导向。

值得一提的是，作为以“中体西用”为核心的洋务运动产物，学堂本身也如同洋务运动的糅合一般，采取的教学方式是中西并举，洋务派对西学仅局限于自卫，在感情上又是冷漠鄙视的。这就形成了一种欲拒还迎的社会心理，一方面在教授西学，另一方面也高度重视着传统文化的学习。在入学考试中，笔试作文就出自《孟子 · 万章》的“大孝终身慕父母论”，而严复也以第一名的成绩被录取，足以证明他深厚的儒学基础。作为一种教育，身处在其中的人很难从教育的合理性去质疑自己正在经历的教育方式，因此，在学校中，学生们并没有真正理解到中西文化的矛盾冲突，和洋务派一样，他们认为，中西文化是可以并行的，或者是西学源于中学。

二、少年求学：“道”与“器”

船政学堂分为前后两学堂。前学堂为制造学堂，又称“法语学堂”，主设有造船专业，优等生后被派往法国学习深造。后学堂为驾驶学堂，亦称“英语学堂”，主要专业为航海驾驶专业，以后增设了轮机专业，优等生后被派往英国学习深造。少年严复在该校后学堂（驾驶学堂）学习驾驶专业。福建船政学堂的主管者是沈葆桢，他认为“水师操练，英为最精”，故此后学堂（驾驶学堂）以英文为专业语言，课程以英文教授，负责人是英国人嘉乐尔 (James Carroll)，还有新加坡籍教师曾恒忠、曾锦文讲授英语，本国教师开设中文课程。严复在此开始修习算术、几何、物理、化学、机械等航海必修的课程。学堂学生均在校内集体食宿，统一作息。在这样的环境下，严复的西学知识面得到明显的扩展提升。

当时在《北华捷报》有这样的报道：“Mr. Carroll 第一班班上的学生有三十人，老师在课堂上举行临时抽考，测验数学、几何、圆锥曲线、动力法则、牛顿力学、流体静力学等。学生都能完美地回答这些问题，其游刃有余让我们感到吃惊。我们也被告知这些年轻的中国学生对精密科学有浓厚的兴趣，因此总教习必须禁止他们在晚上十点、十一点之后继续学习。这些年轻的中国学生都能说正确、良好的英文，我们听不到粗俗下流的洋泾浜英语。”1871 年，严复结束了他的学堂之旅，在毕业的时候，严复和班上的同学共同用英文写了一篇谢辞，用词精妙，可见这些学生的英文造诣。在内容上，文章则采用“西学源于中国”，可见这个时期，严复在语言应用能力上英文已经得到长足长进，但依旧处于传统思想的范畴，他对于西学理解还是以中国长于道、西方长于器去探讨。

同时，在读书期间他与信奉基督教教师的往来也让他开始了解西方宗教，最后甚至认为西方的成功就来自于基督教。可以看到，他对于科学与宗教并不视为对立。关于这一点，我们或许可以了解到，严复对于各类文化，不论是宗教科学或是中西文化，并没有一种明显的对比视角，他反而更倾向认为所有文化本质上都是相通的，这样的态度也许与严复的性格有关。在跟随叔父严厚甫学习时，有一次，严厚甫讲课说：“史曰：君为臣纲。君叫臣死，臣不死不忠。宋武穆岳鹏举死于风波亭，真可谓是忠君事国，百世流芳。”话还没说完，严复回应：“君为轻，民为本；君为船，民为水。水可载舟，水也可覆舟。君怎能为纲？”严厚甫答不上话，一气之下把书桌都掀翻了。严复对于书籍的大量阅读，让他在很早的时期就形成了一种对文化内在批判的思考，即使是传统的同类文化，他也能敏锐地捕捉到矛盾的生成。也许正是在最初的困惑没有得到解答后，他在后面反而认为文化应该是包容一切的，在同类文化下的矛盾，与不同质文化的矛盾可以进行换位思考。尔后跟随黄宗彝学习时，看到他的烟枪，他或许也困惑过时代的割裂下矛盾如何调和。

毕业后，严复在海军供职，1877 年 3 月受派赴英学习海军技术，留英两年有余。这期间，他的学习重心始终是西学，在进一步钻研自然科学之上，还对近代社会科学产生了浓厚兴趣，他大量阅读了亚当·斯密、孟德斯鸠、卢梭、达尔文、赫胥黎等人作品，深入调查英国德国的资本主义社会制度，并产生了崇拜之情。在初步了解到中西文化差异后，他开始反思自己的求学经历，认为洋务运动并不能满足对西方的学习。

1878 年，严复在与郭嵩焘的讨论中，批评了张自牧关于"西学中源论"，他看到了张自牧的说法对于开拓西学的积极意义，但对于其中与旧有观念妥协的部分，严复展开了强烈的批判。他不再认为西学中源，对于洋务运动的这种浅层次的变革，严复失去了耐心。他的求学经历让他在知识结构上处于缝合状态，前面我们曾谈到，严复在传统文化的教学里，抓住了它其中的对立，提出"君怎能为纲"的思考，而面对异质文化，这种冲突的思考只会更多。或许就是这样独特的自我体验，严复才能成为一个学贯中西的大家。

1879 年 8 月，严复毕业回国任福州船政学堂后学堂教习，后被推荐给北洋大臣李鸿章，于次年调入北洋水师学堂任洋文正教习，但严复并没有得到一个大展才华的机会。在当时社会，保守势力占据主要政治文化特权，学习了西学的严复，处于一种被"蔑视"的地位，懂得洋文让他被视为异类，士大夫阶层把他相当于蛮夷，认为科举才能被称之为正途。在这样的冷眼下和社会氛围里，他再一次选择了四书五经，一边工作一边试图通过科举走上"正途"。

但是命运并没有给他青云直上的机会，严复参加科考屡次落榜，他的认知自我和理想自我开始产生了严重的分歧。在从小的教育里，他被家庭套上光宗耀祖的责任，在成长经历中，他看到了儒学文化的特殊内涵，那个他一直不断追求着的功名如今却一次又一次打击着他。而就在这个时期，甲午战争失败打破了洋务运动带来的虚假繁荣，忧国和怀才不遇的双重打击下，他最终选择从科举梦里走了出来，投身到翻译事业当中。而少年时的求学，虽说是在洋务派的不彻底改革下进行的中英结合，却也为严复的翻译奠定着深厚西学基础。

三、锋芒毕露："中"与"西"

甲午春半，正当东事臬兀之际，觉一时胸中有物，格格欲吐，于是有《原强》《救亡决论》诸作，登布《直报》，才窘气茶不副本心，而《原强》诸篇尤属不为完作。

严复突破以往的专业领域和工作范围，进入人文类的书籍领域深入了解，而留学期间阅读的书籍更是为他提供了开阔的视野，让他对于西方的文化了解远高于同时代的其他寻求变法的知识分子，其中就包括公车上书而名留史册的康有为。

康有为是维新变法的主力之一，他受过封建正统教育，通过科举进入到了传统的功名体系中。不同于严复系统接受过外语训练和西学教育，早期康有为对西方的认识都是道听途说，他并不认识英文，只是简单地通过传教士书籍介绍了解西方，他的文化精神植根于传统土壤。严复的经历是独特的，他的求学经历和外语才能为他对西学的认识打下良好基础，为后面不同于康有为一样单纯以中国传统文化模式生搬西方近代文化，而是自己创新奠定了基石。

一般来说，我们谈论起东西文化，都是采用差异视角来看待分析，寻求建立的基础是两种文化截然不同的生命里偶有的互通。在现代社会，多元文化的概念已经基本普遍，但谈论中外文化仍是以主要的差异为入手。而回到十九世纪，五千年的传统文化生命力正处于不断延伸状态，西方文化的强行进入打断了它原本的流动性，犹如奔腾的大河突然遇上了一块巨石，在这样的文化汇流里，文化的矛盾冲突是我们今天无法想象的。从学堂出来，理论的差异或者还可以并行，然而在实践中，文化的差异会在尖锐的现实问题里成百上千倍放大，甲午中日战争的失败，就是这样的一个放大镜。这一时期，救亡图存成为当时中国社会的最大主题，不少知识分子看到日本变法的巨大成功，开始不满足于洋务运动的中体西用。

在东亚，中国一直处于宗主国地位，甲午战争后《马关条约》的签订以及列强掀起的瓜分狂潮，对严复造成了极大的震撼，面对清政府的惨败和人民的麻木，西方社会科学书籍走入他的视野。激于甲午战败后读书人阶层的震撼，在大量阅读培根、赫胥黎、亚当·斯密、斯宾塞、穆勒等人相关著作基础上，严复于 1895 年夏至 1896 年秋将赫胥黎的两篇论文翻译成了《天演论》。初稿完成后屡加修订，于 1898 年 4 月以单行本的形式刊刻出版，随后引起国内的巨大反响，也奠定了严复在中国近代史上的知识启蒙地位。

严复的翻译动机，首先是他的民族身份认同和强烈的爱国情。在时代的呼唤之下，他选择了“为万世开太平”的儒家入世精神，同时，他中西贯通的学术能力，让《天演论》的内容并非简单的翻译，而是在移译中进行了思想内容的改造，对原文进行了“我注六经”式的解读，书中中国文化与西方思想结合创新，更加印证着严复在学问上的无所不窥。早期的儒家文化教育让他对传统文化有着深厚基础，严复对《天演论》的翻译，很大程度上进行了二次创作。书中出现了大量的儒学理论，尤其是《易》的使用。下篇《天刑》言之“此篇之理，与《易》所谓‘乾坤之道鼓万物，而不与圣人同忧’，老子所谓‘天地不仁’，同一理解”。文章中，严复以《周易》的运用诠释着进化论，把传统儒学与西方研究联系起来。而进化论的与天竞争思想，严复则引出了荀子“惟思天之大者，相对而畜牧而制度”。严复认为，赫胥黎的论述与中国古代文化有很多相通的地方，而面对赫胥黎思想上的一些缺失，严复也在翻译时进行了删改。对于物竞天择这一观点，他则把目光视野转向老子，以“天地不仁，以万物为刍狗”理解生物进化论，在老庄思想上把乌托邦幻化为老子描述的理想社会，但又不是单纯的小国寡民。

在《天演论》序言中，严复描述了自己在翻译中所遇到的困难。

“新理踵出，名目纷繁，索之中文，渺不可得，即有牵合，终嫌参差。译者遇此，独有自具衡量，即义定名。”中文学术术语的匮乏对专有名词的选择造成了极大的困难，而“西文句中名物字，多随举随释，如中文之旁支，后乃遥接前文，足意成句。故西文句法，少者二三字，多者数十百言。假令仿此为译，则恐必不可通，而删削取径，又恐意义有漏”又是一个重大的问题。在传统文化视野下，翻译追求的除信和达，更多的是雅。“《易》曰：‘修辞立诚。’子曰：‘辞达而已。’又曰：‘言之无文，行之不远。’三曰乃文章正轨，亦即为译事楷模。故信、达而外，求其尔雅，此不仅期以行远已耳。实则精理微言，用汉以前字法、句法，则为达易；用近世利俗文字，则求达难。往往抑义就词，毫厘千里。”

从序言中来看，严复所遇到的困难更多的是由于时代环境所限制。在现代社会，我们提到中西文化时，往往采取对比手段，而对于十九世纪这样的文化转型，传统文化与西方思想的碰撞力量无疑更加具有冲突对立性。翻译作为语言的桥梁，其两端植根于各自文化，在译者、社会整体的知识水平和读者诸多方面影响下形成。其中，最重要的因素当属它的文化土壤。中西文化作为一种异质文化，语言上的障碍无疑是时代的一座大山，如何做好翻译工作，对于译者提出了极大挑战。

从索绪尔的语言学理论来看，言语活动分为“语言”（langue）和“言语”（parole）。一方面是个体的，它带有个人发音、使用、联想上的特征与区别，是 parole；但是“词”又有社会性的一面，它不受个人意志的支配，为社会成员共有，是一种社会心理现象，这是词义高度抽象化的结果，是 langue。那么一般而言分析语词的选择，可以帮助我们更好地去理解时代文化，严复的翻译中所提到“译者遇此，独有自具衡量”，又为我们了解他的文化思想提供一种视角。

中国早期的翻译工作主要集中在佛经，如《翻译名义集·自序》所云，“夫翻译者，谓翻梵天之语转成汉地之言。音虽似别，义则大同”，严复的翻译模式，就是一种从古代佛教翻译而来的逻辑严密而又复杂的原则延伸。

《天演论》翻译所确立的“信、达、雅”翻译原则，成功地实现了原著的中国化，是植根于传统下的中国版《进化论与伦理学》。其中的雅，即，用“汉以前的字法、句法”去翻译，使译文读起来更像中国古代的说部和史书，这一方面是严复喜好古文的品位，另一方面是基于严复的翻译阅读群体定位是士大夫阶层。他认为，只有唤醒士大夫阶层，政治才能成为可能。严复对于这些儒家文化下的功名获得者，依然抱有极大的期待。

在翻译时，选择古僻字作译词可以说是严复翻译的一个特点，“用汉以前字法、句法，则为达易；用近世利俗文字，则求达难”。他认为越是原初的文字，一方面可以做到文化相通，另一方面因为晚清时人当下缺失对这些词语的使用，反而可以避免误读，字义模糊的古僻字不会造成“同形冲突”，译者可以自由地向这些古僻字里充填新的意义。

一方面，这样的选择是基于我国当时的基本国情，传统文化与西方文化的结合让缺乏对西学思想了解的社会可以更快地接受新理论的引入，晚清倾向西学的知识分子把西方的现代知识同中国传统思想扯上关系，很多时候是为了缓和守旧知识分子的排外情绪。另一方面，则是由于严复早期对儒学的学习了解，他身上特殊的文化经历不断塑造着翻译的方向性，他在进行翻译的时候“一名之立，旬月踟蹰”的严谨态度，也显露出传统知识分子对于文化的考究衡量。

这种以中国文化去证明西方思想合理性的做法，彰显着中国知识分子存在的一种核心思维模式——以传统文化为根基，将中西文化融合而创新。对于严复个人来说，他的经历让他依然保持着儒学风骨，尽管科举失败，但他内心对于传统文化并没有出现抗拒。西学的补充发展，更多是为了完善中学以及瞄准时代需求，“乃今以谓徒于其故而求之，犹非保存之大者也，必张皇补苴，宏纳众流，而后为有效也”。

四、往圣之间：“义”与“理”

从文化内在的生命力讲，严复的选择依然是由中国文化支撑起自己。一个人无论如何也跳脱不出时代的文化背景，文化塑造着每一个身在其中的生命，文化的教育作用也常常不可避免带有官方色彩。在严复的时代，“中体西用”的教学理念下，他并没有真正寻找到一个可以描述文化本质的差异契机，他能看见国人重三纲西人首明平等，却依然坚持“风俗之偶成，非其至矣”。可以说，严复的文化冲突性是时代的必然因素。他接受的西学教育和甲午战败，不断提醒着他传统文化的没落，但这种没落是暂时的，而回到中国古代就可以重新唤起文化的活力，至于回去的方式，则是借助西学。他并不担心西学会动摇传统文化，在信中他曾谈起：“吴丈深知中国之不可不谋新，而每忧旧学之消灭。府君曰：‘不然，新学愈进则旧学愈益昌明，盖他山之石可以攻玉也。’”

对于中西文化，严复或许也曾困惑过，也许，他会偶尔想起那个抽着鸦片吞云吐雾的老师，海港上你来我往的贸易，少年时期的外文老师和科举一次又一次的失败。然而，最终他还是选择了“果为国粹，固将长存”。严复并不赞成“西学中源说”，但是他似乎认为通过“发明”和相互激荡，可以使隐微的中西之间的意义关系再次凸显出来。

后期，严复反对通过革命道路建立共和政府，反对通过改良道路实现君主立宪，拥护主张恢复帝制，希望通过孔孟之道解救国家危机。一些学者把严复这样的选择认为是前后思想的迥然不同，周振甫就据此把严复思想分为三个阶段，即“全盘西化”阶段、“中西持平”阶段和“反动的传统主义者”阶段。

但纵观严复的一生，不论是年少异国求学，或是后来翻译西学，他都没有放弃骨子里的传统认知。

皮后锋认为严复思想中，一以贯之的是中华传统文化：“中华传统文化始终是严复思想的底色，也是他研究西学、传播西学的立足点，儒家的仁爱大同、墨家的兼爱非攻、道家的无为而治等具有中国特色的思想主张，在其思想中同样是一个常数。”

在近代史中，严复是最早具备中西两种思想传统资源的思想家，他的思想复杂性让后来的研究常常处于一种尴尬的局面，现代性叙事基础上的二元对立解释模式都显得有点左支右绌。

他少时曾以参加科举为向往，后来又批判八股文使天下无才，主张废除科举，大讲西学。他的翻译作品里引用大量儒学思想，但又认为“治化之所以难进者，分义利为二者害之矣”，反驳儒家重义轻利。他从洋务运动中走出，又质问“中体西用”。中西思想的关系在他那里不是机械相加，也不是后来我们常见的以中释西或以西释中的格义关系，而是极具张力的创造性的阐释与攻错激荡，既有相互批判，又有彼此融合。我们可以从时代下的必然性去看待严复的思想，但严复的思想之所以到今天还具有极高研究价值，就在于他跳脱出了时代的部分。

他把自己身上的文化冲突性合理吸收了，他不排斥任何一方，也没有彼此把中西文化进行对立，矛盾对于他来说可以做到统一。相比于同时代的康梁，他对于文化更多地处于一种包容之态，他认为文化之初是共通的，例如，严复对《老子》的注解，从今天来看，实有很多牵强附会。我们必须承认中国传统自有特殊的价值，同时与西方的自由充斥着尖锐的矛盾。但他对于文化的思考依然值得我们借鉴，也让我们对研究严复其人有了新的视角。

五、不易吾言："古"与"今"

严复在时代变动下，面对思想文化的冲击和现实的伤痕累累，他的确对传统教育产生着质疑，但对西方学说并非全盘认同。这样的一个不知如何抉择的知识分子形象，是那个时代典型的描画。他既有突破传统唯祖宗之法是尊，唯古圣先贤为尚的反叛精神，又不断试图回到传统之下。他希望可以同时在两种文化下寻求一种阴阳相生的平衡，却又产生了动摇。他并没有因为甲午惨败失去文化自信，却又希望以西学缝合起衰微的时代。他并非彻底否定旧学，即使在至暗时刻，他也依然以一个传统的知识分子对中国旧学抱着温情和敬意，甚至批判一些全盘西化的年轻人"略治数种科学，略通外洋历史，而于自己祖国之根原盛大，一无所知"。严复的文化观，视野开阔，兼容并包，他在不断反思中用自己的方式去维护和践行着时代的使命。

1921 年严复临终遗嘱："须知中国不灭，旧法可损益，必不可叛。"

他最终同他的风骨一齐谢幕时代。

非旧无以为守——「碑学」时代背景下的严复书法

文 | 陈灿峰

众所周知，由于帝王对思想控制的日益加强，以及帝王个人审美的影响，清早期的书法艺术并未能延续晚明时期那种激动人心的缤纷面貌，反而在“馆阁体”的束缚中一步步走向板滞和靡弱；其间虽然有张照、刘墉、王文治等大家的出现，然而终于未能阻止延续了千年的“帖学”一脉走向无可挽回的衰微。物极必反，在“扬州八怪”等人以极具个性的狂怪书风试图反抗并重新引领时俗审美之后，随着清中期考据之学与金石文字之学的兴起，清朝的学术风向随之发生重大转变，而中国书法也同时来到历史的分水岭。在包世臣等人“尊碑”理论的鼓吹下，新兴“碑学”在与传统“帖学”的对抗中一步步占据上风，以苍茫雄浑的金石趣味为旨归的“碑学”书法逐渐成为清中晚期书坛的主流追求。

“碑学”的出现和发展直接改变了中国书法乃至中国绘画的历史格局，在晚清民国时期造就了一大批具有非凡成就的金石书画大家，其影响力至今依然强盛。在此大时代背景下，以纯正“帖学”为宗的名家虽然也不乏其人，然而总体能量终究不够强劲。明白了这一点，我们也就更容易理解为何来自福建福州的一代启蒙思想家严复及其书法成就，会长期未受到应有的关注和重视！此种情况的直接原因自然是其人盛名所掩，而时代风气之因素亦绝不可忽视。正因此，当我们在严复去世百年之后再来讨论其书法，则势必要将之放置在“碑学”时代的大环境中去考察，唯此，其书的可贵之处与其人之精神方能得到足够的彰显。

从传世书法作品的水准及其在当今收藏市场所受到的追捧情况来看，严复在一连串闪亮的历史头衔之外，其实完全也可以称得上是一位具有卓越书学修为和艺术成就的书法家。他通过大量且系统地临习古代经典名作，已然形成了具有自己鲜明个人风格的书风。其传世作品以行书、楷书、草书为主，亦能隶书，然不多作，篆书作品则十分罕见。楷书多受褚遂良和颜真卿影响，行、草书法骨力得自王羲之，用笔则以孙过庭《书谱》与颜真卿《争座位帖》为宗，笔致俊逸跌宕却不乏浑厚精微，气息潇洒从容而兼具文雅端庄，在深沉的学养之外，更可见曼妙的艺术灵光。按如今的眼光来看，在“碑学”书法遍行天下的时代中，严复是一位具有纯正根基的“帖学”名家。其书兼具书家的卓越技巧、文人的高雅趣味以及学者的严谨精神，若将其书法作品置于近代诸多大家行列中，不仅毫不逊色，更有众多专业书家所少有的独特精神气质。事实上，早在宣统二年（1910），他的草书就与何维朴的楷书一起被上海商务印书馆编印成《初等小学堂习字帖》，成为青少年书法习字的教材。这是一项很了不起的成就，说明他的书法成就在生前就已得到社会的广泛认可。而今人对其书法的忽略，只能说明在严复研究的大课题中，关于其书法的研究工作尚未得到有效的开展，这是一段有待挖掘拓展的学术空间。

目前，虽然我们已经很难准确考证出严复是在何时以及何机缘下开始专研书法，但从他中晚年的大量临帖行为、书写实践以及论书的只言片语中，不难推测：对于传统书法的用心，并不仅仅只是其闲暇之余的消遣，其中包含的深意，或也可视为他“非新无以为进，非旧无以为守”思想在艺术方面的呈现。他曾有论书诗曰：

用古出新意，颜徐下笔亲。细筋能入古，多肉正通神。[1]

作为启蒙思想家，严复绝对是一位洞悉历史、洞悉时代的人，早年留学海外的经历使得他具备了世界性的视野，于是彼时乃大力向故土译介西方先进科学思想；而当其晚年目睹西方高速发展的物质文化给社会文明所带来的种种弊病，又转头向传统中华寻求调和解决的思路，亲自批注《老子》《庄子》以及唐宋名家文学经典，试图从古老的智慧中汲取新的能量，以面对那个复杂多变的世界。可以说，在新旧历史的交替时期，严复的人生行为、学术行为、思想行为都与时代有着十分紧密的关系。这样独特的人生经历，决定了严复所谓的“非旧无以为守”之“旧”与“守”，绝对不是陈旧与保守，恰恰相反，那是“用古出新意”，试图通过对经典的反复温习，来寻求一种面对人类剧变时代时可以保持个人内心世界平衡的方法。而书法作为一项中国独有的艺术，在中国向来又不仅仅只是艺术，它实际上更像是中国传统文人精神的一种象征与表露。通过书法，不仅可见中国艺术的精髓，更可见中国文化的精髓。在新的“碑学”的时代里，严复选择以古雅的“帖学”为皈依，事实上正如同他晚年回头注解古书一样，并不是某种简单的“复古”行为。而是源于对某种风格所代表的精神核心的认可，并计划在此基础上结合个人与时代做出相应的阐释，其背后的根源正来自纵观世界风云后的思想转变。

严复书法的临习来源，大体不脱《三希堂发帖》中的历代经典，于金石碑版虽也有涉猎，然其取法方式却与时人颇为不同。他曾在《读书札记》中引用陆游的话说：

汉隶岁久剥蚀，故其字无后锋芒。近者杜仲微乃故用秃笔作隶，自谓得汉刻遗法，岂其然乎？[2]

又说：

近复有人以下笔如虫蚀叶，为书家上乘，此亦饰智惊愚语。古人作书，只是应事，且以豪御素，即至以漆刷简，亦无此作态，取奇事耳。[3]

“用秃笔作隶”“下笔如虫蚀叶”，说的都是为求线条的迟涩感而故意采取的特殊用笔。按道理说，这在晚清书家群体中可视为普遍现象，但严复“岂其然乎”“饰智惊愚语”的态度，足见他对于那种用笔来模仿石刻文字苍茫斑驳效果以取得金石味的做法不甚满意。他更希望拂去历史尘埃，通过这些石刻文字粗糙的表面去追寻那最初的、最鲜活的书写状态，这与几十年后启功先生所提出的“透过刀锋看笔锋”之说几乎如出一辙。所谓“碑学”与“帖学”之分，表面是用笔方式与审美趣味之分，实质是理解方式与思维方式之别，往深了说，更是对传统文化精髓的不同解读。“碑学”书法的总体气格以雄浑强劲为主，用笔讲求“万毫齐发”，最大限度开发笔墨的可能性，在“帖学”堕入末流的时代里，“碑学”的出现自然是矫正书法靡弱无趣的一剂良药；然其后遗症也同样明显，那就是容易出现粗野荒率的倾向，而一味模仿石刻文字的刀刻痕和历史感，更容易造成匠气板滞的病态。严复看问题的方式显然更趋向透过表面现象去抓住事物的本质，而这正是思想家的直觉。不是不能写碑，而是要有正确的取法，主动选择写帖，就是直接与古人对话。

注释

1. 马勇主编《严复全集》卷八，第 14 页，福建教育出版社，2014 年。
2. 孙应祥、皮后锋编《〈严复集〉补编》，第 177 页，福建人民出版社，2004 年。
3. 孙应祥、皮后锋编《〈严复集〉补编》，第 177 页，福建人民出版社，2004 年。
4. 罗耀九主编《严复年谱新编》，第 262 页，鹭江出版社，2004 年。
5. 罗耀九主编《严复年谱新编》，第 262 页，鹭江出版社，2004 年。

严复对于书法虽然从未提出过系统的理论，然其追求却可从他给亲友的信札、散见题跋以及自作诗中见其端倪。在宣统元年（1909）六月所购的《麓山寺碑》拓本中，他以唐代大家李邕为基点，上追魏晋，下论元明，在六处题跋中集中表露了他关于书法的思考：

此书用笔结体出晋贤，然多参以北碑意境。若《郑羲》、若《刁遵》，二碑法于行间字里时时遇之。[4]

汪容甫《云麾碑》跋尾谓：北海书法"出于大令，变本加厉，益为劲险，其于用笔之法可谓发泄无余。米元章、赵子昂、董元宰各以书雄一代，其实皆从此碑得法，故是碑实法书之津逮也"。[5]

李北海书结体似流曼，而用笔却极凝重，学其书者所不可不知。若以宋人笔法求之，失之远矣。[6]

唐书之有李北海，殆犹宋人之有米南宫，皆伤侧媚劲快，非书道之至。[7]

书法七分功夫在用笔，及纸时毫必平铺、锋必藏画。所谓如印印泥者，言均力也；如锥画沙者，言藏锋画也。解此而后言点画、言使转、言增损、言赏会。至于造极，其功夫却在书外矣。虽然耽书，终是玩物丧志。[8]

右军书正如德骥，驰骋之气固而存之。虔礼之讥子敬，元章之议张旭，正病其放耳。王虚舟给事尝谓："右军以后惟智永《草书千文》、孙过庭《书谱》之称继武。"[9]

从这几则题跋中可以看出严复对于"碑学"书法其实十分熟悉，以至很容易从唐人书法中读出魏碑的信息，但他的关注点始终在"帖学"的正宗"二王"及其继承者身上。他之所以在李邕的法帖上大发议论，实际上正是看到了李邕学晋人的特点与问题，以致后来宋之米芾、元之赵孟頫、明之董其昌等人又因学李邕而导致的信息差，所谓"变本加厉，益为劲险"，"皆伤侧媚劲快"。而这些，都是为了说明他心目中的"书道之至"，那便是王羲之以及后来的智永、孙过庭。在他自己临习李邕书法的过程中，也经常附带几句言语：

宣统元年七月五日临云麾将军碑一过。余素不学李北海，兹写一通，却得其五六，亦一段奇。[10]

两云麾皆北海得意书，其为后学津逮广矣。然李思训瘦而李秀肥，以言书品，肥不及瘦也。戊午中秋几道题。[11]

唐代是中国书法发展中至为重要的历史阶段，严复多次以李邕书法为基点来论述他对魏晋笔法的理解，以及对唐以后笔法变化的不满，显示了他作为思想家在面对问题时敏锐而有效的分析方式。这种完全秉承以晋唐为宗的理念让严复"临《兰亭》至五百本，写《千字》至八百本"[12]，这虽然只是他日常功课的冰山一角，但可见在此中下过的功夫不可谓不勤——因为晋唐正是"帖学"书法无可替代的终极源头。"帖学"书法讲求中锋用笔，以其能兼得精微与骨力，大量的侧锋虽然可让线条变得更加流利妍美，然在严复看来"皆伤侧媚劲快"，始终不是书法的大道。他要的是王羲之如德骥驰骋的气象，那是一种雄放潇洒却稳健内敛的气息，所以，他对宋元人用笔的微词就很容易理解。他曾在临《兰亭序》的后跋中说：

注释

6. 罗耀九主编《严复年谱新编》，第 262 页，鹭江出版社，2004 年。
7. 罗耀九主编《严复年谱新编》，第 263 页，鹭江出版社，2004 年。
8. 罗耀九主编《严复年谱新编》，第 263 页，鹭江出版社，2004 年。
9. 罗耀九主编《严复年谱新编》，第 263 页，鹭江出版社，2004 年。
10. 严群旧藏严复临李邕帖墨迹本，私人藏。
11. 严群旧藏严复临李邕帖墨迹本，私人藏。

《兰亭》定武真本不可见矣，学者宁取褚、薛、冯承素及双钩填廓之佳者学之，必不可学赵临，学之将成终身之病，不可不慎也。[13]

他认为无论如何传世《兰亭序》的各种版本均可一学，甚至认为如果学赵孟頫的临本将成终身之病。从他的传世作品来看，他对笔法的精致有着本能性的追求，所临所作无论篇幅尺幅，几无懈怠之处。这样的追求与其思想有着高度的一致性，并延伸到他对毛笔、纸张的要求。他在给外甥女何纫兰的信中说：

凡学书，须知五成功夫存于笔墨，钝刀利手之说万不足信。小楷用紫毫或用狼毫水笔亦可，墨最好用新磨者。吾此书未佳，正缘用壶中宿墨也。至于大字，则必用羊毫，开透用之。市中羊毫多不合用，吾所用乃定制者。第二须讲执笔之术，大要不出指实掌虚四字，此法须面授为佳。再进则讲用笔，用笔无他谬巧，只要不与笔毫为难，写字时锋在画中，毫铺纸上，即普贤表弟所谓不露笔屁股也。最后乃讲结体，结体最繁，然看多写多自然契合，不可急急。邓顽伯谓密处可不通风，宽时可以走马，言布画也。[14]

将书法的一半功夫归于笔墨的讲究，至于用笔则说“只要不与笔毫为难，写字时锋在画中，毫铺纸上”，强调的就是中锋用笔。这与他在《麓山寺碑》拓本题跋中所说的“毫必平铺、锋必藏画”，“所谓如印印泥者，言均力也；如锥画沙者，言藏锋画也”完全一致。所谓“锋必藏画”“印印泥”“锥画沙”，都是传统“帖学”书法的重要法则。同时他也强调，这些都只是书法的技法问题，至于书法的造极，其功夫乃在书法之外的综合修养。这样的口吻，实际上也完全与历代文人对于书法的论述接近，就是将书法作为个人综合修养的组成部分，它具有相当的精神性，技法的训练只是为了精神的升华而非技术的叠加。故而他又有诗曰：

上蔡始变古，中郎亦典型。万毫皆得力，一线独中行。抉石抢猊爪，犇泉溯骥程。君看汜彗后，更为听江声。[15]

“万毫皆得力，一线独中行”道出了他对笔法的理解与追求，如果用这十字来概括严复书法的用笔特点，也是相当贴切的。无论笔锋如何变化，最终还是要回归一条“中”的道路上，这“一线中行”，就是王羲之如德骥般的“驰骋之气”，就是他眼中书法的底色。需要指出的是，这个“中”并不是“中庸”，而是一条可以容纳千变万化的终极大道，只有抓住这个核心，才能“君看汜彗后，更为听江声”。这虽然讲的是用笔问题，实际上也可映射世间万事万物。社会固然都在发展变化，物质文明也好，精神文明也罢，新老总会交替，然而贯彻其中的基本运行法则却不可轻易改变，因为一旦改变，必然会因不受限制而走向不可控的极端情况。西方如此，东方如此，“碑学”如此，“帖学”如此，故而这两句诗何尝不能看作也是他“新”与“旧”、“进”与“守”思想的一种特殊表达呢？

注释

12. 马勇主编《严复全集》卷七，第502页，福建教育出版社，2014年。
13. 卢美松编《严复墨迹》，第48页，福建美术出版社，2004年。
14. 王思义《严复家书》，第21页，辽宁古籍出版社，1996年。
15. 马勇主编《严复全集》卷八，第14页，福建教育出版社，2014年。

浅析严复书法作品中的落款特点与钤印习惯

文 | 李思嵘

每个人都是独特的、矛盾的综合体，严复亦如此。如果仅从表相去解读，那么严复，这样富有开拓精神的先驱者，其书法在碑学兴盛的年代，必然也会是这种书学风格的探索者或实践者。而事实往往与想象迥然，他在书法范围内定然与“创造、颠覆”这类的标签无缘。对于严复而言，书法是一件非常传统且深刻的事。书法是阐释思想的车，是传递情感的桥，是找寻希望的光，融入了生活的点点滴滴。

严复是一位内外兼修的学者型书家，从传世书作中不难发现，其综合能力之强，素质之全面，放眼同时期各名家不遑多让。仅因诸多领域成就太盛，以至书名不显。当下重新去观摩学习严复的作品，能够非常清晰地体会到他对于书法的理解与坚持。与同时期为尊碑抑帖之说摇旗呐喊的诸家不同，他是一个二王一脉坚实的践行者，一个在碑学大潮之下的逆行者，一个在乱世临帖不辍的复古者。

在严复留下的墨迹中，以自娱、摹古、应酬、文稿、信札、批注等五大类型为主，其中又以小字类作品数量更多。严复更擅长楷、行、草，偶作隶书。小字类信札、横幅、扇面、圆光或批注，早期偏用行楷，后多以行草或草书为主；大字类条幅、对联、四屏则多用楷书与行草书。风格类型上，总体以二王帖学为主线，楷书则有非常浓重的颜、褚一路的影子。

在这样的一个传统帖学体系包裹之下，严复有着自己对于书法学习独到的理解，在他所呈现的大量临帖作品，可以看出在一次次反复的对古人心追手摹中，对于拟古的执着。从中汲取的养分也滋养着他的其他书作，就像他的诗所写：“用古出新意，颜徐下笔亲。细筋能入古，多肉正通神。”

刊登严复先生传世墨迹的专籍并不多，可见的有七种，按时间排序分别是：（1）2004 年福建美术出版社出版，卢美松先生主编《严复墨迹》；（2）2005 年福建美术出版社出版，卢美松先生主编《严复翰墨》；（3）2013 年福建美术出版社出版，郑志宇先生主编《严复书法》（一）；（4）2020 年商务印书馆出版，刘凤桥、温加先生整理点校《严复家书》；（5）2021 年黄山书社出版，刘凤桥先生主编《严林心画：严复、林纾遗墨集》；（6）2022 年北京联合出版有限公司出版，郑志宇先生主编《籀古绎新：严复的书法世界》全二册；（7）2024 年福建教育出版社出版，郑志宇先生主编《严复翰墨辑珍》全套共十册。

这七种书中存在版本作品增补和内容重新编排的情况，如《严复翰墨》是《严复墨迹》的增补与重编；《严林心画：严复、林纾遗墨集》是在《严复家书》的部分内容基础上加入一部分林纾的作品而成；《籀古绎新：严复的书法世界》是在《严复书法》（一）的基础上，重做的一次巨大的升级；《严复翰墨辑珍》则是将《籀古绎新：严复的书法世界》中的未出现的作品细节进一步展现。笔者在这七种之中选择了《严复墨迹》与《严复翰墨辑珍》这两种书作为主要例举参考对象，并辅以其余五种，试图通过对其中严复先生书法作品中款识和钤印的比较，找到严复在不同时期、不同内容、不同形式下落款变化特点与钤印习惯。

严复作品常见落款形式一

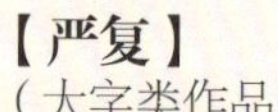

【严复】

（大字类作品）

k1 k2 k3 k4 k5

【严复】

（小字类作品）

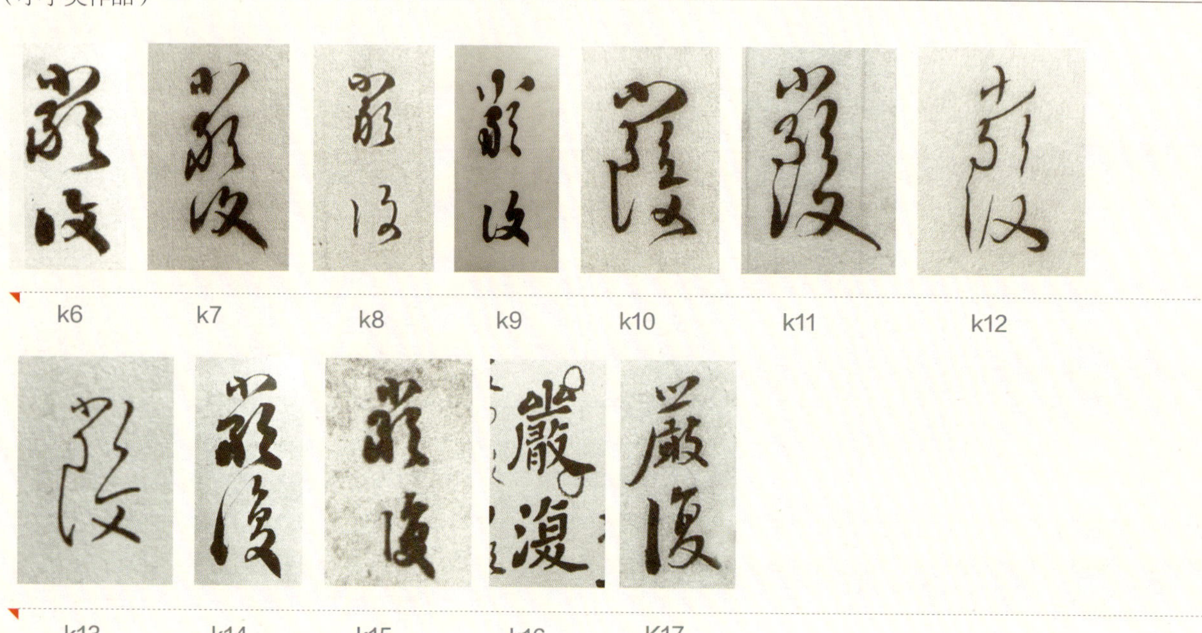

k6 k7 k8 k9 k10 k11 k12

k13 k14 k15 k16 K17

严复作品常见落款形式二

【复】

（大字类作品）

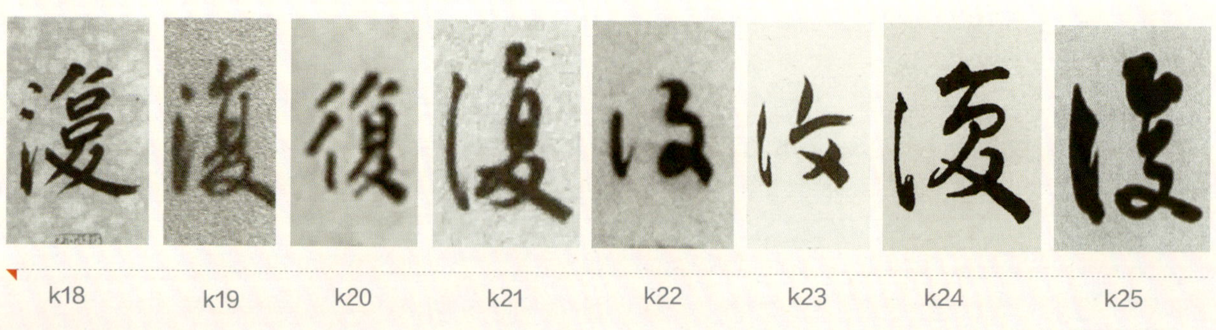

k18 k19 k20 k21 k22 k23 k24 k25

【复】

（小字类作品）

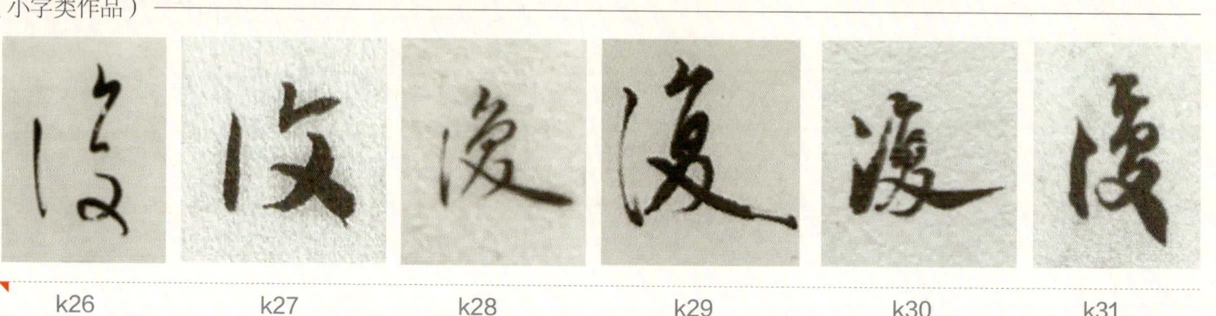

k26 k27 k28 k29 k30 k31

在《严复墨迹》中作品可简单分为创作、诗稿、临摹、信札、手稿眉批五大类，涵盖了严复不同时期下书写的书法作品，其中创作类作品三十八件（对联九幅、条幅十三幅、横幅六幅、四屏七幅、扇面三幅）、诗稿类四件、临摹类十幅、信札类十一通、手稿及眉批各一件。（其中书中原分列扇页临五代杨凝式《韭花帖》扇面和诗稿中临宋黄庭坚行书《送刘季展诗帖》按内容应归为临摹类作品）《严复翰墨辑珍》总计十册，含临摹类作品五十件，创作类作品十八件、信札类作品十一件。（未计算英文部分信件数量）

一、关于严复落款特点

严复书法以帖学为主导，传世作品风格以楷、行、草三体居多。在作品落款时，在不同时期，不同形式，有不同的呈现面貌。常见的有以下四种类型。

1.“严复”二字款

此落款形式还可以细分为大字类和小字类两种（见前表），根据不同时期和当时书写状态还会有非常有趣的细节差异。如图 k1、k2 两种大字类落款，“严复”二字在书写时做了重新组合，将两字合二为一，以长短线切割留白，是二王一脉的经典手法。图 k3、k4、k5 则为另一种偏向章草风格的写法，“严复”二字断开，在字间距上以及主笔的选择上，异于前者。可见严复落款在不同的作品上有不同的处理选择。

在小字类作品中“严复”二字的处理方式，如图 k6、k7，在相同的笔势连带下，前者上宽下窄，后者上窄下宽，前者取方，后者取斜，且笔势连带上轻松自如，体现非常强的笔毫控制。图 k8、k9 可与图 k3、k4、k5 一起观察，属于不同尺幅形式下相同两个字的落款写法，如何做到求同存异。这给当代书法创作提供了非常好的一个思考：是刻意求变，抑或是自然之变。通过一个点，感受传统书家如何在累积中，从入帖到出帖的转换过程。

图 k10、k11、k12、k13 是 k1、k2 版本的缩小版，相同的“严复”字组写法，在不同的比例形式之下，用相同的连带逻辑，呈现出了非常明显的差异性。图 k10、k11 与图 k12、k13 两组在字的重心角度和字组收放、留白，构成了两组完全相反的形态。

图 k14、k15 在留白与疏密上做了调整。图 k16、k17 是两组偏行楷的小字类落款，前者有一丝《郑羲碑》的影子，后者更像东坡。结合严复临池不辍的习惯，能看出他师古而化的能力，临创结合保持一个相当高的水准。

2.“复”单字款

在目前可见的严复作品中常出现。如图 k18—k25，是严复大字作品中截取下来的“复”字款，其中有楷、行、草三类俱全。图 k18 是颜体楷书的形态，图 k19 追二王，图 k20 含欧虞之质，图 k21、图 k22 类颜真卿、图 k23 是孙过庭，图 k24、图 k25 混合了章草和宋人的元素。严复并不是类似当下时人的集字式创作，而是在自然书写状态下笔墨的自由生发，似是而非若有若无之中，方见其妙趣。

“复”字款小字的版本，从图表中不难发现，除了图 k27、图 k32 这类孙过庭和章草风格的写法外，图 k26 类怀素、黄庭坚，图 k28、图 k29 是王宠和阁帖的框架混合了颜体的用笔，图 k30、图 k31、图 k33 是苏轼的感觉。严复的落款，给人以一种兼容并蓄之感。

【复】

（小字类作品）

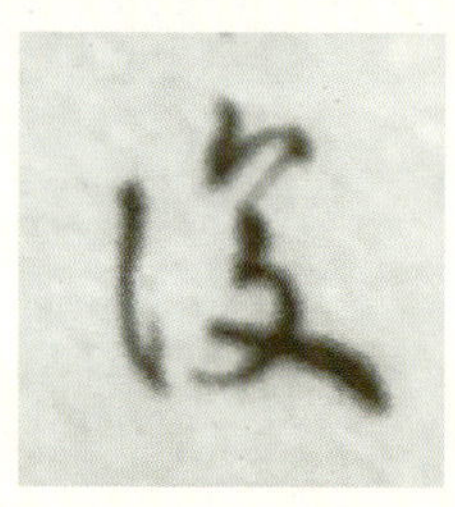

K32 k33

严复作品常见落款形式三

【几道】【几道复】【几道翁】【几道严复】

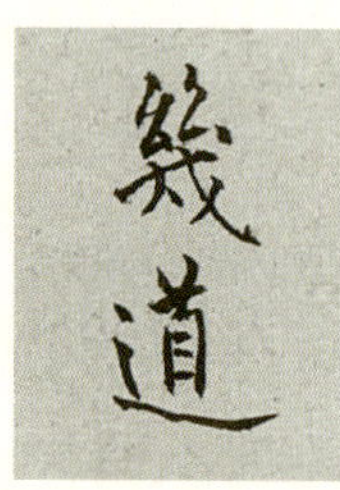

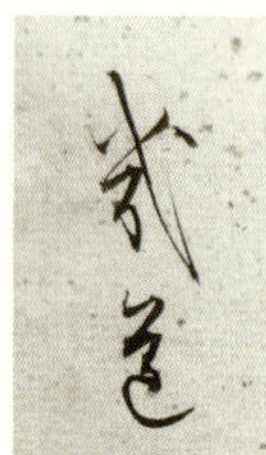

k34（大字） k35（小字） k36（小字） k37（小字） k38（小字） k39（小字） k40（小字）

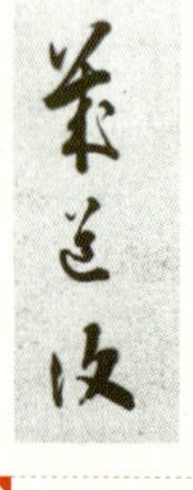

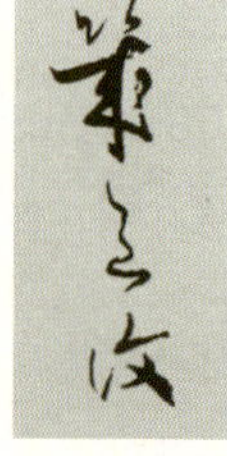
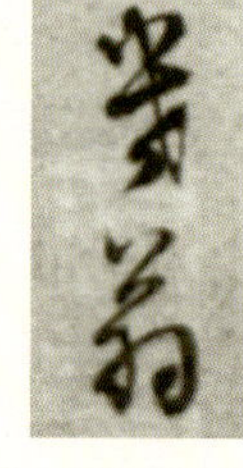
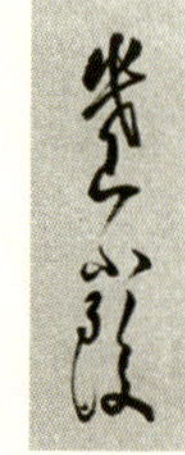
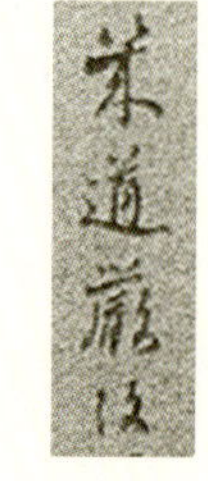
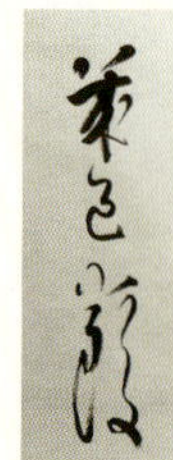

k41（小字） k42（小字） k43（小字） k44（小字） k45（小字） k46（小字） k47（大字）

严复作品常见落款形式四

【侯官严复】【瘉野/瘉野老人】【尺揞】【石室复】【石室居士复】

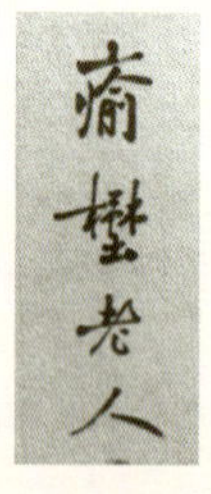

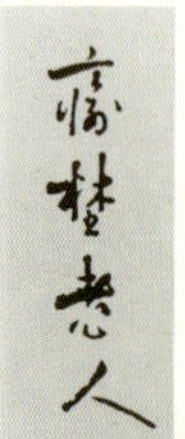

K48（大字） k49（小字） k50（大字） k51（大字） k52（小字） k53（小字） k54（大字）

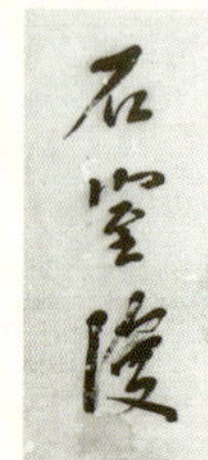

k55（大字） k56（大字）

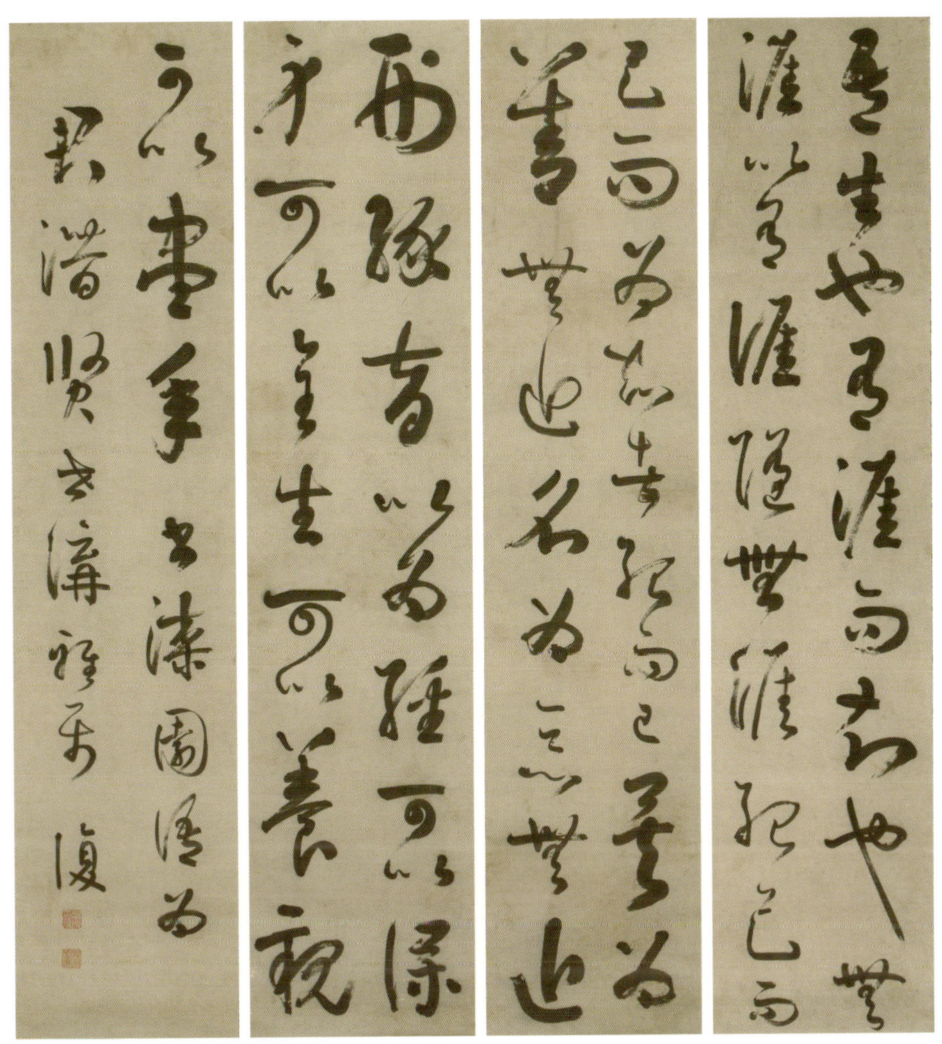

草书庄子《养生主》四屏
水墨纸本条幅 160x36cmx4《严复翰墨辑珍》
“复”单字款

3.“几道”二字款、“几道复”“几道翁”三字款、“几道严复”四字款

严复字几道，“几道”二字款在其作品中也是严复的落款样式之一。从风格上来看，行楷落款占比例较高。图 k34—k38 皆为“几道”款行楷方向的不同面貌，其中有二王、李邕、褚遂良、智永以及宋人尺牍的元素融合在其中。就像他在《麓山寺碑》题跋中所言：王虚舟给事尝谓“右军之后惟智永《草书千字文》、孙过庭《书谱》之称继武”。作为帖学一脉的践行者，严复在临帖方面，尤其是二王一系法帖上确实是下了大量功夫。k36 的“道”字很有虞世南《汝南》风致，图 k37“几道”二字像智永遇上米芾。图 k38—k47 中，二王一脉的影响无处不在， 而变化的是在不同书写状态下的那种调整所呈现出的自然之态，这也暗自契合了蔡邕《九势》中所讲的：“夫书肇于自然，自然既立，阴阳生焉；阴阳既生，形势出矣。”

4.“侯官严复”四字款、“瘉野”与“瘉野老人”款、“尺揞”二字款、“石室复”款、“石室居士复”款

此五种是严复在作品中曾使用的落款，如图 k48、图 k49 与图 k54 书写的时期会比

严复作品常用印

y1 严复（白） y2 尺庵长寿（白） y3 侯官严复（白） y4 几道（朱） y5 侯官严氏（白）

y6 几道私印（朱） y7 严复之印（白） y8 几道（朱） y9 严复印信（白）

y10 几道长寿（朱） y11 复长寿（白） y12 几道六十以后作（朱） y13 几道之章（朱） y14 几道（朱）

y15 严复（白） y16 严复长寿（白） y17 复长寿（朱） y18 严押（朱） y19 尊疑学者（朱）

y20 天演宗哲学家（朱）
y21 瘉野老人诗文字印（朱）
y22 天演学家陶江严氏（白）
y23 瘉野堂（白）
y24 瘉野堂（朱）

行草杜甫诗三首四屏
水墨纸本条幅
169x42.5cmx4
《严复翰墨辑珍》
大尺幅大字作品的小对章使用

其余几组时间要早。严复晚年自号瘉野老人，其斋号“瘉野”语出《汉书 · 艺文志》：“彼九家者，不犹瘉于野乎？”《注》曰：“瘉与愈同，愈，胜也。”即较之高明，胜出。出现此类款作品均为其晚期作品。尤其是图 k50、图 k51、图 k52、图 k53、图 k55、图 k56 整体从用笔到线质呈现出更加浑厚老辣的视觉冲击，同时在节奏上删繁就简更加舒缓，体现出了“一线独中行”的用笔追求，书写状态也相较早期作品，更趋于静态，字形体态类颜鲁公、黄山谷。

二、关于严复常用印与其钤印习惯

1. 严复常用印

在《严复墨迹》《严复翰墨》《严复翰墨辑珍》的最后一册《严复书法选辑》（下册），编者将书中出现过的用印整理在末尾。在此基础之上，结合之前提及的其余几种书，现将其中严复常用印文重新整理如下。仓促中未能完善印章尺寸，是为憾事，留待同好。

2. 严复作品的钤印习惯

严复并非职业书画家，所用印章较同时期名人而言量不算多。严复作品以小字居多，超过六尺以上的大字的作品相对较少，所以他的印章尤以中小尺寸为主，估计在五厘米以内。如前文所示“复”单字款用图：草书庄子《养生主》四屏以及行草杜甫诗三首四屏，是标准的大字小章的搭配，用印为图 y9 严复印信（白）和图 y10 几道长寿（朱）一组对章。

严复作品常用印

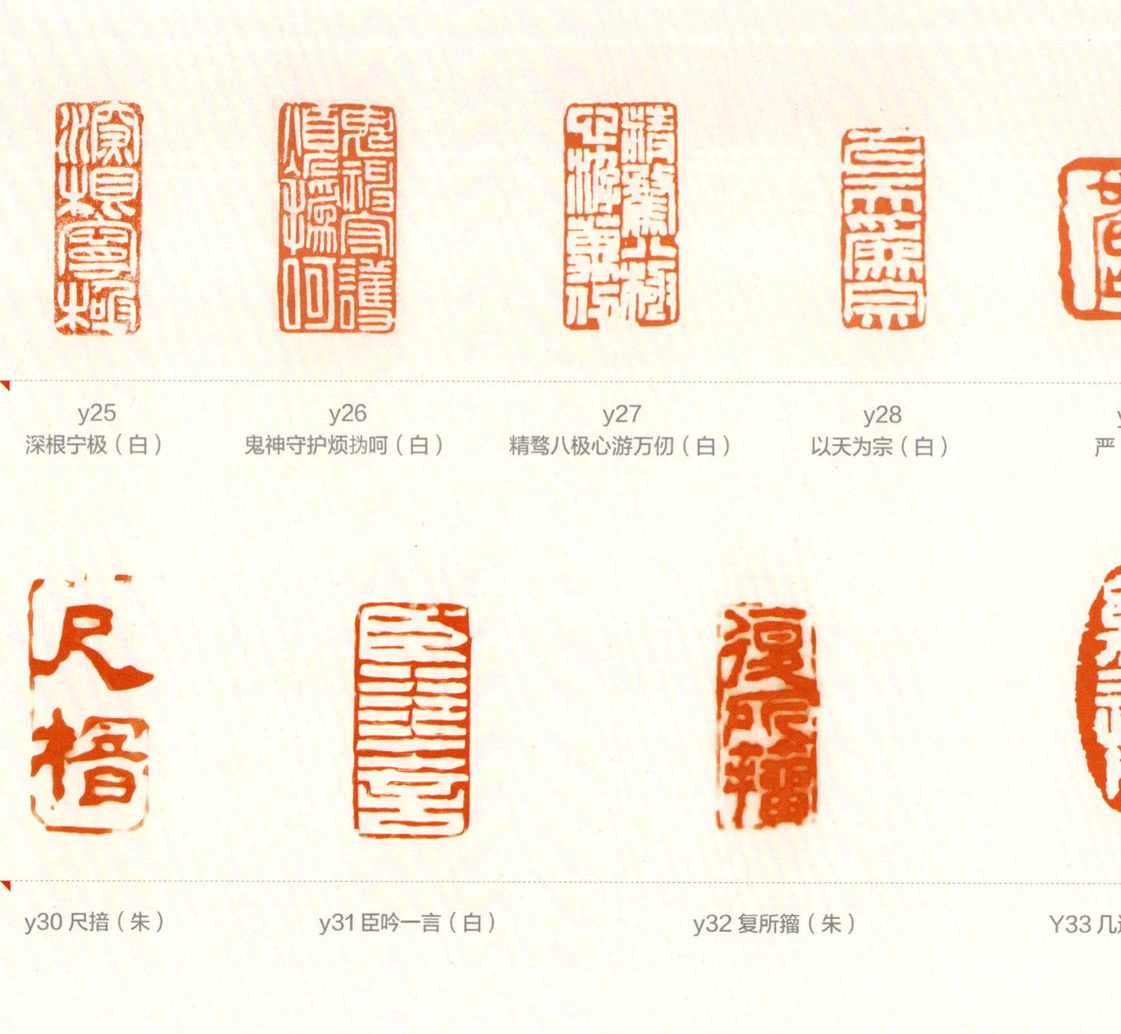

y25 深根宁极（白）

y26 鬼神守护烦㧑呵（白）

y27 精骛八极心游万仞（白）

y28 以天为宗（白）

y29 严（朱）

y30 尺揞（朱）

y31 臣吟一言（白）

y32 复所籀（朱）

Y33 几道父（白）

y34 散花空中流微自得（朱）

y35 几道讽诵（朱）

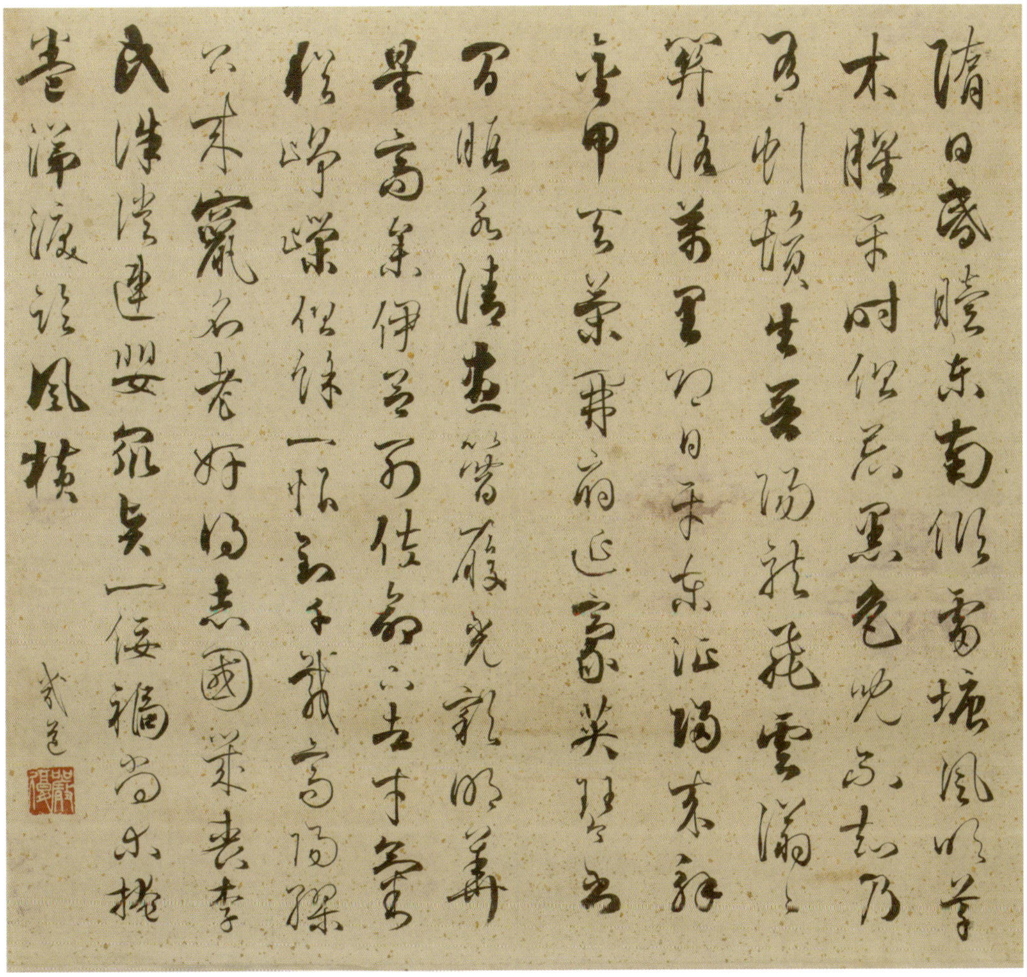

草书陆游《题十八学士图》诗 水墨纸本镜心
30x30.2cm《严复翰墨辑珍》

在他的常规书法作品中，大字类大尺幅作品，如对联、条幅、条屏类，一般会使用图 y1—y10 中的一组朱白对印，搭配方式如下：（y1—y2）（y3—y4）（y5—y6）（y7—y8）（y9-y10）在作品中多两两一组同时出现，组合方式是固定的，一般奇数号印在上，偶数号印在下，先后顺序偶会不同。（y5—y6）（y7—y8）（y9—y10）这三组印只出现在大幅作品上。

小字作品，如临古、信札、诗稿类，一般使用图 y11—y33 中的印章，其中对章组合搭配如表图：（y11—y12）（y15—y16）。

更多时候，小字类作品或不钤印，或只盖一方印为多。此类型严复盖印相对会自由，用印范围在图 y1—y4、y11—y33 之中，根据具体作品选择其中一方使用。草书《题十八学士图》用印即为图 y15 严复（白文）。

关于通用印，如图 y19、图 y20、图 y23—y27，这 7 方形状偏长的印，在小字作品中会作为压角章，偶尔也会在大尺幅作品或者多页作品中客串引首章。如图：临宋米芾《苕溪诗帖》 所用到引首章就是图 y24 瘉野堂（朱文）。

图 y34 散花空中流微自得（朱文）在《严复墨迹》和《严复翰墨》末尾用印汇总区域有记载，但二书作品区域并未找到此印，不知是否为第 19 页行草条幅《红梅诗一首用东坡韵》右下角一方？图 y35 是此文完成前，灿峰兄在网络上找到的一方关于严复的藏书印，且一并罗列。

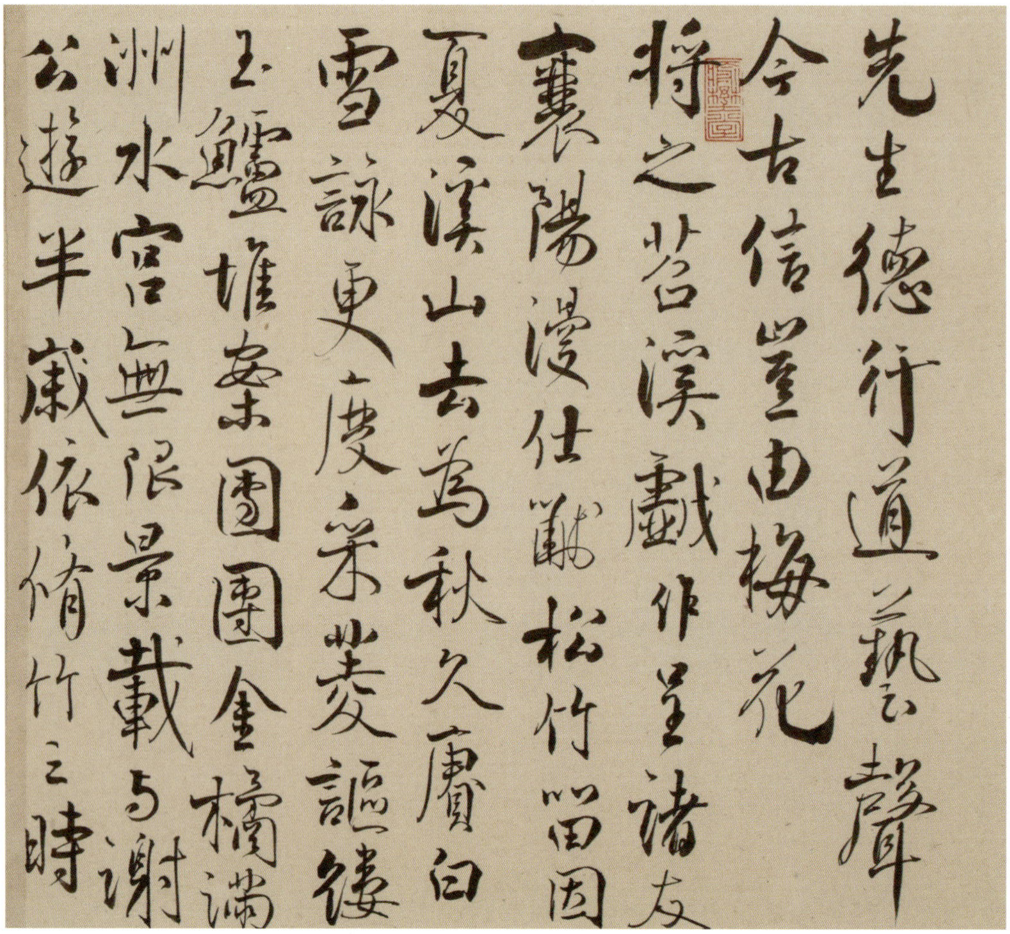

临宋米芾《苕溪诗帖》水墨纸本 尺寸不一
《严复翰墨辑珍》（局部）

三、小结

关于严复，在这次查找翻阅相关材料的过程中，重新认识了这位历史上伟大的人物。从书迹出发，依稀间可以仰望这位巨人的一丝轮廓，说严复书法是一个可以值得深度挖掘的巨大宝库。目前关于严复书法相关研究还有许多方向有待展开：如前文提到的关于严复印章的来源、刻者、对应尺寸以及印章使用时期；书中含有年款的作品与落款风格的划分，并由此展开风格与年代的匹配等等。文后附上关于《严复墨迹》与《严复翰墨辑珍》中严复书法作品印款情况的对应清单，以待后来同好共举。仓促成文，权当抛砖引玉，贻笑方家。

《严复墨迹》中严复书法作品落款与钤印情况【创作类】

注：相同作品相同印章重复使用按数量 1 计算。　　共计：38 件

名称	质地形式	书体	落款	上款	钤印	钤印数量	来源
"人意江波"行书五言联	水墨纸本条幅	行书	在渊吾兄属政，复。	在渊吾兄	严复（白文） 尺庵长寿（白文）	2	《严复墨迹》
"远师长揖"楷书五言联	水墨纸本条幅	楷书	端严四弟属，兄复。	严观澜	侯官严复（白文） 几道（朱文）	2	《严复墨迹》
"我书此老"行楷七言联	水墨纸本条幅	行楷	卓杰仁兄，复。	卓杰仁兄	侯官严氏（白文） 几道私印（朱文）	2	《严复墨迹》
"翠壁绿杨"行书七言联	水墨纸本条幅	行书	无	无	侯官严氏（白文） 几道私印（朱文）	2	《严复墨迹》
"谢安庾信"行书七言联	水墨纸本条幅	行书	玉宾一兄，严复。	玉宾一兄	侯官严氏（白文） 几道私印（朱文）	2	《严复墨迹》
"五岳百史"行书七言联	水墨纸木条幅	行书	南冠仁兄雅属，严复。	南冠仁兄	严复印信（白文） 几道长寿（朱文）	2	《严复墨迹》
"奉魁钩河"行书八言联	水墨纸本条幅	行书	荷舫贤世讲雅属，侯官严复。	王荷舫	严复（白文） 尺庵长寿（白文）	2	《严复墨迹》
"照古穷理"行书八言联	水墨纸本条幅	行书	季同仁兄，复。	季同仁兄	严复（白文） 尺庵长寿（白文）	2	《严复墨迹》
"邻水养花"行书八言联	水墨纸本条幅	行书	严复。	无	侯官严氏（白文） 几道私印（朱文）	2	《严复墨迹》
楷书中堂王阳明《客座私祝》	水墨纸本条幅	楷书	岁癸丑正月人日，几士大侄出片纸……复并识。	陈几士	严复（白文） 尺庵长寿（白文） 鬼神守护烦拗呵（白文）	3	《严复墨迹》
行楷自作诗《郑太夷时文·送朝鲜通政大夫金沧江·赠高啸桐》	水墨纸本条幅	楷书	水老人属书旧作，弟复集录己酉以前旧稿呈政。	陈宝琛	几道（白文）	1	《严复墨迹》
行书赵孟頫《岳鄂王墓》诗	水墨纸本条幅	行书	仲东学兄属书，几道严复。	仲东学兄	尺庵长寿（白文） 严复（白文）	2	《严复墨迹》
行书黄庭坚《同元明过洪福寺戏题》诗	水墨纸本条幅	行书	介庵仁兄先生属，弟严复。	赵藩	严复（白文） 尺庵长寿（白文）	2	《严复墨迹》
草书黄庭坚《贾天锡惠宝薰乞诗多以兵卫森画戟燕寝凝清香》诗	水墨纸本条幅	草书	乞吾一兄雅属，严复。	乞吾一兄	严复印信（白文） 几道长寿（朱文）	2	《严复墨迹》

名称	质地形式	书体	落款	上款	钤印	钤印数量	来源
行书王安石《南涧楼》诗	水墨纸本条幅	行书	建侯仁兄清属，几道复。	建侯仁兄	侯官严复（白文） 几道（朱文）	2	《严复墨迹》
草书节录《次疑始韵·欲将赤手挽颓波》句	水墨纸本条幅	行书	旧句录呈澹园老兄有邑，严复。复。	澹园老兄	严复印信（白文） 几道长寿（朱文）	2	《严复墨迹》
草书七律诗	水墨纸本条幅	草书	己未宛在堂稧集，愚若仁兄雅属，几道严复。	愚若仁兄	复长寿（白文） 几道六十以后作（朱文）	2	《严复墨迹》
行书中堂评韩琦《点绛唇·病起恹恹》	水墨纸本条幅	行书	荷舫贤世讲属，复。	王荷舫	严复（白文） 尺庵长寿（白文）	2	《严复墨迹》
草书中堂《红梅诗步东坡韵》	水墨纸本条幅	草书	瘉野老人复。	无	严复印信（白文） 几道长寿（朱文）	2	《严复墨迹》
行草中堂明李攀龙《初春元美席上赠茂秦得关字》诗	水墨纸本条幅	行草	子安五弟雅属，几道严复。	子安五弟	侯官严复（白文） 几道（朱文）	2	《严复墨迹》
草书宋黄庭坚《池口风雨留三日》诗	水墨纸本条幅	草书	渭蒲先生方家雅属，几道严复。	杨栽	侯官严复（白文）	2	《严复墨迹》
行书录唐杜甫《戏为六绝句》句	水墨纸本条幅	行书	筱庄道兄司长政，弟复。	陈宝泉	侯官严氏（白文） 几道私印（朱文）	2	《严复墨迹》
行书横幅《奉送朝鲜通政大夫金沧江君归国》诗	水墨纸本条幅	行书	支那严复。	无	几道（朱文）	1	《严复墨迹》
行书横幅杜甫《戏为六绝句·春水生二绝·少年行二首·赠花卿·少年行·凭何十一少府邕觅桤木栽·江畔独步寻花·其五》	水墨纸本条幅	行书	鹤舫道兄先生属，严复。	金松岑	侯官严复（白文） 几道（朱文）	2	《严复墨迹》
草书横幅节临孙过庭《书谱》句	水墨纸本条幅	草书	临应景阳先生雅属，几道复。	景阳先生	严复印信（白文） 几道长寿（朱文）	2	《严复墨迹》
草书横幅节录韩愈《山石》句	水墨纸本条幅	草书	无	无	严复（白文）	1	《严复墨迹》
行书节录杜甫《羌村》句	水墨纸本条幅	行书	辛酉二月春分后二日，为兆安侄婿书，复。	兆安侄婿	几道父（白文）	1	《严复墨迹》
草书横幅节录孙过庭《书谱》句	水墨纸本条幅	草书	临应冕丝吾兄属，弟复。	冕丝吾兄	严复（白文） 尺庵长寿（白文）	2	《严复墨迹》
草书四屏姚鼐《次韵答毛学博 其一》诗	水墨纸本条幅	草书	惜抱轩诗应文钦吾兄清属，弟严复。	文钦吾兄	严复印信（白文） 几道长寿（朱文）	2	《严复墨迹》

名称	质地形式	书体	落款	上款	钤印	钤印数量	来源
草书四屏自作《赠英华》诗	水墨纸本条幅	草书	丙午弢莽道海上，伯严有赠，见而和之，翊庭老兄先生双政，严复。	吴曾祺	严复（白文） 尺庵长寿（白文） 鬼神守护烦㧑呵（白文）	3	《严复墨迹》
草书四屏宋陆游《移疾》诗	水墨纸本条幅	草书	为翊昌吾兄有道属，弟复。	翊昌吾兄	侯官严氏（白文） 几道私印（朱文）	2	《严复墨迹》
草书四屏录宋刘敞《同介甫和圣俞赠狄梁公裔孙·李觏以太学助教召曾巩以进士及第归俱会郡下素闻两人之贤留饮涵虚阁·秋兴三首其一》诗	水墨纸本条幅	草书	伯琦贤弟有道属书，几道复。	常福元	严复（白文） 尺庵长寿（白文）	2	《严复墨迹》
行楷四屏录南北朝庾信的《枯树赋》	水墨纸本条幅	行楷	几士贤侄属书，痡野老人严复。	陈几士	几道（朱文） 侯官严复（白文）	2	《严复墨迹》
楷书四屏录唐杜甫《诸将五首其四》	水墨纸本条幅	楷书	1. 己未孟夏。 2. 痡野老人。 3. 几道。 4. 子安五弟，兄复。	子安五弟	侯官严复（白文） 几道（朱文）	2	《严复墨迹》
行草四屏《和郭春榆宗伯韵》二首	水墨纸本条幅	行草	出都奉和春榆侍郎见贺原韵，季同仁兄大人法政，弟严复。	陈季同	严复（白文） 尺庵长寿（白文）	2	《严复墨迹》
草书扇面录《熊季贞病起抱其兄季廉之孤取影寄余索诗为成八章以明德之后必有达人为韵》	水墨纸本扇面	草书	听水老人诗家斧正，复。	陈宝琛	严复（白文） 几道（朱文） 痡野堂（朱文）	3	《严复墨迹》
草书圆光	水墨纸本圆光	草书	隽三仁兄世大人双政，□复呈稿。	隽三仁兄	几道（白文）	1	《严复墨迹》
行草扇面录《疑始寓九条胡同因金坛王次回赠妓左阿锁有曲折胡同到九条句乃以邻刹及门前石井推证之所寓果为阿锁遍征题咏》	水墨纸本扇面	行草	子仁吾兄诗老两政，辛酉三月，弟复呈稿。	子仁吾兄	严复（白文） 几道（朱文）	2	《严复墨迹》

《严复墨迹》中严复书法作品落款与钤印情况【诗稿】

共计：4 件

名称	质地形式	书体	落款	上款	钤印	钤印数量	来源
行书《喜弢庵至》诗稿	水墨纸本	行书	弢庵学士总理全闽铁路，率成奉呈，复稿。	陈宝琛	无	0	《严复墨迹》
行书《韬庵以江橘水仙见惠有诗率答三绝句》其一、其二	水墨纸本	草书	无	无	瘉野堂（白文）	1	《严复墨迹》
行草七绝一首	水墨纸本	行草	幼宽先生属题，严复。	幼宽先生	几道（朱文） 瘉野堂（朱文）	2	《严复墨迹》
行书录《李玉箫唱王衍宫词》南北朝徐陵《乌栖曲二首 其二》唐王睿《祠渔山神女歌二首》并识	水墨纸本	行书	戊申十一月朔，几道。	无	无	0	《严复墨迹》

《严复墨迹》中严复书法作品落款与钤印情况【临摹类】

共计：10 件

名称	质地形式	书体	落款	上款	钤印	钤印数量	来源
临五代杨凝式《韭花帖》扇面	水墨纸本	行书	右杨韭花帖临应友益世兄属正，瘉野老人复。	友益世兄	严复（白文） 几道（朱文）	2	《严复墨迹》
临宋黄庭坚行书《送刘季展诗帖》	水墨纸本	行书	几道。	无	瘉野堂（朱文）	1	《严复墨迹》
节临晋王羲之《兰亭序》	水墨纸本	行书	宣统元年二月晦日，几道识。	无	瘉野堂（白文）	1	《严复墨迹》
临宋米芾草书《吾友帖》	水墨纸本	草书	几道临。	无	严复（白文）	1	《严复墨迹》
节临宋苏轼《黄州寒食帖》	水墨纸本	行书	学坡书当赏其偏侧之致，复。	无	官严复（白文）	1	《严复墨迹》
节临唐褚遂良《文皇哀册》	水墨纸本	楷书	乙酉后二月初二日书，复。	无	尺庵长寿（白文）	1	《严复墨迹》
节临唐孙过庭《书谱》	水墨纸本	草书	己酉春日临，瘉野。	无	严复（白文）	1	《严复墨迹》
节临唐颜真卿《争座位帖》	水墨纸本	行草	子善先生政临，弟复。	子善先生	几道（朱文）	1	《严复墨迹》

名称	质地形式	书体	落款	上款	钤印	钤印数量	来源
节临宋蔡襄《与大姐书》	水墨纸本	草书	复临。	无	严复（白文） 几道（朱文）	2	《严复墨迹》
集临晋唐诸帖卷	水墨纸本	行草	壬子五月下澣，集临晋唐诸帖，瘉野老人。	无	鬼神守护烦㧑呵（白文） 严（朱文） 几道父（朱文） 天演宗哲学家（朱文） 严押（朱文） 瘉野堂（朱文） 侯官严复（白文） 几道（朱文）	8	《严复墨迹》

《严复墨迹》中严复书法作品落款与钤印情况【信札类】

共计：11 件

名称	质地形式	书体	落款	上款	钤印	钤印数量	来源
致王允皙信札（四通）	水墨纸本	行书	1. 复白，八月十五。 2. 复白，中秋前三。 3. 弟复白，四日。 4. 弟复顿首。	王允皙	臣吟一言（白文） 几道父（白文）	2	《严复墨迹》
致曾夏佑信札（两通）	水墨纸本	行草	1. 严复顿首。 2. 严复顿首，嘉平十九。	曾夏佑	无	0	《严复墨迹》
致严琥信札	水墨纸本	行草	三月初五，父泐。	严琥	无	0	《严复墨迹》
致汪康年信札（十通）	水墨纸本	行草	1. 侯官严复顿首，八月十八日。 2. 严复又陵顿首，五月初三，六月十二到。下月十二到。 3. 弟夏曾佑、严复、王修植同再拜，廿五日。 4. 弟严复顿首，初三日。 5. 复顿首。 6. 愚弟复顿首，廿三夕子。 7. 愚小弟严复顿首，九月廿九日。 8. 弟复顿首，初九。 9. 弟严复顿首，五月九日，十四到。	汪康年	无	0	《严复墨迹》

名称	质地形式	书体	落款	上款	钤印	钤印数量	来源
致旡庵信札（四通）	水墨纸本	行书	1. 严复顿首，初九晚。 2. 弟复顿首，十二。 3. 小弟复顿首，初五夕。 4. 弟复顿首，廿九。	无	无	0	《严复墨迹》
致张元济信札（八通）	水墨纸本	行书	1. 腊月初九，弟复顿首，回信面写。 2. 穗老无恙，十二月十九日在伦敦泐。 3. 严复顿首，腊廿五。小儿店址附呈，晤柯医深代致意，道复尚未能一到爱尔兰也。 4. 严复顿首，正月廿六在巴黎泐。 5. 弟严复顿首，十月廿八日。 6. 复顿首，二月二日夜四鼓。 7. 小弟严复顿首，九日。 8. 菊生老兄大人时安，弟严复顿首，二月廿五日。	张元济	尺揞（朱文） 复所籀（朱文）	2	《严复墨迹》
致王孝明信札	水墨纸本	行草	小兄严复顿首，元旦。	王孝明	无	0	《严复墨迹》
致张美翊信札（四通）	水墨纸本	行草	1. 愚弟严复顿首，十月初五夕。 2. 愚弟严复顿首，九月初七。 3. 弟复顿首，九月廿九日。 4. 五弟严复顿首，八月土日。	张美翊	严复（白文）	1	《严复墨迹》
致陈宝琛信札（五通）	水墨纸本	行草	1. 弟，复顿首，六月初三。 2. 弟复顿首。 3. 严复再拜。初十夕。 4. 弟复顿首，乙未端午前二。 5. 复顿首，二月初三。	陈宝琛	臣吟一言（白文）	1	《严复墨迹》
致橘叟信札（八通）	水墨纸本	行草	1. 橘叟大兄太保去座次再拜。 2. 小弟复顿首再拜，大寒。 3. 复再拜，七月初五。 4. 复再拜。 5. 复顿首，正月初六。	橘叟	严复长寿（白文） 严复（白文） 几道（朱文）	3	《严复墨迹》

名称	质地形式	书体	落款	上款	钤印	钤印数量	来源
			6. 复再拜。 7. 复扣头。 8. 复再拜，六月七日。				
致熊育钖信札（四通）	水墨纸本	行草	1. 复顿首，廿一。 2. 复顿首言，民国二年十月二十日。 3. 复顿首言，十一月十七日。 4. 复白，十六夕。	熊育钖	侯官严复（白文） 瘉野堂（白文） 天演学家陶江严氏（白文）	3	《严复墨迹》

《严复墨迹》中严复书法作品落款与钤印情况【手稿眉批类】

共计：2 件

名称	质地形式	书体	落款	上款	钤印	钤印数量	来源
《支那教案论译稿》	水墨纸本	行草	无	无	无	0	《严复墨迹》
《批〈庄子故〉》	水墨纸本	行草	无	无	无	0	《严复墨迹》

《严复翰墨辑珍》中严复书法作品落款与钤印情况【临摹类】

注：相同作品相同印章重复使用按 1 次 计算。　　共计：50 件

名称	质地形式	书体	落款	上款	钤印	钤印数量	来源
临晋王羲之《兰亭序》1	水墨纸本	行书	戊申十一月初十日临。	无	瘉野堂（朱文）	1	《严复翰墨辑珍》
临晋王羲之《兰亭序》2	水墨纸本	行书	光绪卅四年十一月初一日临，几道。	无	尊疑学者（朱文）	1	《严复翰墨辑珍》
临晋王羲之《兰亭序》3	水墨纸本	行书	戊申十一月初二日临。	无	严复（白文） 瘉野堂（朱文）	2	《严复翰墨辑珍》
临晋王羲之《十七帖》1	水墨纸本	草书	光绪甲辰二月五日临于京邸。	无	严复（白文） 尺庵长寿（白文）	2	《严复翰墨辑珍》
临晋王羲之《十七帖》2	水墨纸本	草书	无	无	严复（白文） 尺庵长寿（白文）	2	《严复翰墨辑珍》
临晋王羲之《十七帖》3	水墨纸本	草书	无	无	严复（白文） 尺庵长寿（白文）	2	《严复翰墨辑珍》

名称	质地形式	书体	落款	上款	钤印	钤印数量	来源
临晋王羲之《十七帖》4	水墨纸本	草书	甲辰二月初七日临。	无	严复（白文） 尺庵长寿（白文） 严复长寿（白文） 尊疑学者（朱文） 痛野堂（朱文）	4	《严复翰墨辑珍》
临晋王羲之《秋月帖》《都下帖》	水墨纸本	草书	无	无	尊疑学者（朱文）	1	《严复翰墨辑珍》
临《万岁通天帖》	水墨纸本	草书	无	无	痛野堂（朱文）	1	《严复翰墨辑珍》
临晋王羲之《乡里人帖》《行成帖》《官奴帖》	水墨纸本	草书	无	无	严复（白文） 痛野堂（朱文）	2	《严复翰墨辑珍》
临《鼎帖》三种	水墨纸本	草书	无	无	无	0	《严复翰墨辑珍》
临唐褚遂良《文皇哀册》1	水墨纸本	楷书	无	无	痛野堂（朱文）	1	《严复翰墨辑珍》
临唐褚遂良《文皇哀册》2	水墨纸本	楷书	无	无	严复（白文） 尺庵长寿（白文）	2	《严复翰墨辑珍》
临《怀仁集圣教序》	水墨纸本	行书	无	无	痛野堂（朱文）	1	《严复翰墨辑珍》
临唐颜真卿《争座位帖》1	水墨纸本	行书	无	无	痛野堂（朱文）	1	《严复翰墨辑珍》
临唐颜真卿《争座位帖》2	水墨纸本	行书	无	无	严复（白文） 尺庵长寿（白文）	2	《严复翰墨辑珍》
临唐颜真卿《争座位帖》3	水墨纸本	行书	无	无	无	0	《严复翰墨辑珍》
临唐颜真卿《争座位帖》4	水墨纸本	行书	无	无	无	0	《严复翰墨辑珍》
临唐颜真卿《争座位帖》5	水墨纸本	行书	无	无	无	0	《严复翰墨辑珍》
临唐怀素《论书帖》1	水墨纸本	行书	无	无	无	0	《严复翰墨辑珍》
临唐怀素《论书帖》2	水墨纸本	行书	无	无	无	0	《严复翰墨辑珍》
临唐怀素《论书帖》3	水墨纸本	行书	无	无	痛野堂（朱文）	1	《严复翰墨辑珍》
临隋智永《千字文》1	水墨纸本	草书	戊申腊月初十夜，临永师千字文半卷并记于此。	无	严复（白文）	1	《严复翰墨辑珍》
临隋智永《千字文》2	水墨纸本	草书	无	无	严复（白文） 尊疑学者（朱文）	2	《严复翰墨辑珍》

名称	质地形式	书体	落款	上款	钤印	钤印数量	来源
临隋智永《千字文》3	水墨纸本	草书	无	无	痛野堂（朱文）	1	《严复翰墨辑珍》
临宋赵构《千字文》1	水墨纸本	草书	无	无	严复（白文） 深根宁极（白文）	2	《严复翰墨辑珍》
临宋赵构《千字文》2	水墨纸本	草书	无	无	尊疑学者（朱文） 痛野堂（朱文）	2	《严复翰墨辑珍》
临宋苏轼《赤壁赋》1	水墨纸本	行书	无	无	痛野老人诗文字印（朱文）	1	《严复翰墨辑珍》
临宋苏轼《赤壁赋》2	水墨纸本	行书	无	无	无	0	《严复翰墨辑珍》
临苏轼《洞庭春色赋》《中山松醪赋》	水墨纸本	行书	无	无	天演学家陶江严氏（白文） 痛野堂（朱文）	2	《严复翰墨辑珍》
临苏轼《天际乌云帖》1	水墨纸本	行书	无	无	严复（白文） 尺庵长寿（白文） 严复长寿（白文） 尊疑学者（朱文）	4	《严复翰墨辑珍》
临苏轼《答钱穆父诗帖》1	水墨纸本	行书	无	无	严复（白文） 尺庵长寿（白文） 天演学家陶江严氏（白文）	3	《严复翰墨辑珍》
临苏轼《答钱穆父诗帖》2《新岁展庆帖》	水墨纸本	行书	无	无	严复（白文） 尺庵长寿（白文） 天演学家陶江严氏（白文）	3	《严复翰墨辑珍》
临苏轼《人来得书帖》	水墨纸本	行书	无	无	严复（白文） 严复长寿（白文）	2	《严复翰墨辑珍》
临苏轼《人来得书帖》	水墨纸本	行书	无	无	严复长寿（白文） 尊疑学者（朱文） 痛野堂（朱文） 痛野老人诗文字印（朱文）	4	《严复翰墨辑珍》
临宋黄庭坚《松风阁诗》	水墨纸本	行书	无	无	无	0	《严复翰墨辑珍》
临宋黄庭坚《黄州寒食诗后跋》	水墨纸本	行书	无	无	严复（白文）	1	《严复翰墨辑珍》
临宋黄庭坚《南康帖》《致云夫七弟札》	水墨纸本	行书	无	无	严复（白文）	1	《严复翰墨辑珍》

名称	质地形式	书体	落款	上款	钤印	钤印数量	来源
临宋黄庭坚《南康帖》	水墨纸本	行书	无	无	瘉野老人诗文字印（朱文）	1	《严复翰墨辑珍》
临宋黄庭坚《送故人刘继展从军雁门帖》	水墨纸本	行书	无	无	无	0	《严复翰墨辑珍》
临宋黄庭坚《山预帖》等	水墨纸本	行书	无	无	瘉野堂（朱文）	1	《严复翰墨辑珍》
临宋黄庭坚《糟姜帖》	水墨纸本	行书	无	无	尊疑学者（朱文） 瘉野堂（朱文）	2	《严复翰墨辑珍》
临宋米芾《苕溪诗帖》	水墨纸本	行书	无	无	严复（白文） 尺庵长寿（白文） 瘉野堂（朱文）	3	《严复翰墨辑珍》
临宋米芾《烝徒帖》《知府帖》	水墨纸本	行书	无	无	严复（白文） 瘉野堂（朱文）	2	《严复翰墨辑珍》
临宋赵构《洛神赋》	水墨纸本	行书	无	无	瘉野堂（朱文）	1	《严复翰墨辑珍》
临宋陆游、范成大《桐江帖》《秋清帖》《垂诲帖》	水墨纸本	行书	无	无	严复（白文） 尺庵长寿（白文） 瘉野老人诗文字印（朱文）	3	《严复翰墨辑珍》
临唐孙过庭《书谱》1	水墨纸本	草书	无	无	严复（白文） 尺庵长寿（白文）	2	《严复翰墨辑珍》
临唐孙过庭《书谱》2	水墨纸本	草书	无	无	无	0	《严复翰墨辑珍》
瘉野老人遗墨册（为严伯鋆临《书谱》）	水墨纸本	草书	岁次戊午二月几道为鋆侄临。	严伯鋆	严复（白文）	1	《严复翰墨辑珍》

《严复翰墨辑珍》中严复书法作品落款与钤印情况【创作类】

共计：18 件

名称	质地形式	书体	落款	上款	钤印	钤印数量	来源
行书韩愈《题木居士》诗句	水墨纸本条幅	行书	兰荐仁兄属，复。	兰荐仁兄	侯官严复（白文） 几道（朱文）	2	《严复翰墨辑珍》
行书黄庭坚、陈师道诗二首	水墨纸本条幅	行书	春帆仁兄先生属，严复。	春帆仁兄	严复（白文） 尺庵长寿（白文）	2	《严复翰墨辑珍》

名称	质地形式	书体	落款	上款	钤印	钤印数量	来源
行书苏轼《次韵秦太虚见戏耳聋》诗	水墨纸本中堂	行书	筱庭仁兄先生属书，严复。	筱庭仁兄	几道（朱文） 侯官严复（白文）	2	《严复翰墨辑珍》
行书苏轼《次韵孔毅父久旱已而甚雨》诗	水墨纸本横幅	行书	庚辰开岁四日，写东坡久旱已而甚雨诗，自谓能合平原江夏为一手也。几道并记。	无	无	0	《严复翰墨辑珍》
行草"来往君家伯仲间"	水墨纸本条幅	行草	严复。	无	侯官严复（白文） 几道（朱文）	2	《严复翰墨辑珍》
"眉宇谈笑"楷书七言联	水墨纸本条幅	楷书	倬章仁兄大人雅属，弟复。	倬章仁兄	严复（白文） 尺庵长寿（白文）	2	《严复翰墨辑珍》
"知者为于"楷书七言联	水墨纸本条幅	楷书	伯琦贤仲属，侯官严复。	伯琦贤仲	侯官严氏（白文） 几道私印（朱文）	2	《严复翰墨辑珍》
"大海明月"行草七言联	水墨纸本条幅	行草	步韩尊兄雅属，严复。	步韩尊兄	几道长寿（朱文） 严复印信（白文）	2	《严复翰墨辑珍》
"虚室良辰"行楷五言联	水墨纸本条幅	行楷	韵初贤弟，复。	韵初贤弟	严复印信（白文） 几道长寿（朱文）	2	《严复翰墨辑珍》
行草杜甫诗三首四屏	水墨纸本条幅	行草	开阴仁兄属书，几道严复。	开阴仁兄	严复印信（白文） 几道长寿（朱文）	2	《严复翰墨辑珍》
草书庄子《养生主》四屏	水墨纸本条幅	草书	君潜贤世讲雅属，复。	严君潜	严复印信（白文） 几道长寿（朱文）	2	《严复翰墨辑珍》
行草陆游《楚城》诗	水墨纸本中堂	行草	石室复。	无	严复之印（白文） 几道（朱文）	2	《严复翰墨辑珍》
行书苏轼《柳氏二外甥求笔迹》诗	水墨纸本中堂	行书	石室居士复。	无	严复之印（白文） 几道（朱文）	2	《严复翰墨辑珍》
行书苏轼《和文与可洋川园池三十首·蓼屿》诗	水墨纸本中堂	行书	丙申季夏严复书于津门。	无	严复之印（白文） 几道（朱文）	2	《严复翰墨辑珍》
草书《书谱》句	水墨纸本扇面	草书	无	无	几道之章（朱文）	1	《严复翰墨辑珍》
行书《红梅诗》二首	水墨纸本册页	行书	红梅二首用坡韵，乙卯春日录似绍鲁三兄先生法政，弟严复。	绍鲁三兄	复长寿（白文） 几道六十以后作（朱文） 天演宗哲学家（朱文）	3	《严复翰墨辑珍》
草书陆游《题十八学士图》诗	水墨纸本镜心	草书	几道。	无	严复（白文）	1	《严复翰墨辑珍》

《严复翰墨辑珍》中严复书法作品落款与钤印情况【信札类】

共计：11件

名称	质地形式	书体	落款	上款	钤印	钤印数量	来源
致李经方信札（四通）	水墨纸本	行草	1. 世小弟严复顿首拜白。五月卅一日。 2. 世小弟严复顿首，八月十七夕。 3. 世小弟复再拜，十二早。 4. 小弟严复顿首，己未八月初十。	李经方	严复长寿（白文）	1	《严复翰墨辑珍》
致吴汝纶信札	水墨纸本	行草	秋深，惟起居保练不宣，严复顿首。	吴汝纶	无	0	《严复翰墨辑珍》
致沈敦和信札	水墨纸本	行草	制小弟严复顿首，七月廿五日。	沈敦和	无	0	《严复翰墨辑珍》
致严大、四小姐信札	水墨纸本	行草	白露日书。同日又及。	严璸 严项	几道（朱文）	1	《严复翰墨辑珍》
致严璸、严璆、严珑、严项四女有关占卜的家书	水墨纸本	行草	立冬日，津寓。	严璸 严璆 严珑 严项	无	0	《严复翰墨辑珍》
致诸子女有关返闽避寒的家书	水墨纸本	行草	戊午十月十八日在津寓泐。	严氏子女	无	0	《严复翰墨辑珍》
致严璸、严璆、严珑、严项论北上行程并提及水师学堂的晚年家书	水墨纸本	行草	辛酉二月初三日，父泐。	严璸 严璆 严珑 严项	精骛八极心游万仞（白文）	1	《严复翰墨辑珍》
致严项明信片	水墨纸本	行草	廿七泐。	严项	无	0	《严复翰墨辑珍》
致何纫兰信札	水墨纸本	行草	中秋夜泐。	何纫兰	瘉野堂（朱文）	1	《严复翰墨辑珍》
致严培南信札	水墨纸本	行草	几道手泐，七号。	严培南	无	0	《严复翰墨辑珍》
为尚书庙筹款事致翰周、又槃侄信札	水墨纸本	行草	几道泐。	翰周 又槃	几道（朱文）	1	《严复翰墨辑珍》

图书在版编目（CIP）数据

先生回家：严复与近代中国名人/郑志宇主编；陈灿峰副主编．—福州：福建教育出版社，2024.12（2025.6 重印）．

ISBN 978-7-5758-0292-5

Ⅰ.K825.1

中国国家版本馆 CIP 数据核字第 20248MK177 号

Xiansheng Huijia：Yanfu Yu Jindai Zhongguo Mingren

先生回家：严复与近代中国名人

主　编　郑志宇

副主编　陈灿峰

出版发行　福建教育出版社

（福州市梦山路 27 号　邮编：350025　网址：www.fep.com.cn

编辑部电话：0591-83781433　83716932

发行部电话：0591-83721876　87115073　010-62024258）

出 版 人　江金辉

印　　刷　福州印团网印刷有限公司

（福州市仓山区建新镇十字亭路 4 号）

开　　本　889 毫米×1194 毫米　1/12

印　　张　29.5

字　　数　280 千字

插　　页　2

版　　次　2024 年 12 月第 1 版　　2025 年 6 月第 2 次印刷

书　　号　ISBN 978-7-5758-0292-5

定　　价　268.00 元